Erdogan Ercivan

Patente der Pharaonen

ERDOGAN ERCIVAN

PATENTE DER PHARAONEN

Neueste Entdeckungen zur Hochtechnologie der alten Ägypter

Mit 57 Abbildungen

Herbig

Bildnachweis

Jon Bodsworth: 6, 8, 9, 12, 13, 14; Erich von Däniken: 2, 52; Description de l'Egypt: 10; ET-Magazin: 53, 38; Elisabeth Kaufmann: 34, 49, 51; Peter Slogan: 22, 23, 24, 42; alle übrigen Bilder vom Autor

Vorsatz: Relief mit der Abbildung medizinischer Werkzeuge aus der Pharaonenzeit

Nachsatz: Eine mit Doppelhelix abgebildete göttliche Gestalt und ein zwei Menschen verbindendes Anchsymbol als Lebenszeichendarstellung (Rollsiegelabdruck)

Besuchen Sie uns im Internet unter
www.herbig-verlag.de

Umschlaggestaltung: Wolfgang Heinzel
Herstellung und Satz: VerlagsService Dr. Helmut Neuberger & Karl Schaumann GmbH, Heimstetten
Druck und Bindung: GGP Media GmbH, Pößneck
Printed in Germany
ISBN 3-7766-2472-8
ab 1.1.2007: ISBN 978-3-7766-2472-4

Inhalt

Vorwort

Die etablierte Wissenschaft pflegt immer wieder zu betonen, dass das Altertum keinerlei Techniken in unserem Sinn kannte, die den Fortschritt des Menschen mitbestimmen konnten. Ganz offensichtlich habe das daran gelegen, dass der Ersatz der menschlichen Arbeitskraft durch Maschinen kein erstrebenswertes Ziel der gebildeten Herrscherkasten war, da die schwere Arbeit in aller Regel von Sklaven verrichtet wurde. Deshalb begann nach Ansicht der Lehrmeinung die wissenschaftliche Explosion auf technischem Gebiet erst mit der Industrialisierung des 19. Jahrhunderts. Es könnte aber auch sein, dass die unsere Gesellschaftsform bestimmenden modernen Kenntnisse in Wissenschaft und Forschung nur die Wiederholung eines verlorenen Wissens einer untergegangenen Hochzivilisation sind. Dagegen vertrat der in Schottland geborene britische Geologe Charles Lyell (1797–1875) bereits im 19. Jahrhundert in Bezug auf die mögliche Existenz einer untergegangenen Hochzivilisation einen skeptischen Standpunkt:

»Müssten wir nicht statt plumper Tongefäße und Steinwerkzeuge, die so unregelmäßig geformt sind, dass ein ungeübtes Auge an ihnen kaum ein Muster entdecken kann, Skulpturen finden, die in ihrer Schönheit die Meisterwerke von Phidias [490–431 v. Chr.] oder Praxiteles [390–319 v. Chr.] übertreffen? Müssten wir nicht Schienenwege und Telegrafenmasten ausgraben, von denen die besten Ingenieure unserer Tage noch etwas lernen könnten, oder astronomische Instrumente und Mikroskope, deren Konstruktion alles bisher in Europa bekannte überragt? Und müssten wir nicht noch andere Anzeichen für die Vollkommenheit einer Kunst und Wissenschaft entdecken, wie sie das 19. Jahrhundert noch nicht gesehen hat? Dann würde sich herausstellen, dass die Triumphe genialen Erfindergeistes noch viel weiter reichten, als die späteren Gegenstände geschaffen wurden, die wir nun der Eisen- und Bronzezeit zuordnen. Vergeblich würden wir unsere Vorstellungskraft anstrengen, um die Bedeutung und mögliche Verwendung solcher Relikte zu erraten – Maschinen, um vielleicht in der Luft zu navigieren oder die Tiefe des Ozeans zu untersuchen oder um mathematische Probleme zu lösen, die weit über die Bedürfnisse und Begriffe unserer zeitgenössischen Mathematiker hinausgehen.«

Die Anmerkungen Lyells gingen, wie sich unschwer erkennen lässt, von der traditionellen und recht logisch klingenden Argumentation aus: Wenn es eine modern entwickelte Zivilisation vor der unsrigen gegeben hat, weshalb haben wir dann nichts Konkretes über sie gefunden? Tatsächlich sind innerhalb der archäologischen Forschung nicht nur merkwürdige Kunstgegenstände aufgetaucht, sondern auch Abschriften von alten Dokumenten, die in Museen gebracht und katalogisiert wurden, und Lyell hätten eine direkte und schlüssige Antwort auf seine Fragen finden können, wenn es einen interdisziplinären Informationsaustausch im 19. Jahrhundert gegeben hätte. Vielleicht hätte er aber selbst dann nichts erfahren, weil – bis heute – eines der wissenschaftlichen Tabuthemen, die Entdeckung von »Out of Place Artefacts« darstellt, was zu Deutsch etwa »künstlich hergestellte Gegenstände an seltsamen Orten« bedeutet, die sich irgendwie keiner der uns bekannten Kulturen zuordnen lassen wollen. Neben diesen Gegenständen gehen die meisten Schlüsselerfindungen der modernen Welt auf die Zeit der Pharaonen zurück, auch wenn es der orthodoxen wissenschaftlichen Gemeinschaft missfallen wird. Zahlreiche Funde und Überlieferungen wurden in ihren Eigenschaften heute nur deshalb erklärbar, weil unser eigener technischer Fortschritt Entwicklungen hervorbrachte, die dem, was es bereits vor Tausenden von Jahren gegeben hatte, ebenbürtig geworden sind. Ein großer Teil von Relikten aber ist bis heute weder richtig interpretiert noch auch nur ansatzweise verstanden worden. Dieses Buch folgt den Spuren dieser Artefakte und versucht, einiges zur Erkenntnis der wahren Bedeutung dieser Fundstücke beizutragen.

1. Rätsel, Techniken und Patente

Der englische Staatsmann, Naturforscher und Philosoph Francis Bacon (1561–1626), der nicht nur die mittelalterliche Logik als »leere Beschäftigung« kritisierte, sondern mit seinem im Jahre 1620 in London veröffentlichten »Novum Organum« das Ziel anstrebte, das aristotelische »Organon« zu ersetzen, schrieb in diesem Werk schon vor Jahrhunderten, dass erst wissenschaftliche Erfindungen die Entwicklung der Menschheit entschieden beeinflusst habe: »Man tut gut daran, die Kraft, die Wirkung und die Folgen von Erfindungen zu beobachten. Diese sind nirgends deutlicher zu sehen als in jenen drei Erfindungen, die dem Altertum unbekannt waren: Buchdruck, Schießpulver und Magnet. Diese drei Erfindungen haben das Gesicht der Welt verwandelt: die erste in der Schriftstellerei, die zweite in der Kriegsführung, die dritte in der Navigation. Aus ihnen gingen unzählige Veränderungen hervor. Kein Reich, keine Religion oder Philosophie, kein Stern hat größere Macht und größeren Einfluss auf die Entwicklung der Menschheit ausgeübt als diese Entdeckungen.«

Das seit dem 16. Jahrhundert gebräuchliche Wort »Patent« ist aus der lateinischen Fügung »littera patens« hervorgegangen, die »Landesherrlicher Brief« bedeutet. Seitdem gilt es einerseits im Sinne von »Offizierspatent«, wenn in einem offenen Brief durch den Landesherrn jemand zum »Offizier« ernannt wurde, und andrerseits bezeichnet es das amtlich verliehene Recht zur alleinigen Benutzung und gewerblichen Verwertung einer Erfindung. Die Schutzdauer für ein Patent beträgt heute 18 Jahre, sodass der Inhaber dieses entweder selbst verwerten kann oder es auf dem Weg der Lizenzvergabe ganz oder teilweise durch andere nutzen lässt. Somit ist das Patent auch vererbbar. Die Grundlage für die Regelung von Patentangelegenheiten in Deutschland ist das Patentgesetz in der Fassung der Neubekanntmachung vom 2. Januar 1968. Zuständig für die Aufgaben des Patentwesens ist das Deutsche Patentamt in München mit einer Zweigstelle in Berlin.

Dass man sich bei einer durch ein Patent geschützten Ware auch allgemein eine Qualitätsware vorstellte, zeigt die Verwendung des Wortes »patent« als Adjektiv, das »geschickt«, »tüchtig« oder »sehr brauchbar« bedeutet. Vermutlich hat sich dieses Wort um das Jahr 1800 aus Zusammensetzungen wie »Patentwaren« oder »Patentknopf« herausgelöst. Mit dem amtlichen Patentbrief bescheinigte man ursprünglich auch die Anerkennung der Qualität der erfundenen Ware.

Doch Patente für nutzbare Gebrauchsgegenstände gab es schon lange Zeit vor der modernen Gesetzgebung. Bereits im antiken Alexandria der Pharaonen rief ein Münzautomat größtes Staunen hervor, der als der erste der Welt bezeichnet werden kann. Der griechische Erfinder Heron von Alexandria (10 v. Chr.–65 n. Chr.) hatte ihn im ersten nachchristlichen Jahrhundert gebaut (s. S. 22). Er hat eine Anzahl von mechanischen Geräten erfunden, die mit Luft-, Dampf- oder Wasserdruck funktionierten. In seinem Werk »Pneumatica« beschreibt er nicht nur eine Vielzahl von mechanischem Kinderspielzeug, sondern auch eine Windorgel, einen Feuerlöscher und eine Dampfturbine. Insgesamt sind es 78 mechanische Geräte, die er in dem Buch als seine Erfindungen vorstellt. Einer der Trinkbehälter ist als Vorreiter der Sprühflaschen anzusehen, die aus heutigen Badezimmern nicht mehr wegzudenken sind: der Parfumzerstäuber. Er ging als »Heronsball« in die Geschichte ein.

Wie das moderne Patentamt, ordnete auch dieser Gelehrte all seine Erfindungen in zwei Kategorien ein: in »nützliche« Alltagsgeräte und in solche, die allein der Effekterzeugung dienten. Allerdings schreibt schon der griechische Mechaniker Philon von Byzanz (260–200 v. Chr.) in seiner »Mechanike syntaxis«, dass es »Automatis« (»Selbstbeweger«) schon immer gegeben habe. Mit Unterstützung der modernen Archäologie wurde in den letzten Jahrzehnten nach mühsamer Arbeit herausgefunden, dass die Patente der Antike sehr alt sind und viele Erfindungen in ihrer Urheberschaft auf die Zeit der Pharaonen zurückgehen.

Die Anfänge ägyptologischer Forschung

Bis zum Ende des 18. Jahrhunderts war das Land der Pharaonen nur durch antike Autoren bekannt, deren Zeugnisse von unterschiedlichem Wert waren. Die geographischen Einzelheiten, die der Grieche Strabo (60 v. Chr.–25 n. Chr.) in seinem Werk angibt, sind recht zuverlässig, und man kann viel aus den Überlieferungen von Diodorus Siculus (Diodor von Sizilien) aus dem ersten nachchristlichen Jahrhundert lernen. Auch der bemerkenswerte Herodot (485–430 v. Chr.) berichtet von interessanten Bräuchen der Pharaonen und zeichnet ein gutes, wenn auch unvollständiges Bild vom alten Ägypten der Spätzeit und der persischen Herrschaft um 450 vor unserer Zeitrechnung.

Die historischen Fakten für die frühen Epochen sind jedoch mager und zum Teil legendenhaft. Man wusste andererseits durch die antiken Autoren, dass die Zeichen, welche die ägyptischen Denkmäler bedeckten, eine Schrift darstellten, aber man kannte in Europa nur wenige solcher Denkmäler und hatte keine Möglichkeit, die Zeichen zu entziffern.

In der Mitte des 17. Jahrhunderts unternahmen jedoch der deutsche Jesuit Athanasius Kircher (1602–1680) einen ersten Entzifferungsversuch. Zwischen 1636 und 1676 publizierte er zahlreiche Werke über die koptische Sprache und das Altägyptische (»Lingua aegyptiaca restituta«, 1643). Alle seine Transkriptionen und Interpretationsversuche, die durch ihre Phantasie amüsieren, sind jedoch falsch. Er machte sich aber bereits die Übereinstimmungen des Koptischen mit dem Altägyptischen zunutze, die erst den berühmten französischen Gelehrten Jean-François Champollion (1790–1832) dort zum Erfolg führen sollten, wo Kircher gescheitert war. Die Ägyptenexpedition (1798–1801) unter dem Befehl Napoleon Bonapartes I. (1769–1821) hatte zwischenzeitlich stattgefunden, die schließlich für den Zugang zur Kultur der Pharaonen den Weg geebnet hatte.

Die wichtigsten Resultate publizierten die Gelehrten, die der französische Premierkonsul seiner Expedition angeschlossen hatte, in den bemerkenswerten Bänden der »Description de l'Égypte«. Dabei war die bedeutendste Entdeckung der »Stein von Rosette« (»El-Raschid«). Dank des auf diesen Stein geschriebenen dreisprachigen Dekrets (eigentlich zweisprachigen, denn die Hieroglyphen und das Demotische drücken ein und dieselbe Sprache aus, trotz der Unterschiede, die zwischen den Hieroglyphen, der Gelehrtensprache, und der Umgangssprache des Demotischen herrschten) gelang es Jean-François Champollion 1822, die Hieroglyphen ausgehend vom Griechischen zu entziffern. Vor ihm hatten der französische Abbé Jean-Jacques Barthélemy (1716–1795) und der deutsch-dänische Forscher Georg Gustav Zoëga (1755–1809) bereits die Vermutung geäußert, dass Kartuschen Königsnamen umschlossen. Der deutsche Gelehrte Carsten Niebuhr (1733–1815) ging zudem von der richtigen Annahme aus, dass einige Hieroglyphen alphabetische Zeichen sind und dass es mit Hilfe des Koptischen möglich sein würde, einige Worte zu lesen. Der schwedische Gelehrte und Diplomat John David Åkerblad (1763–1819) identifizierte 1802 beim Vergleich der Texte zudem einige Substantive, und es gelang ihm, Kardinalzahlen zu bestimmen. Die Bemühungen der Forscher gipfelten in den Arbeiten des englischen Arztes und Physikers Thomas Young (1773–1829), der ein halbes Dutzend Sprachen beherrschte, darunter auch orientalische. Mehr aus Liebhaberei erwarb er eine Kopie der Inschriften aus El-Raschid und kam rasch zu erstaunlichen Ergebnissen. Vom Demotischen ausgehend, gelang es ihm weit vor Champollion immerhin, eine Liste von 204 Wörtern und 13 Hieroglyphen zusammenzustellen und davon etwa ein Viertel richtig zu deuten, bevor er 1818 seine Analysen abbrach – die Ägyptologie war geboren, die uns nach und nach einen Zugang in die fremde Hochkultur der Pharaonen ermöglichte.

Doch wie fortgeschritten waren die technischen Kenntnisse der Pharaonen nun wirklich?

Androiden, Automaten und Roboter

Das Wort »Androide« stammt aus dem Griechischen und bedeutet so viel wie Automat im herkömmlichen Sinne. Gemeint ist damit aber nicht ein x-beliebiger Automat, sondern in erster Linie ein menschlicher oder menschenähnlicher. In der Antike dachte man an »Androiden«, wenn man sich künstliche Menschen vorstellte. Der Gedanke, lenkbare und beliebig einsetzbare Sklaven zu schaffen, indem man Gestalt und Bewegung der Menschen nachahmt, knüpft unmittelbar an die Sage von Prometheus als Menschenbildner an, dem Zeus zur Strafe für sein rebellisches Handeln das künstlich erschaffene Weib »Pandora« schickte, das Hephaistos in göttlichem Auftrag geschmiedet hatte. Ein ähnliches Kunstwesen hieß bei den Juden »Golem«, der ein willenloser Sklave war. Nur mit einer magischen Formel konnte der »Golem« belebt werden und führte dann die Befehle seines Herrn aus. Ein »Golem« konnte jedoch auch unkontrolliert Amok laufen und einen ganzen Stadtteil vernichten, wie es Überlieferungen aus dem Prag des 16. Jahrhunderts berichten. Dort soll nach den Legenden vor 500 Jahren der letzte »Golem« im Turm der jüdischen Synagoge im Stadtzentrum außer Kraft gesetzt worden sein – und immer noch existieren.

Bisher galt der jüdische »Golem« des Mittelalters als erster Beleg für die magisch anmutende Vorstellung von der Erschaffung künstlicher Wesen. Doch wie es der Papyrus Vandier belegt, erschuf vor etwa 3200 Jahren der aus dem Nildelta stammende General, Priester und Magier Merire ein wesentlich älteres Kunstwesen, um an Pharao Menptah (1193–1191 v. Chr.) Rache zu üben, weil dieser trotz einer vertraglichen Vereinbarung Merires Familie und seine Besitztümer vernichtet hatte. So führt nach dem Bericht aus dem Papyrus auch das von dem Magier erschaffene Kunstwesen der Pharaonen, wie der jüdische »Golem« in Prag, einen Vernichtungsfeldzug in der Umgebung des antiken Faijum, bevor es von der Gottheit Ra mit »Wasser« vernichtet wird. Das ist insofern recht interessant, als man noch heute die Ansicht vertritt, dass Wasser Robotern schaden würde (was ja zum Beispiel bei einem PKW nach einer Überschwemmung tatsächlich der Fall ist). Vermutlich sind in den Texten deshalb Mythologie und Technik von Anfang an eng miteinander verflochten.

Im Mittelalter wetteiferten jüdische, christliche und islamische Automatenbauer friedlich miteinander, um brüllende Löwen, goldene Singvögel und dienende Menschen zu konstruieren. Sehr populär war der »eiserne Mann« des Albertus Magnus (1200–1280), ein an den jüdischen »Golem« erinnernder »Androide«, der dem Gelehrten und Kirchenmann als Türhüter gedient haben soll. Er soll die Besucher nach ihren Wünschen gefragt und aufgrund ihrer Antwort selbst entschieden haben, wer bei seinem Meister eintreten dürfe und wer nicht. Thomas von Aquin (1225–1274), so wird berichtet, habe dieses Kunstwesen, als er ihn unerwartet sah und sprechen hörte, für Teufelswerk gehalten und zerschlagen.

Eine Hochblüte erlebten die »Androiden« im 18. Jahrhundert: Ausgelöst wurde diese Blüte 1738 durch den französischen Mechaniker Jacques de Vaucanson (1709–1782), der einen mechanischen Flötenspieler schuf, der eigenständig zwölf Melodien spielte und mit dieser Vorführung das Publikum begeisterte. Eine weitere Erfindung des Franzosen war eine Ente, die watscheln, fressen und verdauen konnte.

Insbesondere der mechanisch nachgeahmte Stoffwechsel erregte das Staunen der Zeitgenossen. Die mit Hilfe eines Rohrs im unteren Teil des Schnabels aufgesaugten Körner fielen in eine Dose im Bauch des Automaten und lösten die Ausscheidung aus. Sie befand sich bereits im Entenbauch und bestand aus einem grün gefärbten Brotkrumenbrei, der von einer Pumpe hinten ausgestoßen wurde. Bis zu diesem Zeitpunkt war die Erschaffung eines menschenähnlichen Wesens ohne Taschenspielertricks und schwarze Magie undenkbar gewesen, die verschiedenen Automaten und Statuen waren lediglich der Anlass zu phantastischen Legendenbildungen. Das 18. Jahrhundert nun, das Zeitalter der Mechaniker, sah im Menschen nicht selten nur eine nach exakt festlegbaren Gesetzen arbeitende Maschine.

Man glaubte, den menschlichen Körper allein mit den Mitteln der Physik und Mechanik beschreiben zu können. Anders als ihre antiken Vorbilder waren die »Androiden« des

18. Jahrhunderts aber keine Arbeitssklaven, sondern nur ein nettes und besonders kostbares Spielzeug. Als Luxusgüter erwiesen sie sich auf Dauer aber nicht als überlebensfähig, sodass die »Androiden« im 20. Jahrhundert weitgehend zu Grabe getragen wurden. Was an ihre Stelle trat, waren schließlich wieder die Arbeitssklaven der Antike, nur diesmal ganz ohne mythologisches Beiwerk: die »Roboter«.

Auch über die Idee vom Roboter, der seinem Schöpfer, dem Menschen, willfährig zu Diensten ist, können wir schon in der »Ilias« des Homer (857–783 v. Chr.) aus dem 9. Jahrhundert v. Chr. nachlesen, um dessen Heimatrecht sich viele Länder und Städte stets gestritten haben. Erik Hornung sagt, dass Homer »in vielen Überlieferungen als Ägypter angesehen« wird. Doch zurück zu der Überlieferung, in der diese künstlich erschaffenen technologischen Wunderwesen erwähnt werden. Der Gott der Schmiede- und Handwerkskunst, Hephaistos, der dem Ptah der Pharaonen entspricht, soll sie geschaffen haben. In der Ilias 409 ist zu lesen:

»Zu dem Haus des Hephaistos aber kam die silberfüßige Thetis, dem unvergänglichen, bestirnten, hervorstrahlend unter den Unsterblichen, dem ehernen, das er selber gemacht hatte, der Krummfüßige. Und sie fand ihn, wie er sich schwitzend um die Blasebälge herumbewegte, geschäftig, denn Dreifüße, zwanzig im Ganzen, fertigte er, rings an der Wand zu stehen der gut erstellten Halle. Und goldene Räder setzte er einem jeden von ihnen unter den Fuß. Dass sie ihm von selbst zum Versammlungsplatz der Götter liefen und wieder ins Haus zurückkehrten, ein Wunder zu schauen. Ja, die waren so weit vollendet, nur die Ohren waren noch nicht angesetzt, die kunstreichen, die fügte er eben an und schlug die Bänder.«

Ganz offensichtlich ist in dem Text von mechanisch funktionierenden Dienerinnen aus Gold die Rede, die sprechen und sogar denken konnten. Auch von dreibeinigen Tischen wird gesprochen, die auf goldenen Rädern rund um den Palast des Hephaistos verteilt waren. Auf sein Kommando setzten sie sich selbstständig in Bewegung und folgten ihm wie treue tierische Diener als Wachen. Auf seinem Zuruf hin rollten sie schließlich, wie von Geisterhand getrieben, zurück nach Hause.

Auch der Seefahrer Jason, der mit seinen 50 Mann auszog, um aus Kolchis das Goldene Vlies zu stehlen und es heimzuholen, kämpft dabei gegen »Talos«, einen erzenen Riesen, den ebenfalls Hephaistos aus Bronze geschmiedet hatte, um das alte Inselreich Kreta bewachen zu lassen.

Wenn man diese über 2800 Jahre alten Geschichten liest, denkt man sehr schnell daran, dass sie doch eher in das Reich der Sciencefiction gehören mögen: Gleichwohl erlauben sie den Rückschluss, dass schon die Alten eine hohe Meinung von der Kunstfertigkeit ihrer Ingenieure hatten. Auch auf die großen Erfinder im ägyptischen Alexandria, insbesondere auf Philon und auf Heron, übten Automaten eine starke Faszination aus, wobei »automaton« als mechanisch organisierter, sich selbst bewegender Apparat definiert wurde, im Unterschied zum »robot«, einer Maschine, die den Menschen in seinem Verhalten kopieren sollte.

Die alexandrinischen Erfinder konnten bei der Konstruktion von Automaten auf den gesamten Erfahrungsschatz der griechischen Naturwissenschaftler, einschließlich des großen Archimedes (287–212 v. Chr.), zurückgreifen. Gleichzeitig standen ihnen die technologischen Kenntnisse der Pharaonen zur Verfügung. Zwar keine Roboter, doch einfaches mechanisches Spielzeug war in Ägypten schon lange in Gebrauch: Bei Grabungen in Kahun stieß der britische Archäologe Flinders Petrie (1853–1942) im Jahre 1887 auf eine Puppenwerkstatt, die auf 1800 v. Chr. datiert wurde und somit über 3700

Jahre alt war. In mehreren Häusern wurden Überreste bemalter Holzpuppen entdeckt, an denen sich Arme und Beine bewegen ließen, oder auch Puppen aus blau glasierter Keramik, die ihre Arme ausgestreckt am Körper hielten, an den Knien abgekappt und mit feinen Linienmustern bemalt waren. Wahrscheinlich reichten diese frühen Kenntnisse dem Priester-Magier Merire als Vorbild, der 600 Jahre später ein Kunstwesen konstruierte, mit dem er seine Rachepläne gegenüber dem Pharao realisieren konnte. Vielleicht entwickelte er ein ganz einfaches technisches Gerät, der in seiner Ganzheit auf seine Zeitgenossen furchteinflößend wirkte.

Ebenfalls Heron von Alexandria verdanken wir die drei Bücher der »Metrica« über geometrische Flächen- und Körperberechnungen, die noch heute erhalten sind, nachdem sie der Brite Bennet Woodcroft (1803–1879) schon 1851 aus dem griechischen Original ins Englische übersetzt hat. Teil eins handelt von Flächeninhalten von Dreiecken und anderen Polygonen. Des Weiteren werden die Oberflächen von Pyramiden, Zylindern, Prismen und Kugeln besprochen.

Teil zwei handelt von der Bestimmung von Volumina von Kugeln, Zylindern, Prismen, Pyramiden und so weiter. Heron beschreibt dabei unter anderem ein Gerät, das unserem heutigen Theodoliten ähnlich ist (zum Winkelmessen und Nivellieren), und allerlei andere Instrumente, wie zum Beispiel Wasseruhren und das »Odometer«, das ein mechanisches Zählrad zur Wegmessung darstellte.

Teil drei handelt von der Aufteilung von Flächen und Volumina in bestimmten Verhältnissen. Dabei gibt er eine Methode zum Auffinden der dritten Wurzel einer Zahl an und berechnet die dritte Wurzel aus 100. Bei einigen Schriften ist es aber gar nicht sicher, ob Heron oder einer seiner Zeitgenossen sie verfasst hat. So zum Beispiel eine Sammlung von Definitionen, »Definitiones« genannt, und die »Catopticra«, in der Spiegel und Reflexionen behandelt werden. Daneben befinden sich eine Sammlung von Konstruktionen zur Bestimmung von Entfernungen und Messungen aus der Ferne. Er besaß nicht nur die mathematische Formel, um »einen Berg mit einem geraden Tunnel zu durchstoßen«, sondern auch das Instrument »Diopter« dafür, was so viel wie »Durchblicker« bedeutet. Dieses Wissen geht mindestens bis auf den Bau des erst 1882 entdeckten Tunnel von Samos durch den Ingenieur Eupalinos (530–460 v. Chr.) zurück, der ähnlich wie der Kanaltunnel zwischen England und Frankreich angelegt wurde: Es wurde von beiden Seiten gleichzeitig gegraben. Der Geschichtsschreiber Herodot zählte diesen Tunnel vor 2500 Jahren zu den »größten Bauwerken und technischen Leistungen der griechischen Welt«. Dass dieses Patent vor 2600 Jahren schon zur einfachen beruflichen Routine gehörte, belegt das 1150 Meter lange Bauwerk, das Eupalinos für die Wasserversorgung der Stadt gebaut hatte.

Auch der am Anfang erwähnte Münzautomat funktionierte nach einem ganz einfachen Prinzip: Die eingesteckte Münze fiel in eine Pfanne, die am Ende eines Hebels befestigt war. Das Gewicht der Münze drückte den Hebel herunter, wodurch eine Art Ventilverschluss geöffnet wurde, sodass aus dem Automaten geweihtes Wasser ausfließen konnte. Nachdem die Münze beim Einfallen aus der Pfanne rutschte, zog sich der Hebel durch die Gewichtsverlagerung wieder in seine ursprüngliche Position zurück, und das Ventil schloss den Wasserauslass. Vermutlich ließ sich Heron bei diesem genialen Automaten von einer Kuriosität inspirieren, die 300 Jahre vor ihm schon Philon von Byzanz zur Belustigung bei Gastmahlen erfunden hatte. Dabei handelte es sich um einen Mechanismus, der die Gäste mit Wasser zum Händewaschen versorgte. Über dem Wasserhahn war eine Marmorhand angebracht, auf deren Handfläche ein Bimsstein lag.

Sobald ein Gast den Bimsstein von der Handfläche wegnahm, um sich die Hände zu waschen, verschwand die Hand auf wundersame Weise, und aus dem Hahn ergoss sich ein Strahl fließenden Wassers. Nach einer Weile versiegte das Wasser, und die Hand erschien wieder mit einem frischen Stück Bimsstein für den nächsten Gast. Leider ist keine detaillierte Beschreibung dieses technischen Wunderwerks überliefert, die uns eine Rekonstruktion des antiken Mechanismus dieser Apparatur erlaubte. Man kann jedoch davon ausgehen, dass es nach dem gleichen Prinzip funktionierte wie Herons Weihwasserautomat.

Die erste Dampfmaschine

Die Erfindung der ersten Dampfmaschine ist ebenfalls auf Heron von Alexandria zurückzuführen. Er hat in seinem Werk eine detaillierte Beschreibung dieser Maschine hinterlassen, die er als »aeolopile« (»Windkugel«) bezeichnet. Auch diese Konstruktion ist von verblüffender Einfachheit: Ein luftdicht abgeschlossener Kessel, der mit Wasser gefüllt worden ist, wurde auf einer Feuerstelle erhitzt. Sobald das Wasser zu sieden begann, stieg der Dampf in zwei Kupferrohren hoch, die in einer schwenkbaren Hohlkugel mündeten. Aus dieser Hohlkugel führten zwei weitere, gekrümmte Rohre, aus denen der Dampf entwich und die Hohlkugel in Bewegung setzte. Vom Prinzip nutzte der griechische Gelehrte dieselbe Mechanik, die heutigen Düsenantrieben zugrunde liegt. Immerhin stellte sich nach Rekonstruktionsversuchen in den 1980er-Jahren heraus, dass das Modell die bemerkenswerte Geschwindigkeit von 1500 Umdrehungen in der Minute erreichen konnte. Deshalb schreibt der britische Historiker John Gray Landels (1926–1999) in seinem Buch »Technik in der antiken Welt«: »Man kann davon ausgehen, dass die Kugel in Herons Maschine das schnellste Drehobjekt dieser Zeit war.«

Weil Heron immer schon die Show liebte, schuf er mit gutem Spürsinn für den Publikumsgeschmack mechanische Wunderwerke, die ihre Betrachter immer wieder zum Staunen brachten. So waren seine automatischen Tempeltüren eine höchst willkommene Attraktion für die Priester der Pharaonen, die schon seit Jahrhunderten alle möglichen Zaubertricks benutzt hatten, um ihre Autorität und ihr Ansehen bei den Gläubigen zu erhöhen.

Natürlich basierte auch diese Erfindung Herons auf ganz einfachen technischen Prinzipien der Mechanik. Die Türen eines kleinen Tempels öffneten sich wie von Geisterhand, sobald der Priester auf einem Altar außerhalb des Tempels ein Feuer entzündete. Das Feuer erwärmte eine unter dem Altar verborgene Metallkugel, die mit Wasser und Luft gefüllt war. Die Luft dehnte sich aus und drückte das Wasser durch einen Siphon in einen riesigen Behälter. Dieser Behälter hing an einem flaschenzugähnlichen System aus Ketten, Rollen und Gewichten, das mit den Tempeltüren verbunden war und sie öffnete, sobald der Behälter ein bestimmtes Füllgewicht erreicht hatte.

Nachdem das Feuer gelöscht war, schlossen sich die Tempeltüren genauso überraschend, wie sie sich geöffnet hatten: Durch die plötzliche Abkühlung der Metallkugel zog sich die kalte Luft wieder zusammen, sodass das Wasser durch den Siphon wieder angesaugt wurde. Der leere Behälter schwang nach oben, worauf sich das Flaschenzugsystem rückwärts in Bewegung setzte und die Türen sich auf magisch anmutende Weise wieder schlossen.

Radioaktivität zum Schutz der Heiligtümer

Außer mit derartigen technischen Vorrichtungen befassten sich die Gelehrten auch mit den Naturwissenschaften.

Beachtenswerterweise besaßen die Philosophen in der griechischen Antike schon die Vorstellung, dass alle Körper dieser Erde sich aus winzigen kleinen, identischen Stücken zusammensetzen. Leukipp (450–370 v. Chr.) und sein Schüler Demokrit (460–370 v. Chr.) nannten die Elementarteilchen aller Materie »atoma« (»unteilbar«), woraus sich unser heutiger Begriff »Atom« herleitet, und gründeten vor 2400 Jahren die Schule der so genannten »Atomisten«. Diese glaubten, die Atome seien unzerstörbar und würden ewig existieren. Sie seien so klein, dass man sie nicht sehen könne, und außer der Leere das einzig Existierende. Durch ihre Bewegung, ihr Aufeinanderprallen und Anhäufungen sei die Welt entstanden. Die Eigenschaften der Gegenstände werden allein durch den Zusammenhalt der Atome bestimmt. Veränderungen entstünden durch Bewegung in den Atomanhäufungen. Unter den »Atomisten« wurde vor allem die Frage diskutiert, ob die einzelnen Atome wirklich alle identisch seien. Der Philosoph Anaxagoras (500–448 v. Chr.) vertrat die Überzeugung, jede Substanz bestehe aus unterschiedlichen Atomen. Empedokles (482–420 v. Chr.) meinte, es gäbe vier verschiedene Atomarten der Elemente Feuer, Wasser, Erde und Luft.

Diese Gedanken aus dem alten Griechenland gerieten 2000 Jahre lang in Vergessenheit. Erst im 17. Jahrhundert diskutierten europäische Philosophen erneut über die »kleinsten Bausteine« der Natur. René Descartes (1596–1650) nahm an, dass diese »Korpuskeln« (»Elementarteilchen«) sich im Hinblick auf Masse, Bewegung und andere Eigenschaften unterschieden und mathematisch berechnet werden könnten.

Die »Atomtheorie«, auf der die moderne physikalische

Wissenschaft beruht, entwickelte im Jahr 1803 schließlich der britische Physiker John Dalton (1766–1844). Demnach besteht die Materie aus Atomen verschiedener Gewichte, die zueinander in einfachen Verhältnissen stehen. 1808 versuchte Dalton in seinem Buch »A New System of Chemical Philosophy« die Atomgewichte der damals bekannten Elemente in ein Verhältnis zueinander zu setzen. Als Bezugsgröße diente das Wasserstoffatom, das er gleich »eins« setzte.

All diesen Theorien lag aber immer die Annahme zugrunde, dass es sich bei den Atomen um feste Materiestücke handele. Dann jedoch entdeckte der französische Physiker Antoine Henri Becquerel (1852–1908) im Jahre 1896, dass Uransalze Strahlen abgeben, die feste Stoffe durchdringen und nur durch Blei abgeschirmt werden können. Marie Curie (1867–1934) und ihr Ehemann Pierre (1859–1906) fanden schließlich mit dem »Polonium« und dem »Radium« weitere strahlende Elemente. Diese Strahlung, so stellten sie fest, konnte nicht durch den chemischen oder physikalischen Zustand der Ausgangssubstanzen hervorgerufen werden, die sich ja nicht sichtbar veränderten, sondern musste aus dem Inneren der Materie selbst kommen. Zur gleichen Zeit entdeckte der britische Physiker Joseph John Thomson (1856–1940) das »Elektron«, ein Teilchen mit einer wesentlich geringeren Masse als die Atome. Mit dieser Entdeckung musste die Frage nach den kleinsten Bausteinen der Natur und der Beschaffenheit eines Atoms völlig neu gestellt werden. Doch erst die intensiven Experimente des in Neuseeland geborenen britischen Physikers Ernest Rutherford (1871–1973) führten 1911 zu einem allgemein akzeptierten »Atommodell«, das heute noch Gültigkeit hat.

Noch vor den Ergebnissen von Rutherford entdeckte der deutsche Wissenschaftler Wilhelm Conrad Röntgen (1845–1923), der als Professor für Physik an der Universität Würzburg tätig war, die später nach ihm benannten »X-Strahlen«, wie er selber sie bezeichnete, im Jahre 1895 zufällig. Erst diese Entdeckung bot Becquerel die Grundlage für seine Untersuchungen, mit denen er herausfand, dass Uransalze eine den Röntgenstrahlen ähnliche Kraft aussenden.

In diesem Zusammenhang überraschte der berühmte Atomphysiker Luis Bulgarini bereits 1949 mit einem ungewöhnlichen Vortrag die Zunft der Archäologen weltweit und sorgte für reichlich Verwirrung: »Die Ägypter des Altertums haben nach meiner Auffassung bereits die Gesetze der Atomzerfallzeit gekannt. Es ist durchaus möglich, dass sie die Strahlungen benutzten, um ihre Heiligtümer zu schützen.«

Tatsächlich berichtet der so genannte »Magische Papyrus« in Kapitel XI, 14–15, dass bestimmten »Kästen«, die nur Auserwählten zugänglich waren, »göttliche« und »todbringende« Kräfte innewohnten, sodass Bulgarinis These in altägyptischen Texten seine Bestätigung findet. Auch im Grab von Pharao Ramses IX. (1137–1120 v. Chr.) ist in der Totenkult-Szenerie ein solcher Kasten abgebildet: Vier Paviane sind an einem »quadratischen Becken« mit einer »magischen Kraftquelle« angebunden und bewachen ein schöpferisches Feuer, das zudem von himmlischem Wasser umgeben ist. Der Ägyptologe Christian Jacq schreibt in seinem Buch »Das verborgene Wissen der Magier«: »Die Paviane stehen um ein quadratisches Becken, in dem sich die Energie des Feuers befindet. Es ist ein wahrhaftiges ›Kraftwerk‹, dessen Komponenten von Spezialisten gehandhabt werden müssen. Und zwar mit der größtmöglichen Vorsicht, damit sich das unablässig schöpferische Feuer nicht in ein zerstörerisches verwandelt.«

In diesem Zusammenhang sollten wir durchaus zur Kenntnis nehmen, dass auch in modernen Atomkraftwerken die Brennstäbe in einer Flüssigkeit aufbewahrt werden müssen, um der zerstörerischen Wirkung bei einem Austreten von Strahlung vorzubeugen und so das Risiko einer solchen technischen Anwendung kalkulierbar zu halten. Wie die als Symbole für die Weisheit stehenden Paviane, die in der genannten Abbildung die weise Gottheit Thot von der Außenwelt abschirmen, sind auch unsere Spezialisten darüber informiert, wie sie mit einem Kernreaktor umzugehen haben. Doch kannten die Pharaonen tatsächlich schon die Atomenergie?

Zwar wurden die Forscher Röntgen und Becquerel beide – der eine 1901, der andere 1903 – mit dem Nobelpreis ausgezeichnet, doch ohne das Verdienst dieser Wissenschaftler schmälern zu wollen, scheinen sie nur Wiederentdecker der strahlenden Materie gewesen zu sein, derer sich die Pharaonen bereits seit einigen Jahrtausenden bedienten.

Weder Röntgen noch Becquerel waren sich zunächst der Bedeutung und der Folgen ihrer Entdeckung bewusst. Während von den Priestergelehrten der Pharaonen Uransalze vermutlich als tödlicher Gräberschutz verwendet worden waren, hantierte man noch Anfang des 20. Jahrhunderts mit den zum damaligen Zeitpunkt noch unbekannten strahlenden Substanzen ohne jeden Schutz herum. Antoine H. Becquerel fuhr damals sogar aus Frankreich mit einigen Gramm Radium, die er in seiner Westentasche aufbewahrte, zu einem wissenschaftlichen Vortrag nach London, wobei er sich aus Unwissenheit schwere Verbrennungen zuzog.

Als man dann noch die Eigenschaft des Leuchtens der radioaktiven Substanz entdeckte, blühte im amerikanischen New Jersey eine große Leuchtzifferblatt-Industrie auf. Da die radioaktive Leuchtfarbe mit Pinseln auf die Zifferblätter der Uhren aufgetragen wurde, nahmen die Arbeiterinnen die Pinselspitzen in den Mund, um sie anzuspitzen. Es dauerte keine zwei Jahre, bis die ersten Frauen an fiebrigen Entzündungen starben.

Dasselbe Schicksal wie die 42 Arbeiterinnen von New Jersey erlitten Archäologen um die Jahrhundertwende, die an Ausgrabungen in Ägypten teilgenommen hatten. Genau konnte die Ursache ihres Tode nie festgestellt werden, die Symptome waren allerdings in fast allen Fällen identisch: Die Archäologen hatten fiebrige Entzündungen und klagten über Müdigkeit, bei 90 Prozent der Todesopfer wurden Anzeichen einer Gehirnschädigung diagnostiziert.

Auch als Wilhelm C. Röntgen im November 1895 die Wirkung von Kathodenstrahlen untersuchte und feststellte, dass die Strahlen ein zufällig vorhandenes und mit Bariumplatinzyanür überzogenes Blatt Papier zum Leuchten brachten und zwar selbst dann, wenn er zwischen die Strahlenquelle und das Papier ein Buch oder eine Holztafel hielt, ahnte niemand, dass die Pharaonen auch dieses technische Verfahren längst kannten. Die einzige Schutzvorrichtung gegen diese ominösen Strahlen bietet das Metall Blei. Röntgen war erstaunt und begann sofort mit einer Reihe von Experimenten, um mehr über die rätselhaften X-Strahlen herauszufinden. Schon einen Monat später fasste er seine Ergebnisse in seiner Arbeit »Über eine neue Art von Strahlen« zusammen, die er am 18. Dezember 1895 der »Würzburger Physikalisch-Medizinischen Gesellschaft« vortrug. Die Bedeutung der Röntgenstrahlen für Medizin und Chirurgie wurde rasch erkannt, woraufhin Röntgen weltweit berühmt wurde. Inzwischen benutzen wir die Messmethode mit Röntgenstrahlen sogar bei der Erforschung des Weltraums. Wer von uns aber hätte schon vermutet, dass das Patent dieser Erfindung auf die Pharaonen zurückgeht?

In der Oase Dachla, die nordwestlich von Ägypten in der heutigen libyschen Wüste liegt, fanden Archäologen bereits im Jahre 1951 ein seltsames Artefakt. Nach den Berichten der Archäologen handelte es sich dabei um einen »Zauberspiegel«, von dem schon die altägyptische Literatur berichtet. Bisher wurden die Legenden über die Macht »der grünen Zauberspiegel«, die »den Körper erhellen« konnten, stets in das Land der Märchen verbannt. Der Kairoer Mediziner und Ägyptologe Fawzi Soueha hingegen sieht in diesem archäologischen Fund das Abbild eines altägyptischen Röntgenapparates. Doch als Soueha 1992 genauere Untersuchungen an dem prähistorischen Relikt vornehmen wollte, hieß es von Seiten der Ägyptischen Altertümerverwaltung (SCA), dass dieses Fundstück bereits archiviert und unauffindbar sei. Das ergibt allerdings keinen Sinn, denn wenn man etwas katalogisiert und es danach an seinem Bestimmungsort einlagert, dient dies doch üblicherweise einer vereinfachten späteren Zugriffsmöglichkeit. Obwohl Fawzi Soueha Ägyptologe und sogar der ehemalige Direktor des Kairoer Museums für Medizin war, wurde ihm der Zugang zu dem mysteriösen Fund verwehrt. Doch warum enthält die Administration einem Wissenschaftler den Zugang zu einem kuriosen Fundstück vor? Was will man verbergen?

Der amerikanische Anthropologe und Sinologe Berthold Laufer (1874–1934) vom »Chicago Field Museum of Natural History« berichtet bereits 1928 in seinem Buch »The Prehistory of Aviation« über asiatische Völker, bei denen der Umgang mit Röntgenstrahlen ebenfalls zum Alltag gehörte: »Das Buch Kai yüan tien pao i schi berichtet, dass der Magier Ye Fa-shan, der in der Tang-Dynastie lebte, einen eisernen Spiegel besaß, der Objekte reflektierte wie das Wasser. Wann immer jemand krank war und in den Spiegel schaute, wurden seine inneren Organe komplett sichtbar, wodurch jegliche Abnormitäten, die sich dort vorfanden, festgestellt werden konnten.«

Wie die »grünen Zauberspiegel« der Pharaonen, mit denen die menschlichen Körper erhellt und die Knochen gesehen wurden, konnten die »magischen Spiegel« der Chinesen ebenfalls die Knochen sichtbar werden lassen. Laufer berichtet über den chinesischen Kaiser Tsin Shi (259–210 v. Chr.): »Dem Kaiser Tsin Shi wurde der Besitz eines solchen Spiegels zugeschrieben, den man den kostbaren Spiegel, der die Knochen des Körpers erleuchtet, oder den Spiegel, der die Galle sichtbar macht nannte.«

Weiter berichtet Laufer, wie und vor allem wann dieser Gegenstand entdeckt worden ist: »Dieser Spiegel wurde vom Gründer der Han-Dynastie im Palast der Tsin-Kaiser in Hien-Yang in der Provinz Shensi entdeckt, im Jahre 206 v. Chr.«

Ob dieser Gegenstand mit der älteren ägyptischen Variante von Röntgenspiegeln etwas gemeinsam hatte, lässt sich schwer sagen, solange selbst Wissenschaftlern der Zugang zu dem Fundstück verwehrt wird. Aber über die Art und Form des chinesischen Röntgenspiegel heißt es weiter:

»Es war ein rechteckiger Spiegel, vier Fuß breit, fünf Fuß und neun Inch hoch, auf allen Seiten glänzend. Wenn ein Mann vor ihm hinstand, um sein Ebenbild zu sehen, erschien dieses verkehrt. Wenn jemand seine Hände auf sein Herz legte, konnte er seine fünf Organe beobachten, nebeneinander angeordnet und nicht behindert durch irgendein Hindernis.«

Die technische Beschreibung erinnert an die Objektive von Kameras oder Fotoapparaten, die den zu Filmenden auch verkehrt herum zeigen. Vielleicht waren diese Spiegel konkav geschliffen, sodass sie deshalb die optische Umkehrstellung des Betrachters verursachen konnten. Nach unserem Metermaß betrug die Größe dieser über 2200 Jahre alten Röntgenapparate in der Höhe etwa 1,75 Meter und in der Breite etwa 1,22 Meter. Auch die detaillierte Beschreibung über die Sichtbarkeit der Organe ist interessant, konnte man doch anscheinend die Durchleuchtung des Körpers als Patient live mit beobachten. Der weitere Text verdeutlicht auch noch einmal, dass diese Wunderspiegel einem nicht nur die Knochen zeigten, sondern auch die genaue Anordnung und etwaige Beschädigung bestimmter Organe:

»Wenn ein Mann eine versteckte Krankheit innerhalb seiner Organe hatte, konnte er deren Sitz eruieren, indem er in den Spiegel blickte und seine Hände auf sein Herz legte. Doch nicht nur das: Wenn eine Frau ungewöhnliche Gefühle zeigte, pflegte ihre Galle anzuschwellen und ihr Herz heftiger zu schlagen.«

Wie Laufer weiter berichtet, hat Kaiser Tsin Shi mit diesem antiken Röntgenapparat auch die Treue seiner Haremsdamen kontrolliert. Die Symptome »ungewöhnlicher Gefühle« nahm er als Beweis dafür, dass die Betreffende ihr eigenes Liebesleben führte, und entsprechend hart fiel seine Reaktion aus: »Der Kaiser Tsin Shi bediente sich deshalb konstant des Spiegels, um die Frauen seines Gefolges zu testen. Diejenigen, deren Galle angeschwollen war und deren Herz schneller schlug, ließ er töten.«

Ähnliche Berichte von antiken Röntgenapparaten entdeckte der Anthropologe aber auch in altindischen Texten, die er ebenfalls zusammengefasst hat: »Jivaka, ein gefeierter Arzt im alten Indien und Zeitgenosse von Gautama Buddha, auch König der Ärzte genannt, kam schließlich zum Schluss, dass es notwendig war, die Organe des Körpers zu erleuchten, um eine Diagnose erstellen und chirurgische Eingriffe vornehmen zu können. Er benutzte Schädelbohrer und Schädelsägen, was seinen Zeitgenossen so wundersam erschien, dass dieses Vorgehen mit zahlreichen Legenden verwoben wurde.«

Diesem indischen Arzt, Chirurg und Wunderheiler wird die zufällige Entdeckung eines Kristalls nachgesagt, der sich in einem Reisigbündel befand und auf wundersame Weise den menschlichen Körper erleuchten konnte, um die Krankheiten des Betroffenen zu erkennen: »Jivaka soll in einem Reisigbündel einen wundervollen Edelstein entdeckt haben, der die Fähigkeit hatte, dass wenn er vor einen Invaliden gelegt wird, er dessen Körper erleuchten kann, so wie eine Lampe alle Dinge in einem Haus erhellt, und er so die Art seiner Krankheit offenbart.«

Im Gegensatz zu dem quadratischen Spiegel der Chinesen und dem Zauberspiegel der Pharaonen aus Dachla musste man den kristallinen Edelstein an die betroffene Stelle des Erkrankten legen, um die Krankheit zu erkennen: »Er legte diesen Edelstein auf den Kopf eines kranken Mannes und fand heraus, dass er einen Hundertfüßler in seinem Kopf hatte (wahrscheinlich ein Hirntumor); er öffnete mit einem Instrument die Schädeldecke und entfernte den Hundertfüßler mit einer zuvor erhitzten Pinzette, woraufhin der Patient genas.«

Im weiteren Text wird auch einem Stück Holz von einem Baum nachgesagt, dass es das Holz war, das ebenfalls über Röntgenkräfte verfügte: »Gemäß einer anderen Version handelte es sich um ein Stück Holz von einem Baum, der auch ›König der Ärzte‹ genannt wurde, welches Jivaka ermöglichte, ganz deutlich die fünf Organe, die Eingeweide und den Magen zu sehen; und er bediente sich eines goldenen Messers, um die Schädeldecke zu öffnen.«

Auch eine steinzeitliche Felszeichnung aus der russischen Ortschaft Navoij zeigt, wie fünf Personen damit beschäftigt sind, eine in einem Strahlenkranz eingehüllte sechste Gestalt in einer Art Opferzeremonie zu transportieren und ihr Opfergaben darzubieten. Die Gestalt, die sich in einem Behälter befindet, wird auf einem Lasttier davongetragen und dabei von vier Personen vorsichtig gestützt. Das Seltsame dabei ist, dass vier Personen, die sich in der Nähe des vasenähnlichen

Gegenstandes aufhalten, eine Art Maske oder Atemgerät tragen. Erstaunlicherweise benötigen aber die Person links unten auf der Felszeichnung und die zwei Personen unter der Platte, auf der sich der strahlende Behälter befindet, sowie das Lasttier keine Schutzvorrichtung. Vermutlich handelt es sich um eine Bleiplatte, die als einziges Material einen entsprechenden Schutz vor den unsichtbaren Röntgenstrahlen bietet. Doch woher wussten das unsere Ahnen?

2. Steine, Tempel und Tunnelsysteme

Nicht nur die Griechen und die Römer vertraten stets die Ansicht, dass die Pharaonen schon von Beginn an für Fremde »unzugängliche« Kenntnisse besaßen, die aus der Zeit stammten, als auf der Erde noch Götter herrschten. Auch die alten Ägypter selbst waren davon überzeugt. Irgendwann begannen die Pharaonen schließlich, Bauwerke aus tonnenschweren Steinen errichten zu lassen, und sie sahen sich gezwungen, zur Beschaffung dieses edlen Baumaterials Steinbrüche anzulegen. Der feine Kalkstein, der zum Beispiel zur Verkleidung der Pyramiden diente, kam aus »Rauyti«, dem heutigen Tura, in der Nähe von Heluan. Doch Kalkstein gab es auch im Gebirge von Theben und in der Umgebung von Gebel Tuch.

Vom Hügelgrab zur Pyramide

Auf dem Kalksteinplateau von Giseh, nordwestlich von Memphis, stehen mit den großen Pyramiden dreier altägyptischer Könige der vierten Dynastie (2505–2348 v. Chr.) die Ergebnisse der steinernen Anstrengungen, die den Höhepunkt der pyramidalen Architektur bilden und deren bauliche Proportionen innerhalb der pharaonischen Geschichte nie wieder erreicht wurden.

Die Pharaonen nannten die Pyramiden-Bauwerke »mer«, das eine aufsteigende »Stufe«, einen aufrechten »Meißel« oder eine besondere Art von »Falke« bezeichnete. Das moderne Wort »Pyramide« hingegen leiten die Ägyptologen gewöhnlich aus dem Griechischen »pyramis« oder »pyromyt«

ab: Bei Ersteren handelt es sich um ein Sesamspitzgebäck, und das Zweite bedeutet »Mittelpunkt aus Feuer«. Man hat aber auch schon eine griechische Umschreibung des Namens »piremus« vorgeschlagen, der im mathematischen Papyrus Rhind genannt wird: Die Übersetzung bedeutet »das, was von uns aufsteigt«, und wurde als Bezeichnung für die vertikale Höhe einer Pyramide verwendet. Doch weshalb verfährt die Wissenschaft so umständlich mit der Pyramide?

Vermutlich nur deshalb, weil die größte der Pyramiden von Giseh in der frühen Literatur oft als »Bibel in Stein« bezeichnet wurde, da sie Informationen enthalten soll, die man bei richtiger Auslegung wie ein »steinernes Buch« lesen kann. Unter anderem vertrat der berühmte Mathematiker und Astronom Isaac Newton (1643–1727) die Ansicht, dass diese Pyramide sich auf einem nahezu perfekten Quadrat bis auf 147,80 Meter (tatsächlich 146,59 Meter) Höhe erhebt. Das sei deshalb so, sagte Newton, weil sie »das Geheimnis der Pharaonen« enthielt. Damit käme seiner Ansicht nach der Umfang dieser quadratischen Grundfläche dem Umfang des Kreises gleich, dessen Radius der Pyramidenhöhe entspricht:

$U = 2 \cdot 147{,}80 \cdot \pi = 928{,}64$ oder

$232{,}16 \cdot 4 = 928{,}64 : (2 \cdot 147{,}80) = 3{,}14154 = \pi$.

Dabei ist das Patent für die Form der Pyramide das geniale Ergebnis einer Entwicklung, an deren Anfang das Hügelgrab oder die »Mastaba« stand.

Diese Ansicht vertritt zumindest die moderne Ägyptologie, die diese Bauwerke seit Jahrzehnten untersucht. Zahi Hawass, der oberste Chef des »Supreme Council of Antiquities« (SCA) und Direktor des Giseh-Plateau räumt allerdings nach wie vor ein, dass die alten Ägypter nichts hinterlassen haben, was den Bau einer Pyramide dokumentierte: »So können wir heute noch immer nur Hypothesen aufstellen, die keine wissenschaftlich gesicherten Kenntnisse darstellen.«

Auch der britische Buchhändler und Autodidakt John Taylor (1790–1876) behauptete im Jahre 1859 aufgrund mathematischer Koinzidenzen, wie sie Newton vorgelegt hatte, dass die Große Pyramide nur deshalb gebaut worden sei, »um das Maß der Erde aufzuzeichnen«. Aus dem Grundriss und der Lage der Gänge und Kammern konnte er aus dem Bauwerk sogar die ganze Geschichte des Menschengeschlechts ablesen!

Wie bereits Newton behauptete auch Taylor des Weiteren, dass die Pharaonen den Wert der »Ludolphschen Zahl« (Pi) gekannt und für ihre 25 Zoll lange Königselle ein Zollmaß ähnlich dem britischen verwendet hätten. Taylor sagte: »Für nur zufällige Übereinstimmungen sind es zu viele Relationen, die in der Großen Pyramide gefunden werden können!«

Schließlich legte John Taylor der »Royal Academy«, der Königlichen Akademie Englands, seine Abhandlung zu diesem Thema vor, die jedoch von der umstrittenen Führung dieser Einrichtung unbegründet verworfen wurde. Auch wenn der Forscher außer sich war, blieb er beharrlich und machte mit seinen Forschungen unbeirrt weiter, sodass sich inzwischen eine große Anhängerschaft gebildet hat, die von seinen Zahlen und Hypothesen über die Große Pyramide überzeugt ist.

Der Zeitgenosse des Forschers und königliche Astronom von Schottland an der Universität Edinburgh, Charles Piazzy Smyth (1819–1900), hingegen war von Taylors Vortrag, der ihn in seinen eigenen religiösen Ansichten bestärkte, so beeindruckt, dass er die neuen Angaben über die Pyramide damals schon persönlich im Land der Pharaonen überprüfen wollte. Doch ein Stipendium zur Verringerung seiner Kosten wurde auch ihm von den offiziellen Einrichtungen abgelehnt. Smyth machte sich aber dennoch 1864 unbeirrt auf den Weg nach Ägypten.

Gestützt auf die Theorien von John Taylor vermaß er im Jahre 1865 die Große Pyramide dann selbst. Danach war auch Smyth fest davon überzeugt, dass das Bauwerk ein maßstabsgerechtes Modell des Erdumfangs abgebe und ihr Parameter präzise der Zahl des Sonnenjahres entspreche. Diese Ideen standen im engen Zusammenhang mit seinem Glauben, der britische Zoll sei von einem antiken »Pyramidenzoll« abgeleitet, auf dem auch die beim Bau der Arche Noah und der Stiftshütte des Moses verwendete Elle beruht habe. Inzwischen ist zumindest die Sintflut historisch anerkannt: Der britische Archäologe Charles Leonhard Woolley (1880–1960) wies schon 1929 nach, dass 4000 v. Chr. alles Land vom Persischen Golf bis Bagdad längere Zeit überschwemmt war. Heute glauben Forscher, es könnte der erste tödliche Tsunami der Geschichte gewesen sein, wie er auch 2004 an den Küsten des Indischen Ozeans erlebt wurde. Nachdem Satellitenbilder vom Berg Ararat Strukturen zeigten, die einem Schiffsrumpf ähneln, pilgern inzwischen Archäologen aus aller Welt dorthin.

Der Pyramidenforscher Smyth glaubte zudem, die Briten stammten von dem verlorenen Stamm Israels ab, und die Kammern und Gänge der Pyramide seien ein gottinspiriertes Aufzeichnungswerk, eine Stein gewordene, von wissenschaftlich fortgeschrittenen Ahnen der Briten getroffene Vorhersage der Weltereignisse. Charles P. Smyth veröffentlichte seine erweiterten Theorien 1864 in dem Buch »Our Inheritance in the Great Pyramid« und 1867 in dem dreibändigen Werk »Life and Work at the Great Pyramid«. Wie bei John Taylor lehnte die »Royal Academy« im Jahre 1874 auch seine Abhandlung über die Gestalt der Großen Pyramide ab, worauf Smyth aus Protest von seinem Amt zurücktrat. Doch war seine teilweise rätselhafte und geheimnisvolle Pyramiden-Mystik tatsächlich unwissenschaftlich?

Im Jahre 1868 sandten die Vereinigten Staaten von Amerika den Chef des Küstenvermessungsamtes, Henry Mitchell (1800–1872), nach Ägypten, mit dem Auftrag, über die Arbeiten am Suezkanal Bericht zu erstatten. Bei dieser Gelegenheit nahm Mitchell eine Vermessung der Küste im Norden Ägyptens vor und war überrascht von der kreisförmigen Gestalt der Küstenlinie des Nildeltas. Er stellte eine sorgfältige Untersuchung an und fand einen beinahe vollkommenen Viertelkreis vor, dessen Abschluss die das Unterland einsäumenden Hügelketten bildeten, die in der Nähe von Kairo zusammentrafen. Bei genauer Messung fand er schließlich heraus, dass die Große Pyramide genau die Spitze dieses natürlichen Winkels bildete. Seine Überraschung war alles andere als gering, und mit Recht fragte er sich, wer der Schöpfer dieser erstaunlichen Anlage denn überhaupt sei. Dieses majestätische Bauwerk steht nämlich auf einer felsigen Hochebene und überblickt von seinem Standort aus ganz Unterägypten. Mitchell war über diese Entdeckung so erstaunt, dass er erklärte: »Diese Denksäule befindet sich in einer wichtigeren geographischen Lage als irgendein anderes von Menschen errichtetes Bauwerk.«

Auch in diesem Fall gab es wohl einen biblischen Hintergrund: König Nimrod, der Urenkel Noahs, ließ der Überlieferung zufolge den berühmten Turm zu Babel bauen, der ebenfalls eine geographische Aufgabe zu erfüllen hatte. Der biblischen Erzählung nach verwirrte Gott die Sprachen der Menschen zur Strafe für ihren Hochmut, einen Turm bis in den Himmel hinein bauen zu wollen. Das historische Vorbild dieser Geschichte ist bei dem assyrischen König Tukulti-Ninurta (1235–1198 v. Chr.) zu suchen, der nach dem Kriegsgott Ninurta (griechisch »Nimrod«) genannt wurde. Er eroberte Babylon sowie den größten Teil Mesopotamiens (heute Südtürkei, Irak, Syrien) und ließ sich eine neue Residenz bauen, in der er später ermordet wurde. Sein nur auf Gewalt errichtetes Reich aus vielen Nationen (und Sprachen) zerfiel letztlich – wie in der Bibel der Turm zu Babel. Als die biblische Schöpfungsgeschichte um 900 v. Chr. aufgezeichnet wurde, war die Erinnerung an ihn noch im ganzen Orient lebendig.

Deshalb vertrat vermutlich auch Mitchell die Ansicht, dass »man durchaus sagen kann, dass dieses Pyramiden-Bauwerk im Mittelpunkt und gleichzeitig an der Grenze Ägyptens steht«. Doch spätere Archäologen haben nachgewiesen, dass selbst die Messungen von Charles Piazzy Smyth nicht ganz exakt waren, von einigen seiner phantasievollen Schlussfolgerungen ganz zu schweigen.

Der deutsche Ägyptologe Ludwig Borchardt (1863–1938) schrieb 1922 die vernichtende Studie »Gegen die Zahlenmystik an der großen Pyramide von Gise«, in der er nicht nur Smyth lächerlich machte, sondern seinen Spott auch gegen spätere »GS-Theoretiker« (GS = goldener Schnitt) wandte und vor dem »Pyramidenquatsch« warnte. Dabei schoss er wohl im Sachlichen zuweilen etwas übers Ziel hinaus, und ganz gewiss vergriff er sich im Ton. Um gewisse unleugbare Eigenheiten gerade der Cheopspyramide kommt man nämlich kaum herum, und die lapidare Schlussbemerkung Borchardts, »die Pyramiden sind einfache, klare Bauwerke, entworfen mit den einfachen Hilfsmitteln der Ägypter der damaligen Zeit«, klärt auch nicht restlos das Geheimnis um diese Bauanlagen.

Helmut Swoboda, der eine Abhandlung über Smyth und Borchardt geschrieben hat, meint zu alldem: »Das ist kaum als das letzte Wort in der Pyramidenforschung anzusehen. Bei seiner vernichtenden Kritik erwähnte Borchardt aber mit keinem Wort jene Okkultisten, die – mit den Zahlen und Berechnungen Charles Piazzy Smyths als Grundlage – in ihren Deutungen noch viel weiter gingen und in Gang- und Kammersystem der Großen Pyramide ein Weltkalendarium zu finden glaubten. Von wann bis wann es reicht, darüber weichen die Aussagen voneinander ab.«

Steinbohrer mit Diamantspitze

Interessanter noch als die Pyramiden-Mystik, die sich für einen Gelehrten zwischen phantastisch und irrsinnig bewegt, sind die technischen Errungenschaften der Steinbearbeitung, die die Pharaonen bereits erreicht hatten. Aus der griechischen Geschichte ist uns der bereits erwähnte Tunnel des Ingenieurs Eupalinos bekannt, den man bereits im 6. Jahrhundert v. Chr. ähnlich wie den Kanaltunnel zwischen England und Frankreich anlegte, sodass von beiden Enden gleichzeitig gegraben wurde. Das setzt allerdings den Besitz von Instrumenten, zum Beispiel eines Theodoliten, voraus, mit denen Eupalinos während der Antike den Azimut und die Höhenschichten messen konnte.

Im »Petrie Museum« in London existiert sogar eine Kernbohrspitze aus dem Land der Pharaonen, die unter der Katalognummer U.C. 16037 geführt wird. Als sie gegen Ende des 19. Jahrhunderts von Flinders Petrie in Giseh entdeckt wurde, sah er, dass der Bohrkopf sich verkantet hatte und deshalb von den damaligen Steinmetzen ausgemustert worden war. Es ist an dem Bohrkopf deutlich zu erkennen, dass er ursprünglich durch ein Drehrad erweitert war, auf dem vermutlich Gewichte lagerten, um damit eine entsprechende Kernbohrung vornehmen zu können. Allerdings eignet sich dieser Bohrkopf nur dafür, um an Kalksteinfelsen Bohrungen durchzuführen, weil die gesamte Spitze aus dem Weichmetall Kupfer angefertigt wurde. Doch wurde zu jener Zeit selbst Basalt gebohrt, und andere Löcher, die in Granit vorhanden sind, bezeugen Weiteres. In jedem Fall sind diese Entdeckungen Beweise dafür, dass den Pharaonen der vierten Dynastie das Prinzip der Kernbohrung durchaus bekannt war, obwohl der Ingenieur und Maschinenbauer Alfred Brandt sich dieses technische Verfahren erst im Jahre 1876 patentieren ließ. Doch nach welchem Prinzip wurden zur Zeit der Pharaonen Hartgesteine wie Diorit oder Granit durchbohrt?

Diese Art von Feinarbeit an derartig festem Gestein lässt sich mit einem primitiven Hammer und einem Meißel oder Bohrer aus Kupfer, wie ihn die Lehrmeinung sich vorstellt, einfach nicht bewerkstelligen. Da hätte auch der Bohrkopf U.C.16037 bei diesem Gestein keine Abhilfe schaffen können. Salomo, der weise König der Juden, soll der Legende nach einer der wenigen Eingeweihten gewesen sein, die das Geheimnis des Wurms »Schamir« gekannt haben, der nach dem Buch Jeremia (17,1–3) eine »diamantene Spitze« besaß. Es war ein »Wunderwerkzeug« der Götter, mit dem man Steine und sogar ganze Felswände aufbohren und zerschneiden konnte. Etwas Derartiges kennen wir auch aus der germanischen Mythologie, etwas, das Felix Genzmer (1878–1959) mit »Bohrmaschine« (»Rati«) übersetzt, das dem Gott Odin gehörte, der wiederum einen ägyptischen Verwandten besaß.

Unter Berücksichtigung des Wortstamms vom »Schamir« landen wir bei »Smir«, das nach Emil Kautzsch (1842–1910) zu dem ägyptischen Wort »esmira« führt und »Bohrmeißel« bedeutet. So führt uns dieses Wort mit seinem linguistischen Hinweis ebenfalls zu einem »Bohrmeißel der Pharaonen«, welcher zudem eine »diamantene Spitze« besaß. Konrad von Megenberg (1311–1374) stellte in seinem bereits 1350 geschriebenen Buch über die Natur fest, dass der Nutzen eines Diamanten viel größer sei, wenn seine Basis aus Eisen gefertigt werde, für den Fall, dass er in einem Ring eingesetzt werden sollte. Damit gibt von Megenberg den eindeutigen Hinweis für die Bearbeitung von Diamant vor mindestens 650 Jahren.

Auch der amerikanische Professor Bertholt Laufer, den wir bereits im ersten Kapitel zitiert haben, liefert in seinen Arbeiten Textbeweise für die Existenz von industriell gefertigten Diamanten, deren Herstellung bis zurück ins China der Zeit um 1000 v. Chr. reicht. Im Chinesischen ist der Name für diese Substanz »kun-wu-shi«, was so viel wie »Diamant-Stein« bedeutet. Laufer berichtet:

»Die Shi chou ki (Aufzeichnung der zehn Inselreiche), eine phantastische Beschreibung ferner Länder, die dem taoistischen Adepten Fung-fang-So zugeschrieben wird, der 168 v. Chr. geboren wurde, enthält die folgende Geschichte: ›Auf der schwebenden Insel (Liu chou), die sich im westlichen Ozean befindet, findet sich eine Sammlung von Steinen, genannt kun-wu. Wenn er geschmolzen wird, wird er zu Eisen, aus dem glänzende Schneideinstrumente, die das Licht wie Kristalle reflektieren, angefertigt werden. Mit diesen kann man Objekte wie harten Stein (Jade) durchschneiden, als wären sie lediglich lehmiger Ton‹.«

Tatsächlich verwirrt in diesem Zitat die Bemerkung, dass man die »kun-wu-shi« angeblich schmelzen konnte, um daraus die edelsten Schneideinstrumente anzufertigen. Um welches Verfahren es sich dabei gehandelt hat, mit dem man Diamant schmelzen konnte, lässt sich heute nicht mehr mit Bestimmtheit sagen. Deshalb kam ich zunächst auf die Idee, dass es sich bei dem »kun-wu-shi« nicht um Diamant, sondern eher um »Meteoriteneisen« gehandelt haben könnte, das über einen hohen Nickelanteil verfügt und deshalb als Schneideinstrument so gut wie nicht rosten kann. Doch Laufer macht in seiner Arbeit sehr wohl einen Unterschied zwischen beiden Mineralien und weiß ganz genau, wann er von »Diamant« spricht:

»Dioskurides aus dem 1. Jahrhundert n. Chr. unterscheidet vier verschiedene Arten von Diamanten, von denen die dritte ›eisenähnlich‹ genannt wird, denn sie ähnelt dem Eisen, auch wenn Eisen schwerer ist. Man findet diese Diamantenart im Jemen. Nach Dioskurides werden die Diamanten-Bruchstücke in Eisengriffe gesteckt, um damit Steine, Rubine und Perlen zu durchbohren.«

So wird auch das chinesische Verfahren nachvollziehbar, bei dem die Schneideinstrumente »das Licht wie Kristalle reflektieren« konnten. Darüber hinaus gibt Berthold Laufer einen Hinweis auf den römischen Gelehrten Plinius den Älteren (23–79 n. Chr.), der uns die 37 Bände seiner »Historia Naturalis« und damit das umfangreichste Kompendium antiken Wissens hinterlassen hat. Unter anderem verweist der Römer auf den »adamas« der Griechen, den Laufer ebenfalls als »Diamant« identifiziert. Obwohl Plinius selbst nicht forschte, sondern antike Texte mit wahrer Besessenheit nur sammelte, schreibt er über seine Erfahrungen mit dem Mineral: »Die Härte des ›adamas‹ ist in der Tat unbeschreiblich, und eine seiner Eigenschaften ist auch, dass er in ein Feuer gelegt werden kann und niemals erhitzt wird. Daher hat er auch seinen Namen, denn nach der Bedeutung des griechischen Begriffs ist er ›die unbezwingbare Kraft‹.«

Im weiteren Textverlauf geht Plinius auch auf die Bearbeitung eines Diamanten ein, nämlich wenn ein Schmied sich daran versucht: »All diese Steine kann man auf einem Amboss auf ihre Härte hin überprüfen; sie sind so hart, dass der Kopf eines Eisenhammers in zwei Teile zerbricht, wenn man auf sie schlägt, und selbst der Amboss kann splittern.«

Plinius der Ältere wusste nicht nur ganz genau, worüber er berichtete, sondern wies auch deutlich auf die Unterschiede zwischen den Mineralien hin:

»Es gibt auch den so genannten ›Siderit‹ oder ›Eisenstein‹,

der das Licht wie Eisen reflektiert und schwerer ist als der Rest, jedoch andere Eigenschaften aufweist. Denn man kann ihn nicht nur durch Hammerschlag entzweibrechen, sondern auch mit anderen ›adamas‹ ritzen.«

In der Tat weist Plinius auch darauf hin, dass es von Zeit zu Zeit durchaus gelungen ist, einem Diamanten gewisse Splitter abzuringen. Diese wurden dann ausschließlich bei der Werkzeugherstellung benutzt, um damit Gravuren oder Auswuchtungen machen zu können: »Wenn man es schafft, einen ›adamas‹ zu zerbrechen, sind seine Splitter so klein, dass sie mit bloßem Auge kaum sichtbar sind. Unter Edelsteingraveuren sind diese sehr gefragt; sie fassen sie in Eisenwerkzeuge ein, denn mit ihnen können sie problemlos die härtesten Materialien ritzen und aushöhlen.«

Vielleicht ist der Hinweis ganz interessant, dass die Handwerker bei der Verarbeitung von Diamant optische Hilfen verwendet haben, um mögliche Splitter dieses wertvollen Materials mit bloßem Auge nicht zu übersehen. In diesem Zusammenhang ist auch das Zitat Berthold Laufers aus dem zehnten Kapitel des chinesischen Buches »Pents'ao kangmu« recht interessant: »Li Si-cheng zitiert in seinem Werk Pents'ao kang-mu dieselbe Story wie Shi chou ki in seinen Anmerkungen zum Diamanten und kommt zu der Erklärung, dass der kun-wu-Stein der größte aller Diamanten ist. Der Text des von ihm zitierten Shi chou ki bietet noch eine wichtige Variante. Nach ihm kommen kun-wu-Steine im ›schwebenden Sand‹ (Liu sha) des westlichen Ozeans vor. Dieser Begriff bezieht sich in den chinesischen Aufzeichnungen, entsprechend dem hellenistischen Orient, auf das Mittelmeergebiet.«

Dieser Textbeweis bestätigt somit nicht nur die griechische Herkunft der in China verwendeten Diamanten, sondern auch einen nachvollziehbaren Handelskontakt mit Griechenland vor über 3000 Jahren. Auch Laufer ist von der Eindeutigkeit dieser Textbeweise überzeugt und meint: »Deshalb haben wir hier eine eindeutige Überlieferung, die den ku-wu-Stein mit dem Vorderen Orient in Verbindung bringt. Und Li Si-chengs Identifikation mit dem Diamanten erscheint in hohem Maße plausibel.«

Laufer hat seine Hausaufgaben jedenfalls gemacht. Als jemand, der sich seit Jahren mit den Rätseln der Vorzeit beschäftigt, fragt man sich allerdings, weshalb die Ergebnisse seiner Untersuchungen über den bereits erreichten Fortschritt in der Antike, die streng wissenschaftlich durchgeführt und in einer Vielzahl von Büchern veröffentlicht wurden, vielen modernen Wissenschaftlern, die die gegenwärtige Lehrmeinung vertreten, überhaupt nicht bekannt sind. Aus dieser Unkenntnis heraus behaupten nämlich diese Wissenschaftler, dass es in der Antike gar keine Diamanten gegeben habe. Wie Laufer jedoch weiter herausgefunden hat, existiert sogar ein chinesisches Buch, das schon vor 2500 Jahren verfasst wurde und einen Text über europäische Diamanten enthält. Das Húan chun ki von Kuo aus dem 5. Jahrhundert berichtet über das Römische Reich (Ta Ts'in) und die von den Römern verwendeten Diamanten:

»Das Land des Ta Ts'in produziert Diamanten (kin-kang), die man auch als jadeschneidende Schwerter oder Messer bezeichnet. Die größten sind über 30 Zentimeter lang, die kleinsten haben die Größe eines Reiskorns. Man kann mit ihm alle Arten von harten Steinen schneiden, und bei genauerer Untersuchung stellt sich heraus, dass es der größte aller Diamanten ist. Dies ist es auch, was die buddhistischen Priester als Ersatz für den Zahn Buddhas nehmen.«

Der Zahn Buddhas ist ein wichtiges heiliges Relikt für die Buddhisten und wurde schon von Beginn an von ihnen verehrt, weil er über »Kräfte« verfügen sollte, die nicht für jedermann nachvollziehbar waren. Auch der chinesische Gelehrte Chou Mi aus der Sung-Dynastie (960–1278) berichtet über den Diamanten:

»Die Jade-Handwerker polieren Jade mit Hilfe von Flusskies und schnitzen ihn mit Hilfe von Diamant-Spitzen. Seine Form ähnelt den Ködeln von Nagetieren; von der Farbe her ist er tiefschwarz und verhüllt sich gleichzeitig wie Stein und Eisen.«

Der amerikanische Sinologe F. Porter Smith kommentierte diesen Textbeweis bereits 1870: »Chou Mi spricht offensichtlich von der unreinen schwarzen Form des Diamanten, der von uns nach wie vor für industrielle Zwecke verwendet wird, sowie über Bohrerspitzen und ähnliche Bohrinstrumente.«

Als Porter Smith Mitte des 19. Jahrhunderts einige Jahrzehnte in der britischen Kolonie in Shanghai verbrachte, konnte er sich ausgiebig, wie nach ihm Berthold Laufer, mit den alten Texten und dem frühen kulturellen Auftreten von Diamanten befassen. Wie nachfolgendes Zitat erkennen lässt, hat er bereits eine nachvollziehbare Verbindung zu Plinius dem Älteren hergestellt:

»Diese Texte stellen klar, dass der kun-wu-Stein des Shi chou ki, den man im hellenistischen Orient findet, der Diamant ist, und dass die aus ihm hergestellten Schneideinstrumente eine Diamantspitze haben. Die behauptete Umwandlung des Steins in Eisen wird von einer viel diskutierten Passage bei Plinius noch weiter aufgeklärt.«

Genau darauf habe ich auf den vergangenen Seiten Bezug genommen: Die älteste ägyptische Bezeichnung für wörtlich »metallische Substanz« lautete »baa«, womit ebenfalls die »unreine« schwarze Form von Diamanten gemeint war. Und in der Form »baa en pet« sprachen die Ägypter vom »Eisen im Himmel«, womit das »Meteoriteneisen« bezeichnet worden ist. Eine weitere Bedeutung von »baa« ist »das Material, aus dem der Himmel gemacht wurde«, was sich auf die rechteckige Eisenplatte bezieht, von der die Pharaonen glaubten, dass sie den Boden des Himmels bilden würde.

Dass diese Diamantenspitzen auch zur Zeit der Pharaonen im ständigen Einsatz waren, beweisen nicht nur unzählige Feingravuren auf härtestem Granit, sondern auch Kernbohrungen, die ich ausgiebig in Abusir und Sakkara untersuchen konnte. Viele exakt durchgeführte 21 bis 46 Zentimeter tiefe Bohrlöcher in Hartgesteinen wie Diorit und Granit besitzen eine gleich bleibende Durchschnittsmessung von acht Zentimetern, sodass man davon ausgehen kann, dass die Bohrspitze eine Breite von 7,5 Zentimeter besaß, was einer altägyptischen Handbreite entspricht. Aber auch in Giseh, wo Petrie den abgebrochenen Kernbohrer U.C. 16037 fand, kann man am ursprünglichen Eingang der Großen Pyramide Bohrungen in Granit entdecken, die mit »diamantener Spitze« durchgeführt worden sind. Deshalb dürfte es heute auch niemanden mehr verwundern, dass das Gisehplateau aus über sechs Kilometer langen Tunneln und Schächten besteht, die von den Pharaonen labyrinthartig verästelt angelegt worden sind.

Ein Labyrinth mit Geheimkammern tief unter der Erde

Bereits im Jahre 1909 fanden einige Forschungsprojekte im Pyramidenumfeld von Giseh statt. Grabungsarbeiten brachten damals eine unterirdische Passage in Form einer gepflasterten Chaussee von 450 Metern Länge und 22 Metern Breite mit diversen Abzweigungen ans Licht, welche die oberirdisch angelegten Gebäudekomplexe unterirdisch miteinander verbinden. Der Duisburger Rechtsanwalt und Pyramidenforscher Klaus-Ulrich Groth entdeckte diese Informationen in dem nur in Französisch publizierten Buch »La Prophézie symbolique de la Grande Pyramide« von Henri S. Lewis. Darin heißt es: »Wir haben eine unterirdische Anlage entdeckt, die von den alten Ägyptern vor 5000 Jahren genutzt wurde. Sie erstreckt sich unter der Straße und führt von der zweiten Pyramide bis zur Sphinx. Sie erlaubt den Durchgang unter der Straße des Cheops bis zum Friedhof des Chephren. In dieser unterirdischen Anlage haben wir eine Reihe von Schächten mit einer Tiefe von mehr als 38 Metern und geräumigen Kammern sowie Seitengemächern freigelegt.«

Auch eine Pressemitteilung in der dänischen »Sandpit von Royalty« nach einem Interview mit Zahi Hawass Anfang 1999 bestätigte die Gang- und Schachtsysteme unter Giseh: »Ich habe einen Schacht gefunden, 29 Meter senkrecht in den Boden hinein, genau in der Mitte zwischen der Chephren-Pyramide und der Sphinx. Am Boden, welcher mit Wasser bedeckt war, haben wir eine Grabkammer gefunden mit vier Pfeilern. In der Mitte ist ein großer Sarkophag, von dem ich erwarte, dass er das Grab von Osiris, dem Gott der Fruchtbarkeit ist.«

Wie der Direktor von Giseh und der Altertümerverwaltung weiter ausführt, verdanken wir diese Veröffentlichung allein Königin Margarethe und König Gustav von Dänemark, die eine Vorlesung von Zahi Hawass in Kopenhagen gehört hatten: »Als die Königin meine Vorlesung in Kopenhagen besucht hat und uns solch ein immenses Interesse an der ägyptischen Geschichte entgegengebracht hatte, fühlte ich mich danach verpflichtet, Ihre Majestät in die neuesten Entdeckungen einzuweihen.«

Mit anderen Worten: Wären die königlichen Besucher jener Vorlesung von Hawass ferngeblieben, hätte man die übrige Welt weiterhin in Unwissenheit gehalten.

In einem 1995 von Boris Said gedrehten und von dem amerikanischen Multimillionär Joseph Schor von der »Association for Research and Enlightenment« (ARE) mit 100 000 Dollar finanzierten NBC-Film »The Mystery of Sphynx« wird gezeigt, wie Hawass den Kameramann durch geheime Gewölbe unterhalb der Sphinx führt. Das bedeutet, dass diese Gänge keine neuen Entdeckungen sind, sondern sehr wohl schon vor 1999 unter Ägyptologen bekannt waren. Insgesamt neun Hohlräume soll es dort geben, wird in diesem Film berichtet. Tatsächlich ist in den offiziellen Grabungsberichten von einem unterirdisch-verästelten Labyrinthsystem von über sechs Kilometern die Rede. Überdies erzählt Hawass in einem zweiten Video mit dem Titel »The Secret Chamber« von der für 1998 und 1999 geplanten Öffnung dieser Kammer- und Tunnelsysteme.

Doch obwohl die Videofilme bereits 1995 veröffentlicht wurden, bestritt Hawass in einem Interview mit der »Egyptian Gazette« vom 14. April 1996 die Existenz dieser Kammer- und Tunnelsysteme. Im Juli 1996 gab er im »South Africa Radio« noch ein weiteres Interview, in dem er von einem Beschwerdebrief an Joseph Schor berichtet. In diesem Brief, so Hawass, habe er sich über Schors Arbeitsweise beklagt. Doch Schor hatte von der Ägyptischen Altertümerverwaltung bereits eine einjährige Grabungslizenz erhalten und für diese Kampagne eigens ein Team von der »Florida State University« zusammengestellt. Laut Hawass lag das vornehmliche Interesse dieser Gruppe in der Erforschung des Untergrundes des Gisehplateaus, um einer möglichen Absenkung der Bauwerke entgegenwirken zu können.

Obwohl keiner der Verantwortlichen nachvollziehbar erklären kann, wie sich ein massiver Fels überhaupt absenken könnte, hat die inzwischen erfolgte Modernisierung der Sphinx über 16 Millionen Euro verschlungen, von denen allein die Europäische Gemeinschaft 13,6 Millionen getragen hat. Bei den Arbeiten wurden nicht nur 12224 Steine erneuert, sondern auch der Grundwasserspiegel um 2,5 Meter abgesenkt. Diese Senkung des Grundwassers mit dem neu errichteten Abwassersystem war nötig gewesen, um der fortschreitenden Zerstörung der Sphinx Einhalt zu gebieten. Sie erlaubt nun aber auch einen trocknen Zugang zu Bereichen bis 20 Meter unterhalb der Sphinx, womit sich auch die Entdeckung neuer Tunnel und Kammern im Jahr 1999 erklären lässt. Was steckt hinter all dem wirklich?

Der amerikanische Fernsehsender »Fox« ist die Fernsehanstalt, die jene vor einigen Jahren zur Kultsendung avancierte Mystery-Serie »Akte X« produzierte. Der Produzent Peter Isackson war gleichzeitig der Erste, der (am 2. Mai 1999) eine Expedition zu den bisher ungeöffneten Pyramidengräbern und unterirdischen Schächten begleitete, um dann zwei Stunden lang einem Millionenpublikum Live-Bilder von Giseh zu präsentierten. Isackson berichtet:

»Bevor wir uns mit unseren Kameras Ende April 1999 für die Live-Übertragung positioniert hatten, waren wir zwei Jahre mit Vorbereitungen beschäftigt gewesen. Bei unserem ersten Besuch betraten wir einen Bereich unter der Sphinx, den die Verantwortlichen ›Schwarze Kammer‹ nannten. Weil dort während unserer Live-Übertragung Bauarbeiten durchgeführt werden mussten, konnten wir von diesem Abschnitt leider keine Bilder bringen.«

Nach einem weiteren Kommentar von Isackson gewinnt man sogar den Eindruck, dass es unter Giseh von Gängen, Schachtsystemen und geheimen Kammern nur so wimmeln muss: »Es existieren unter dem Plateau in Giseh auch Bereiche, die wir weder betreten noch filmen durften. So wird es um diese Region immer X-Akten geben.«

Der Zugang zu diesen Bereichen, von denen Isackson berichtet, ist heute durch ein Gitter gesichert, und nur engste Mitarbeiter der Altertümerverwaltung erhalten Einlass. In vergangenen Zeiten wurde der mit kristallklarem Wasser gefüllte Schacht nur zum Baden genutzt, weil über die Jahrhunderte hinweg seine wahre Bedeutung in Vergessenheit geraten war. Der Zugang zu dieser künstlich angelegten Höhle liegt in einer höher gelegenen Kammer, die, ähnlich wie die Pyramide des Mykerinos, sechs Magazine enthält. Anders als in der Pyramide befinden sich in dieser Kammer allerdings zwei Granitsarkophage, die jedoch leer sind. Ägyptologen vermuten, dass sie erst während der arabischen Epoche Ägyptens von Grabräubern aufgesucht wurde.

Von einer der Nischen verläuft ein weiterer Schacht, der zu einem 9,73 Meter entfernten und überfluteten Korridor führt. Beim Waten durch die Dunkelheit kann man das Echo der Wassertropfen hören, die von den Seiten der Wände abfallen. Dieses Gangsystem müssen aber auch die alten Ägypter vor Jahrtausenden bereits gekannt und immer wieder benutzt haben. Zumindest von den 1998 durchgeführten Ausgrabungen an diesem Ort wissen wir, dass auf der zweiten Ebene, etwa 18 Meter unter dem Plateau, 2500 Jahre alte Keramik- und Knochenreste freigelegt wurden. Das entspricht dem Zeitraum, als der griechische Gelehrte Herodot seinen Bericht über die Pyramiden der Pharaonen verfasst hatte, der durch die Entdeckung einer weiteren Ebene, so wie er es in seinen »Historien« überliefert hatte, bestätigt wird.

In der dritten Ebene, die sich 29 Meter unter dem Plateau befindet, existiert ein weiterer Sarkophag, der, wie Zahi Hawass berichtet hat, von vier Säulen umgeben wird und völlig von Wasser bedeckt ist. Die Form und das Aussehen entsprechen exakt dem Sarkophag, dem Herodot in seinem Bericht Pharao Cheops zuschrieb. Da Herodot jedoch ausdrücklich erwähnt, dass er diese Grabstätte nicht selbst gesehen hat, sondern ihm lediglich ägyptische Priester davon erzählten, wird heute verständlich, warum er diesen Bezirk überhaupt mit Cheops in Verbindung brachte.

Seltsamerweise ist die Deckelplatte des Sarkophags nach rechts zur Seite geschoben worden, sodass hier bereits zu antiker Zeit eine Öffnung stattgefunden haben muss. Die Gefolgsleute des legendären Kalifen Abdullah al-Mamun sollen nach ihren Berichten aus dem 9. Jahrhundert genau hier, in diesem Raum, einen mit einer Goldrüstung und Edelsteinen ausgestatteten Leichnam geborgen haben. Der arabische Gelehrte Muhammad al-Makrizi (1364–1442) hat diese Überlieferung in seinem Sammelwerk über die »Topographische und historische Beschreibung Ägyptens« nach einer Quelle aus dem 12. Jahrhundert aufgezeichnet:

»Man brachte sie zu al-Mamun, und es fand sich, dass sie mit einem Deckel verschlossen war. Als man sie öffnete, gewahrte man drinnen den Leichnam eines Menschen, der einen goldenen Panzer trug. Auf seiner Brust lag eine Schwertklinge ohne Griff, und neben seinem Haupte ein roter Hyazinth-Stein von der Größe eines Hühnereis, der wie Feuerflammen leuchtete. Den nahm al-Mamun an sich. Den Kasten aber, aus dem man diesen Leichnam hervorholte, habe ich neben der Pforte des königlichen Palastes zu Misr liegen sehen im Jahre 511.« (Im Jahre 1133)

Nach den Untersuchungen des Fußbodens dieser Kammer, in der al-Mamun mit seinem Gefolge vor etwa 1200 Jahren forschte, wurde von Hawass' Team die Hieroglyphe »per« gefunden, die »Haus« bedeutet und von den Pharaonen für »Tempel« verwendet wurde. Das Plateau der Pyramiden in Giseh wurde im Alten Reich (2644–1991 v. Chr.) als »pr-wsir-nb-rstaw« bezeichnet, was »das Haus des Osiris, des Lords von Rosetau« bedeutet. Der Begriff »Rosetau« selbst bezieht sich auf die »Tunnel der Unterwelt«, die man mit dem sechs

Kilometer langen Gangsystem unter dem Plateau entdeckt zu haben scheint. Zahi Hawass kommentiert die Entdeckung wie folgt: »Die letzte Kammer, die wir fanden, war wahrscheinlich ein symbolischer Raum für den Gott Osiris, der den Tunnel und die königlichen Grabkammern beherrschte. In der späteren Periode der alten Ägypter wurde an der westlichen Seite des Schachts ein sechs Meter langer Tunnel angelegt. Wir schickten einen Jungen hinein, aber fanden nur heraus, dass der Tunnel einfach endet und nicht zu weiteren Kammern führt. Um das Alter dieser Ebene festzustellen, ließen wir den Jungen in die mit Wasser gefüllte Höhle hinunter, um mögliche Artefakte zu bergen. Aufgrund einiger Gegenstände bestimmten wir das Alter dieser Ebene auf 3550 Jahre.«

In dem Buch »Hermetica« ist ein Dialog zwischen der Gottheit Hermes Trismegistos (Thot) und seinem Schüler Asklepios (Imhotep) festgehalten. In dem Dialog werden ganz offensichtlich die astronomischen Bezüge der Bauwerke auf dem Plateau besprochen: »Weißt du nicht, Asklepios, dass Ägypten das Bild des Himmels und das Widerspiel der ganzen Ordnung der himmlischen Angelegenheiten ist?«

Und tatsächlich lieferte eine vor einigen Jahren publizierte Theorie zumindest Indizienbeweise für den astronomischen Zusammenhang des Sphinxbauwerks mit dem Sternbild des Löwen um 10 500 v. Chr.: In diesem Jahr soll die Sphinx am Tag des Frühlingsäquinoktiums genau auf das Sternbild Löwe hin ausgerichtet gewesen sein. Auch Geologen halten eine Entstehung des Sphinx-Bauwerks um 10 500 v. Chr. Für möglich.

Mit dem Segen des damaligen Präsidenten der Ägyptischen Altertümerverwaltung, Ibrahim Bakr, konnte der amerikanische Geologe Thomas L. Dobecki Anfang 1993 einige rechteckige Anomalien auch unter den Vorderpfoten der Sphinx nachweisen: »Die rechteckige Anomalie unter den Vorderpfoten der Sphinx befindet sich etwa fünf Meter unter der Erdoberfläche und hat eine Höhe von neun Metern und eine Länge von zwölf Metern. Da dieser Hohlraum eine rechteckige Form aufweist und ziemlich groß ist, kann er von Menschenhand angelegt worden sein.«

Auch die unterirdischen Radaraufnahmen der Tiefentopographie von Boris Said zeigen einen Tunnel, der von der Rückseite des Hinterteils der Sphinx zu einem Raum in der Mitte des Talweges der Pyramide des Chephren führt. Von dort aus verläuft der Gang weiter und endet bei der mittleren Pyramide selbst. Said sagt dazu: »Ich wollte nach den Arbeiten von 1995 diesmal zusätzliche Aussagen und Beweise für das unterirdische Labyrinth sammeln, während ich gleichzeitig weiteres Material aus dem Inneren der Großen Pyramide archivierte. Zur Sonnenwende des 21. Dezember 1997 hatte ich die Möglichkeit, einen Raum sieben Meter unter dem Hinterteil der Sphinx zu betreten. Das Kuriose an dieser Kammer war, dass sie sich 1,5 Meter unter dem Wasserspiegel des Nils befindet.«

Dieser Bereich, von dem Said berichtet, ist der so genannte »Blindkorridor« am hinteren Teil der Sphinx, der auch »Schwarze Kammer« genannt wird. Exakt 18,83 Meter unter diesem Bereich befindet sich die »Grüne« beziehungsweise »Osiris-Kammer«, die 1996 von einem Forschungsteam unter der Leitung von Zahi Hawass untersucht wurde. Zwischen Juni und September 1996 kam dabei ein von der kanadischen Firma »Amtex and Aerospace« eigens für dieses Projekt entwickelter Greifarmmechanismus zum Einsatz, mit dem das Wissenschaftlerteam über eine im »Blindkorridor« befindliche Öffnung in die darunter liegende geheimnisvolle Kammer vorgedrungen ist. Mit einer an den Greifarm montierten Kamera bekamen die Forscher erste optische

Eindrücke von diesem künstlich angelegten rechteckigen Raum. Er ist ganz mit Wasser gefüllt, unter dem sich vermutlich ein grün gekachelter Fußboden befindet, und besitzt über der Decke ein Bogenfeld, das fünf protodorische, mit Djedpfeilern skulpierte Säulen stützen.

Der einzige Bereich, der im Zuge der Restaurierungsarbeiten an der Sphinx trockengelegt werden konnte, ist die unter den Vorderpfoten der Sphinx befindliche Kammer. Von hier führt ein etwa 26 Grad absteigender Schacht, der teilweise mit Wasser gefüllt ist und von einem Blockierungsstein blockiert wird, zu dem mit dem Greifarm untersuchten Raum. Die Kairoer Wochenzeitung »Al-Ahram Hebdo« schrieb Anfang 1999, dass japanische Wissenschaftler der Waseda-Universität in Zusammenarbeit mit den Ägyptern diese Steintür noch im September desselben Jahres mit einem Roboter öffnen würden. Schließlich wurde die Öffnungsaktion still und heimlich durchgeführt, sodass ein öffentliches Aufsehen ausblieb. Anders war es dann im Jahre 2002, als das SCA den schon zehn Jahre zuvor von Rudolf Gantenbrink entdeckten Verschlussstein durchbohren ließ: Am 17. September 2002 wurde das angebliche Live-Spektakel in 141 Länder übertragen. Allerdings war die Show alles andere als Live und hat eigentlich mehr Fragen hervorgebracht, als welche zu beantworten.

Der Produktionsleiter der »National Geographic Television and Movie«, Chris Sondreal, gab zu den Schachtuntersuchungen zudem höchst interessante Kommentare ab: »Wir wissen bislang nicht wirklich, was sich auf der für uns immer noch unsichtbaren Seite des Verschlusssteins befindet, weil wir bei der Durchführung des Kameraobjektivs weder eine Schwenkvorrichtung besaßen noch Spiegel einsetzen konnten, die uns das Innere der nicht sichtbaren Seite aufgezeigt hätten. Es ist aber sehr gut möglich, dass auf der anderen Seite des Verschlusssteins die Stifte sich als Handgriffe zusammenfügen oder jeder Stift für sich genommen einen Handgriff bildet.«

Nach dem Einführen des Kameraobjektivs durch das Bohrloch und die etwa acht Zentimeter dicke erste Kalksteinplatte ist ein weiterer unbearbeiteter, roher Verschlussstein zum Vorschein getreten, der auf den ersten Blick unvollendet wirkte. Das sah aus, als ob jemand für ein Nachlassen des Interesses an einem Geheimnis sorgen wollte, was mit der Aktion durchaus gelungen ist. Es war wie im Jahre 1998, als die Große Pyramide über 17 Monate verschlossen gehalten wurde und in ihrem Inneren Untersuchungen unter Ausschluss der Öffentlichkeit durchgeführt wurden. Zumindest Rudolf Gantenbrink vertritt zu den Schachtuntersuchungen inzwischen folgende Meinung: »Für mich war es eine Bestätigung dessen, was ich schon 1993 gesagt habe: Es kann sich nur um den Zugang zu einem Grabmal handeln.«

Für Verwirrung sorgte schließlich Zahi Hawass, der am 23. September 2002 der internationalen Presse berichtete: »Wir haben erst vor kurzem einen weiteren zweiten Steinblock im Nordschacht der Königinnenkammer entdeckt.«

Diesen wird nicht mehr das 2002er Forschungsteam öffnen, sondern ein ägyptisches Team mit Technik aus Singapur. Das alles sollte in 2005 umgesetzt werden, doch passiert ist wie schon so oft zuvor – nichts!

Erst wenn auch anderen die Erfahrungen Gantenbrinks und Sondreals widerfahren, ist vielleicht mit mehr Informationen zu rechnen: An dieser Stelle ist jedoch festzuhalten, dass selbst Rudolf Gantenbrink mit seinen Informationen in der Öffentlichkeit nach wie vor Zurückhaltung übt!

3. Gläser, Linsen und Teleskope

Aus dem Leben in der heutigen Gesellschaft ist Glas nicht mehr wegzudenken: ob als Autoverglasung oder im Schiffsbau und in der Flugzeug- oder Raumfahrtindustrie – dieser Nutzgegenstand erfüllt seit Jahrzehnten unzählige Aufgaben. Doch wann es erfunden wurde und wem für diese Erfindung das Patent zukommt, ist nach wie vor ein Rätsel, das einer nachvollziehbaren Lösung harrt.

Die moderne Archäologie führt die Einführung der Glasherstellung in das erste Jahrhundert zurück, in die Zeit, als die Phönizier die Technik des Glasblasens wahrscheinlich in Palästina erfanden. Als Beleg für ihre These ziehen die Wissenschaftler geblasene Keramik aus dem Jahr 50 v. Chr. heran, die bei Grabungen in Jerusalem gefunden wurde. Nach Ansicht der Archäologen wurde Glas bereits zu dieser Zeit zur Herstellung von Fenstern genutzt. Zunächst wurde das Glas zu einer dicken Kugel aufgeblasen und durch Hin- und Herschwingen zu einem länglichen Ballon umgeformt. Danach wurden die Enden des Ballons mit einem glühenden Eisen längsseitig aufgeschlitzt. So entstand eine Art Glaszylinder, der auf einer Ofenplatte erneut erhitzt und mit Zangen aufgebogen wurde.

Ausgrabungen in Pompeji (Italien) brachten Fensterscheiben hervor, die mindestens im Jahre 60 v. Chr. in einem Bronzerahmen eingefasst worden waren, bevor sie 79 n. Chr. von der Vulkanasche des Vesuv verschüttet wurden. Es handelt sich um eine runde, etwa einen Zentimeter dicke eingerahmte Glasplatte, die an zwei Angeln hing, sodass das Fenster sogar geöffnet werden konnte. Dabei hatten die größten Fensterscheiben Pompejis etwa einen Meter im Durchmesser, und in öffentlichen Bädern waren sie auf der einen Seite mattiert. Wesentlich häufiger hat man jedoch Fenster entdeckt, die viel kleiner waren und aus in hölzerne Schmuckrahmen gefassten Glasstücken zusammengesetzt wurden. Im südlichen Klima Italiens bildeten Glasfenster allerdings eher die Ausnahme: Erst als die Römer die klimatisch viel kälteren Nordprovinzen eroberten, hat sich die Notwendigkeit einer ausgiebigen Produktion von Fensterglas ergeben.

Die Pharaonen und die Glasherstellung

Vielleicht ist auch in Ägypten das heiße Klima der Grund, weshalb die Archäologen heute die Ansicht vertreten, dass die Pharaonen weder die Glasbläserei noch geschliffenes Glas kannten, obwohl Tempelreliefs von Handwerkern existieren, auf denen eindeutige Szenen von künstlicher Glasherstellung dargestellt sind, bei denen Ägypter mit Mundrohre Vasen über einer Feuerstelle blasen. Doch das einzige künstlich zusammengestellte Material, das die Pharaonen nach Auffassung unserer Gelehrten gekannt haben sollen, wurde aus Quarz, Asche und Natron zu einem Sandklumpen gemischt und danach zwar durch ein langes Brennen verschmolzen, aber definitiv soll das kein Glas gewesen sein. Mit diesem von den Ägyptologen fälschlicherweise als »Glaspaste« bezeichneten künstlichen Material imitierten die Pharaonen allerdings nicht nur die von ihnen sehr geschätzten Halbedelsteine wie Lapislazuli oder Malachit, indem sie das »Gemisch« bei seiner Herstellung sogar färbten, sondern wie Funde (Menschen- und Tierfiguren, Köpfe, Gefäße usw.) bezeugen, ließ sich damit auch eine große Formenvielfalt herstellen. Tatsächlich entdeckten Archäologen aber auch Glasperlen und Glasstäbchen aus dem vordynastischen Ägypten, die mindestens vor 6000 Jahren künstlich hergestellt worden sein müssen. 2000 Jahre zuvor verwendeten die Menschen des alten Ägypten sogar schon Eisen aus Meteoriten, das sie sammelten, erhitzten und dann bearbeiteten. Wie fortschrittlich waren die Pharaonen aber bei der Glasherstellung nun tatsächlich?

Thilo Rehren vom Universitäts-College in London und Edgar Pusch vom Pelizäus-Museum in Hildesheim haben in Quantir im östlichen Nildelta im Juni 2005 eine Glasproduktionsstätte der Pharaonen entdeckt, in der bereits um 1250 v. Chr. bei rund 900 Grad Celsius aus Quarzsand und Pottasche definitiv Glas hergestellt wurde. Anhand von Keramikscherben konnten die Forscher in der wissenschaftlichen Zeitschrift »Science« (Band 308) zeigen, dass in Keramikkrügen zehn Zentimeter dicke Glasrohlinge in einem zweistufigen Prozess fabriziert wurden. Durch Beimischung von Metalloxiden entstand verschiedenfarbiges Glas. Anschließend verschickten die Handwerker der Pharaonen dieses Glas offenbar an Manufakturen, wo es wieder erhitzt und zu Gegenständen geformt wurde.

Altägyptische Fernrohre und Teleskope

Auch eine Entdeckung in Asien zeigt, welche archäologischen Überraschungen auch am Anfang des 21. Jahrhunderts noch möglich sind. Vor einiger Zeit entdeckte der Astronom Suren Petrossjan in einem Gebirge nahe des Sewansees in Armenien die Reste einer steinzeitlichen Sternwarte. Vor etwa 6000 Jahren hatten hier Menschen in über 3000 Metern Höhe mehrere Sternbilder wie Schwan, Skorpion, Stier, Löwe und Orion in den Fels graviert. Eine Steinplatte ist besonders interessant: Sie enthält eine Darstellung des mit Kratern übersäten Erdtrabanten. Die Krater auf dem Mond lassen sich aber nur mit einem Teleskop erkennen. Aus einer ganzen Reihe weiterer Einzelheiten geht klar hervor, dass die Ägypter, Sumerer und andere frühe Völker sehr viel mehr von der Astronomie verstanden als die Völker, die in all den Jahrhunderten bis zur Renaissance nach ihnen kamen. Dennoch hält die moderne Wissenschaft es für unwahrscheinlich, dass die Ägypter oder Sumerer so etwas wie unsere modernen Teleskope besaßen. Aber ohne Fernrohre zu besitzen, hätten sie bestimmte Details, die auch in ihren Schriften vorkommen, nicht sehen, beobachten und aufzeichnen können. Zum Beispiel erzählen die Tontafeln der Sumerer von »Hörnern der Venus«, die wir Heutigen als »Phasen« bezeichnen und ebenfalls ohne Teleskope nicht beobachten könnten.

Das Sternbild, das noch immer wie in alter Zeit den Namen Skorpion trägt, ist das achte Zeichen im Tierkreis und sieht, mit bloßem Auge betrachtet, einem Skorpion überhaupt nicht ähnlich. Doch eine gewisse Ähnlichkeit ergibt sich, wenn man durch ein gewaltiges Fernrohr blickt: Dann wird in seiner Nähe ein Komet sichtbar, der den »Schwanz« des Skorpions bildet. Seltsamerweise wurde dieses Sternbild nicht nur von den Sumerern als »Skorpion« bezeichnet, sondern auch von den Ägyptern und den in Amerika beheimateten Maya. Dies lässt entweder auf eine gemeinsame Tradition schließen oder darauf, dass die anderen Völker ebenfalls Teleskope besaßen, mit denen sie denselben »Kometenschwanz« ausmachen konnten wie die Sumerer. Gab es tatsächlich schon Teleskope?

Zumindest Robert K. G. Temple von der Universität Louisville in Kentucky (USA) schreibt in seinem Buch »Die Kristallsonne« davon, was wir aus den Forschungen erfahren werden:

»dass es über 450 alte optische Artefakte gibt – ein paar

mehr als ›keine‹, wie die meisten Menschen glauben. Wir werden auch herausfinden, dass es viele alte Texte gibt, die uns deutlich und ohne den leisesten Zweifel zu verstehen geben, dass optische Technologie im Altertum bekannt und in Gebrauch war. Die Beweise dafür liegen vor.«

Sehhilfen und Mikroskope

Im British Museum in London existiert in der Abteilung »Westasiatische Altertümer« ein Objekt mit der Katalog-Nr. 12091, das mit hoher Wahrscheinlichkeit eine Linse darstellt. Der Archäologe Austen Henry Layard (1817–1894) grub dieses Artefakt 1849 im babylonischen Kalhu (Nimrod) aus und publizierte seine Entdeckung vier Jahre später: »Die Linse befand sich unter einem Haufen von Bruchstücken aus schönem Opalglas, offensichtlich die Glasur eines Gegenstandes aus Elfenbein oder Holz, der aber zerfallen war. In der anderen Ecke links der Kammer, befand sich der Thron.«

Bei dem Thron handelte es sich um den von König Sargon II. (722–705 v. Chr.), der etwa 17 Jahre lang die damalige Hauptstadt Kalhu regierte. David Brewster (1781–1868), ein hochrangiger Wissenschaftler seiner Zeit, der sich auf Optik spezialisiert hatte, untersuchte die Linse 1853 dann ein zweites Mal und veröffentlichte folgende Expertise:

»Da die Linse bei schrägem Einfallswinkel der Lichtstrahlen nicht wie üblich die polarisierten Strahlen zeigt, muss die plan geschliffene Fläche gegenüber der Hexagonalprismaachse des Quarzes, aus dem sie gefertigt wurde, stark geneigt gewesen sein. Von Form und Rohschliff der Linse her ist offensichtlich, dass sie nicht als Zierschmuck oder Ähnliches gedacht war. Berechtigterweise können wir deshalb davon ausgehen, dass sie tatsächlich als optische Linse verwendet werden sollte – entweder zur Vergrößerung oder zur Bündelung von Sonnenstrahlen, was sie allerdings nur sehr unvollkommen tut.«

Es gibt fünf verschiedene Linsentypen, die bereits zu Zeiten Brewsters bekannt waren:

1. eine »plan-konvexe Linse«, die auf der einen Seite eben und auf der anderen Seite nach außen gewölbt ist,
2. eine »plan-konkave Linse«, die auf der einen Seite eben und auf der anderen Seite nach innen gewölbt ist,
3. eine »bi-konvexe Linse«, die auf beiden Seiten nach außen gewölbt ist,
4. eine »bi-konkave Linse«, die auf beiden Seiten nach innen gewölbt ist,
5. eine »konvexe Meniskuslinse«, die auf der einen Seite nach innen und auf der anderen Seite nach außen gewölbt ist.

Die Bergkristallaugen des minoischen Rhyton-Stieres im Hieraklion-Museum auf der Insel Kreta sind zum Beispiel »konvexe Meniskuslinsen«. Die Beschaffenheit der »Layard-Linse« hingegen ist zwar definitiv eine »plan-konvexe Linse«, aber dennoch etwas komplizierter, weil sie durch einen Toroidalschliff über Eigenschaften verfügt, die für die Lichtbrechung bei Sehstörungen infolge krankhafter Veränderungen der Hornhautkrümmung (»Astigmatismus«) von Bedeutung sind. Das bedeutet, dass die »Layard-Linse« vermutlich der Linsenform des menschlichen Augapfels angepasst wurde. Dabei wurde die Konvexfläche aber nicht etwa auf einer sphärischen Konkavscheibe geschliffen oder poliert, sondern vermutlich auf dem Rad eines Steinschneiders oder auf ähnlich primitive Weise. Dennoch erzeugt sie einen ziemlich genauen Brennpunkt etwa elf Zentimeter hinter der »plan« geschliffenen Seite.

William B. Barker, ein angesehener Optiker vom »College of Optometrists« in London, veröffentlichte 1930 die erste ernst zu nehmende wissenschaftliche Abhandlung über die »Layard-Linse«. Er gab als Abmessungen an: »4 cm lang, 3,5 cm breit und 0,6 cm stark.«

Barker merkte in seiner Arbeit auch an, dass der Bericht von David Brewster einen Fehler enthielt und sagte dazu: »Einige der von Brewster angegebenen Maße sind inkorrekt und sind wahrscheinlich Schreibfehler.«

Überdies war W. B. Barker der Erste, der den wichtigen Punkt aufgriff, dass die Linse »von unregelmäßiger Toroidalform« sei, mit einem durchschnittlichen Brechwert von +5,0, einem Maximalwert von +8,0 und einem Minimalwert von +4,0 Dioptrien. Das ist für ein 2700 Jahre altes Artefakt äußerst ungewöhnlich, worauf Barker in seiner Studie eigens hinweist: »Es ist möglich, dass die Herkunft und Geschichte dieser Linse viel romantischer sind; ihre Form und Größe legen nahe, dass sie so gefertigt wurde, dass sie genau in die Augenhöhle eines Menschen passt, und ihre Brennweite lässt darauf schließen, dass sie absichtlich so entworfen wurde, um Objekte aus nächster Nähe, an denen man arbeitete, zu vergrößern.«

Erst die als »Alhazen« benannten Schriften des arabischen Wissenschaftlers und Naturforschers Abu Ali al-Hassan ibn al-Haitham (996–1038), die um 1240 von dem italienischen Gelehrten Ezam Golek Vitello (1220–1280) ins Lateinische übersetzt wurden, lieferten in Europa die theoretischen Grundlagen für das Verständnis des Sehvorgangs und die Wirkung von Glaslinsen und Spiegeln im Zusammenhang mit Lichtstrahlen. Ibn al-Haitham wies unter anderem darauf hin, dass ein Segment einer Kugel aus Glas Dinge vergrößert erscheinen lassen kann. Der arabische Gelehrte entwickelte so die Idee, Linsen mit gekrümmter Oberfläche als Sehhilfen zu benutzen.

Etwa um diese Zeit begann man, so genannte »Lesesteine« als Sehhilfen zu nutzen. Diese Kugelsegmente aus geschliffenem Quarz (Bergkristall) waren auf der einen Seite glatt, auf der anderen nach außen gewölbt. Legte man die glatte Seite auf die Schrift eines Manuskripts, so waren die Buchstaben in der runden Seite vergrößert zu sehen. Bald begann man auch in Europa, den »Lesestein« zur besseren Handhabung in eine Stielfassung aus Eisen, Holz oder Horn einzubauen und ähnlich wie eine Lupe zu benutzen. Das »Einglas« wurde immer flacher gearbeitet und bald auch auf beiden Seiten gewölbt. Wer aber tatsächlich als Erster aus zwei Eingläsern zusammengefasste »Brillen« (so genannt nach dem Plural für Beryll) konstruierte, ist bis heute nicht wirklich bekannt.

In dem italienischen Ort Treviso ist in einem mittelalterlichen Kirchenfresko aus dem Jahre 1352 eine Szene mit einem nicht mehr ganz jungen Geistlichen dargestellt, der vertieft in ein Manuskript blickt und dabei eine deutlich sichtbare Lesebrille auf der Nase trägt. Dass die Brille tatsächlich erst kurz vor dieser Zeit in Italien in Erscheinung getreten ist, wird heute von niemandem mehr bestritten. Ungeklärt ist aber nach wie vor die Frage, wem das Patent dieser Erfindung letztlich zuzuschreiben ist.

Die Wissenschaft wurde in ihren Interpretationsversuchen bislang deshalb verwirrt, weil der italienische Gelehrte Carlo Roberto Dati (1619–1679) aus Florenz, der die erste detaillierte Untersuchung über Brillen verfasst hat, einen Dominikanermönch mit dem Namen Alessandro Spina (1268–1353), der bis 1313 in Pisa lebte, als »Erfinder der Brille« bezeichnet. Zumindest auf einem Gemälde aus dem Jahre 1299 trägt Spina in seiner rechten Hand eine Brille. Allerdings schränkt Dati die ausschließliche Patentvergabe an Spina insoweit ein, als es schon einen anderen Erfinder davor gegeben habe, der das Geheimnis der Brillenherstellung jedoch nicht preisgeben wollte, sodass Alessandro Spina die Augengläser neu erfinden musste. Das neue Hilfsmittel machte ein riesiges Potenzial an persönlichem Wissen und Erfahrungen länger nutzbar und steht vielleicht nicht zufällig am Beginn eines neuen Zeitalters großer Ideen und Erfindungen.

Ein anderer Geistlicher aus Italien, Giordano da Rivalto (1260–1311) aus Piacenza, erwähnt eine der ersten Brillen bereits in einer Predigt aus dem Jahre 1305 und hebt hervor, dass ihre Erfindung zu diesem Zeitpunkt gerade einmal zwei Jahrzehnte zurückläge: »Es ist noch keine 20 Jahre her, dass man angefangen hat, Augengläser zu fertigen [...] Ich selbst bin dem Erfinder begegnet und habe mit ihn gesprochen.«

Dass Vergrößerungsgläser aber schon weit vor 1285 bekannt waren, beweist nicht nur die Layard-Linse, sondern auch der Bericht des römischen Gelehrten Plinius. In seiner »Historia Naturalis« teilt er über Vergrößerungsgläser Folgendes mit:

»Für die Sehkraft findet man Beispiele, die im höchsten Grad über das Glaubliche hinausgehen. Von einem auf Pergament geschriebenen Exemplar der Ilias von Homer, das in einer Nuss eingeschlossen war, berichtet Cicero, wie auch von einem Manne, der 135 000 Schritte weit sehen konnte. Marcello Varo gibt auch dessen Namen an: Er habe Strabo geheißen und im Punischen Krieg stets vom sizilischen Vorgebirge Lilybaeum aus, wenn die Flotte den Hafen Karthagos verließ, sogar die Zahl der Schiffe angegeben.

Kallikrates schnitt aus Elfenbein Ameisen und andere so kleine Lebewesen, dass niemand ihre Teile erkennen konnte. Ein gewisser Myrmekides ist mit der gleichen Art von Arbeiten berühmt geworden; so soll er aus demselben Material einen vierspännigen Wagen verfertigt haben, den eine Fliege mit ihren Flügeln bedecken, und ein Schiff, das eine kleine Biene unter ihren Flügeln verbergen konnte.«

Nicht nur zum Lesen für gealterte Gelehrte, sondern für das unendliche Vergrößern wurden Sehhilfen bereits vor über

2000 Jahren gefertigt. Das bestätigt auch Claudius Aelianus (170–230 n. Chr.) kritisch, der dieselben Gegenstände in seinem Werk »Bunte Geschichten« beschreibt:

»Das sind die so bewunderten Kunstwerke des Milesiers Myrmekides und des Lakedaimoniers Kallikrates: Sie verfertigten ein Viergespann, das von einer Fliege verdeckt wird, und auf Samenkorn schrieben sie mit goldenen Buchstaben ein elegisches Distichon. Keines von beiden wird, wie ich meine, wer vernünftig ist, loben. Denn ist so etwas nicht reine Zeitverschwendung?«

Der lateinische Schriftgelehrte Theodosius Macrobius (390–425 n. Chr.) berichtet in seiner »Saturnalia« über wundersame Waffen der Pharaonen, die »die Kräfte der Sonne entfachen konnten«: »Außerdem sprechen die vielfältigen Observanzen, die die Ägypter praktizierten, für die vielfältigen Mächte des Gottes und weisen Herkules als die Sonne, die ›in allem ist und durch alles geht‹. Ein weiterer Beweis für die Identifizierung, und zwar ein stichhaltiger, wird durch ein Geschehnis geliefert, das sich in einem anderen Land ereignete. Denn als Theron, der König von Vorderspanien, von einem wilden Verlangen getrieben wurde, den Herkules-Tempel einzunehmen, und eine Flotte zu diesem Zweck ausstattete, segelten ihm die Männer von Gades mit ihren Kriegsschiffen entgegen.

Es entbrannte eine Schlacht, und ihr Ausgang war immer ungewiss, als die Schiffe des Königs plötzlich die Flucht ergriffen und zur selben Zeit ohne Vorwarnung in Flammen aufgingen. Die wenigen Feinde, die überlebt hatten und gefangen genommen wurden, sagten, sie hätten plötzlich durch eine Art Entladung von Strahlen wie denen der Sonne Feuer gefangen.«

Zu der Frage, wie weit die Glasverarbeitung in der Antike schon fortgeschritten war und wie lange die Technik fortbestanden hat, beschreibt auch der Historiker Franz Maria Feldhaus in seinem Werk »Technik der Vorzeit, der geschichtlichen Zeit und der Naturvölker«:

»Der persische Schah Abbas der Große sandte um 1610 sechs Gläser, die angeblich jedem Hammerschlage trotzten, an Philipp III. von Spanien. Blacourt berichtet, dass ein ausländischer Erfinder, der dem Minister Richelieu im Jahre 1630 eine Glasbüste zeigte, die mit Hämmern bearbeitet werden konnte, lebenslänglich eingekerkert wurde, damit die den französischen Glasarbeitern verliehenen Privilegien hierdurch keine Beschränkung erfahren sollten.«

Der deutsche Ägyptologe und Direktor des Deutschen Archäologischen Instituts in Kairo, Günter Dreyer, gräbt seit den 1980er-Jahren im ägyptischen Abydos. 1999 fand er im Grab eines prädynastischen Königs der Nekade II, aus dem Jahr um 3400 v. Chr., einen Elfenbeinknauf eines Messers, der die archäologische Welt vermutlich noch einmal auf den Kopf stellen wird. Er wurde nicht aus Nilpferdelfenbein, sondern aus Elefantenelfenbein gefertigt und ist über 5400 Jahre alt. Was diesen Messerknauf so besonders macht, ist, dass er von mikroskopisch kleinen Schnitzereien übersät ist, die für das menschliche Auge unsichtbar erscheinen. Man findet auf dem antiken Messergriff Prozessionen von Löwen und anderen Tieren, die nur zwei bis drei Millimeter groß sind.

Die mit figürlichen Darstellungen und eingravierten drei Millimeter großen Menschen versehenen Motive beinhalten sogar die »Vorführung der Gefangenen«, ein Motiv, das seit den Anfängen Ägyptens als Hochkultur verwendet wird. Allerdings bieten die Figuren Opfergaben dar und sind definitiv nicht-ägyptischer Herkunft. Nach Ansicht Dreyers sind es vermutlich Kanaaniter. Kanaan bildete in der Frühzeit eine Landbrücke, die Ägypten mit Asien, besonders mit Mesopotamien verband, wo auch Handel betrieben wurde. Kunstvolle Darstellungen, die um 1900 v. Chr. auf einer Mauer angebracht wurden, zeigen kanaanitische Würdenträger bei einer Visite des Pharao. Diese Bilder geben uns eine Vorstellung vom Aussehen der Kanaaniter: Sie hatten scharf geschnittene Gesichtszüge und dunkles Haar, das die Frauen zu langen Zöpfen flochten und die Männer auf dem Kopf zu pilzförmigen Büscheln banden. Beide Geschlechter trugen leuchtend rote und gelbe Gewänder – die Frauen lange Kleider, die Männer kurze Röcke. Aus den so genannten »Ächtungstexten« der 12. Dynastie (1991–1848 v. Chr.) ist allerdings ein gestörtes Verhältnis der Beziehungen des Pharao zu den Kanaanitern zu entnehmen, denn er verflucht darin drei Könige von »Askalon«.

Der Messerknauf ist zudem ein Beleg dafür, dass das gestörte Verhältnis der Ägypter zu den Kanaanitern eine lange Tradition besaß. Interessanterweise ist auf dem Knauf auch der Bug eines Schiffes gerade noch sichtbar, das sich auf der unteren Hälfte des Messergriffs befindet. Nach dem Schiff folgt noch eine weitere Szenerie von Schnitzereien, die allerdings viel zu klein sind, um sie ohne Vergrößerungsglas überhaupt sehen zu können. Somit hätte man sie selbstverständlich auch ohne vergrößernde Sehhilfe nicht anfertigen können.

Die Tragweite und Wichtigkeit dieser Entdeckung wird erst deutlich werden, wenn die Archäologen sie mit anderen weltlichen Miniaturarbeiten in Einklang bringen und erkennen, dass dieser Fund den Beweis für die Existenz von optischen Vergrößerungshilfen darstellt, die schon vor über 5400 Jahren von den Pharaonen benutzt wurden.

Dass man zur Zeit der Pharaonen auch bereits erstaunliche Kenntnisse des Mikrokosmos hatte, verdeutlich ein Bericht über den Arzt und Priester Imhotep, der bei einer Augenerkrankung erkannt hatte, dass diese Krankheit von »unsichtbaren Würmern« verursacht worden war. Damit meinte er nach meinem Verständnis Bakterien, die die Trachomkrankheit an den Augen ausgelöst hatten. Schließlich mischte der weise Arzt eine antibakterielle Salbe zurecht, die er auf die Augen der Erkrankten auftrug, worauf die Patientin wieder gesund wurde. Darauf aufbauend, dass die Ägypter ganz offensichtlich Mikroskope kannten, die sie »Sechem« nannten und mit denen sie Bakterien beobachten konnten, bin ich der Frage nachgegangen, ob es noch andere Entdeckungen aus der Zeit der Pharaonen geben könnte, die für den frühen Einsatz von Mikroskope sprächen. Dabei kam mir das nach wie vor rätselhafte Anchsymbol in den Blick, das bei den Pharaonen als Zeichen für »Leben« Verwendung fand. Woher leitete sich die wahre Herkunft dieses Zeichens eigentlich ab?

Der Brite Robert Brier schreibt in seinem Buch »Zauber und Magie im alten Ägypten«: »Trotz vieler Abbildungen wissen die Ägyptologen noch immer nicht genau, welchen Gegenstand das Anchzeichen eigentlich wiedergibt. Manche meinen, dass es ursprünglich einen Sandalenriemen darstellt, aber sicher ist es keineswegs. Die Tatsache, dass kein bestimmtes Material für die Herstellung des Anchs vorgeschrieben war, lässt vermuten, dass sich auch die Ägypter über die Ursprünge dieses Zeichens nicht mehr im Klaren waren.«

Die deutschen Ägyptologen Rainer Hannig und Petra Vomberg vertreten tatsächlich die Ansicht, dass sich dieses Dreikonsonantenzeichen ursprünglich von der Schlaufe eines »Sandalenriemen« ableitete. Was ein Sandalenriemen allerdings außer einem »Knoten« mit dem Lebenszeichen gemeinsam haben soll, bleibt das Geheimnis der Forscher. Es ist ungewöhnlich, dass Hannig und Vomberg die Tatsache einfach ignorieren, dass ihre Erklärung von einem Zeichen für Leben doch etwas entfernt ist.

In einer Abbildung im Tempel Ramses' VI. (1149–1142 v. Chr.) entdeckte ich schließlich eine Darstellung des Gott-König, wo aus seinem erigierten Phallus »Anch-« und »Inedj-symbole« gemeinsam mit Strichmenschen aussprießen. Das brachte mich dann auf die Überlegung, dass das Anchsymbol von den Priestern der Pharaonen ganz offensichtlich von der wahren biologischen Struktur einer einzelnen Samenzelle abgeschaut worden ist, bevor es Eingang in die Welt der Hieroglyphen fand. War so etwas aber tatsächlich zu dieser frühen Epoche der Pharaonen schon möglich?

Die Hieroglyphe »Inedj« wurde als ein kreuzähnliches Symbol mit einem Faden dargestellt, dessen Herkunft die Ägyptologen selbst heute nicht wirklich zuordnen können. Dieser Begriff bezeichnete eine göttliche Energieform als Kreuz wie in dem Determinativ »Nini«. Der französische Ramses-Experte Christian Jacq sagt dazu: »Nini ist die magische Formel, mit der Isis ihren Brudergemahl Osiris aus dem Tod zum ewigen Leben erweckte.«

Der widderköpfige Gott Chnum ist in der ägyptischen Mythologie der Gestalter von Kinderleibern, die er symbolisch auf einer Töpferscheibe formt und sie erst danach über den produzierten Samen in den Leib der Frau einführt. Wenn wir diese Überlieferungen ihres mythologischen Beiwerks entkleiden, haben wir es hier durchaus mit dem medizinisch richtigen Bericht über eine Retortenbefruchtung zu tun. Die britischen Biologen Robert Edwards und Patrick Steptoe haben 1977 das Gleiche getan: Mit der ersten außerhalb des Mutterleibes künstlich befruchteten Eizelle zeugten sie, wie schon der Gott Chnum der Pharaonen einige Tausend Jahre vor ihnen, das erste Retortenbaby, die Engländerin Louise Brown, die am 20. Juli 1978 zur Welt kam. Von Chnum, dem

Gott mit dem Beinamen »Bildner, der belebt«, erhält man in den alten Texten durchaus den Eindruck, dass er über Form und Eigenschaften von Spermien bestens informiert war. Einen weiteren Hinweis auf entsprechende Kenntnisse findet sich im Ägyptischen Totenbuch (§ 17,80), wo es über Spermien heißt: »Sperma von Millionen.«

In pharaonischer Zeit bezeichnete man mit dem Begriff »mt« die männlichen Spermien. Das einzelne Spermium, das im natürlichen Zeugungsakt in das weibliche Ei eindringt und es befruchtet, ist der Sieger eines Wettlaufs, zu dem bis zu 500 Millionen Konkurrenten starten. So viele Samenfäden kann ein Mann nämlich bei einem einzigen Samenerguss produzieren. Doch nur wenige Tausend überleben und erreichen überhaupt die Nähe des weiblichen Eileiters, wonach durch das Eindringen einer einzigen männlichen Samenzelle in die weibliche Eizelle die Befruchtung stattfindet. Anscheinend waren die Pharaonen über diesen Tatbestand vor 4500 Jahren schon genauestens informiert. In diesem Zusammenhang kann Folgendes von Interesse sein: Das von den Priestern der Pharaonen verwendete Zeichen »tet«, dessen ursprüngliche Bedeutung den Ägyptologen ebenfalls immer noch unbekannt ist, ähnelt zwar dem Zeichen der Lebensschleife, doch die Seitenarme sind hier nach unten geklappt. Seit dem Neuen Reich (1555–1091 v. Chr.) versinnbildlichten die Pharaonen mit »tet« die Bedeutung »Blut der Isis«. Die Farbe Rot symbolisierte dabei immer das Leben, sodass den verstorbenen Ägyptern dieses Zeichen, aus einem roten Halbedelstein bestehend, als Amulett mit auf den Weg ins Jenseits gegeben wurde.

Ganz offensichtlich war die »tet-Schleife« das weibliche Gegenstück des Henkelkreuzes »Anch«. Der Bonner Ägyptologieprofessor Alfred Wiedemann (1856–1936) dachte bei seinen Forschungen zum »tet« Anfang des 20. Jahrhunderts an das »Menstruationsblut« der Isis und deutete die »tet-Schleife« unter anderem auch als »Menstruationsbinde« der Göttin. Der ehemalige Direktor des British Museum in London, Ernest A. Wallis Budge (1857–1934), wollte in der »tet-Schleife« sogar eine Vagina und einen Uterus bildhaft dargestellt sehen.

Wenngleich mit den Ansichten dieser Gelehrten heute kein Ägyptologe ernsthaft in Verbindung gebracht werden will, vertritt der Berliner Wissenschaftler Andreas Ocklitz sogar die Ansicht, dass dieses Zeichen die »Weltkräfte« und die »Unversiegbarkeit« des Lebens symbolisiere und sich darin die ältesten niedergeschriebenen »Bluttransfusionsgedanken« der Menschheit ausdrückten: »Die Blutspende der Isis wurde in Ägypten für Jahrtausende zum Symbol der Wiederbelebung schlechthin und findet sich auf zahlreichen Sargwannen und Sargböden dargestellt.«

Auch das Wort, das im Schöpfungsepos der hebräischen Fassung der Bibel mit »Rippe« übersetzt worden ist, woraus Jehova Eva erschuf, lautet im Original (»Zelle«) und bei den Babyloniern »ti«. Im Akkadischen könnten wir es statt mit »Rippe« auch mit »Formerde«, »Bauch«, »Blut« oder »Leben« übersetzen. Somit könnte die ursprüngliche Bezeichnung für »Rippe« im Ägyptischen auch mit »tet« und »Blut« gleichzusetzen sein. Überdies umschrieben die Priestergelehrten der Pharaonen in Memphis mit der Silbe »Im« die Bezeichnung für »friedlich kommen« sowie den Begriff »Samenerguss«. Des Weiteren bezieht sich die altägyptische Silbe »tui« oder »ti« auf den Begriff »Zeit« oder »Dauer«, die bei den Pharaonen im ständigen Zusammenhang mit der Lebenserwartung eines Menschen standen.

Wenn wir alles Zusammengetragene genau betrachten, dann sehen wir, dass es kein Zufall ist, dass sich die Hieroglyphe »Anch« ganz offensichtlich von einem einzelnen

Spermium herleitet und nichts mit irgendwelchen Sandalenriemen zu tun haben kann. Die Pharaonen waren über die biologische Natur einer Samenzelle durch ihre technischen Errungenschaften bestens informiert. Deshalb ist es auch kein Zufall, dass das Ägyptische Totenbuch (§ 115,23–24) berichtet, wie die »Priester von Iwnw« in die göttlichen Mächte eingeführt wurden: »Als ihnen das göttliche Erbe zuteil wurde, war groß, was sie schauten, und da wurden sie zu den ›Größten der Schauenden‹ von Iwnw.«

Das »Sechem« war bei den Pharaonen das »Machtsymbol« schlechthin, mit dem nicht nur der Mikrokosmos erforscht wurde, sondern mit dem man auch die Sterne beobachtete, die in den Texten als »zwischen Göttern und Menschen stehende Wesen« bezeichnet werden. Vielmals wurde das »Sechem« sogar als »Eigenwesen« beschrieben und mit den Göttern auf einer Ebene dargestellt. Für die Ägyptologen ist die wundersame Funktion dieses Gegenstandes nach wie vor ein Rätsel geblieben. Sie interpretieren das »Sechem« nur als einen gewöhnlichen »Herrscherstab«, ohne jedoch die Kraft zu berücksichtigen, die laut den Überlieferungen in ihm wohnte. Meines Erachtens handelte es sich dabei um nichts anderes als um das erste Mikroskop sowie um das erste Teleskop, das die Könige der »unsichtbaren Welt« und dem »Himmel« näher brachten. Das erklärt auch, warum in dessen oberem Teil – der Stelle also, an die der Beobachter sein Auge heranhalten musste – von den Künstlern der Pharaonen immer »Augenpaare« in die Abbildungen eingezeichnet wurden.

Genforschung zur Zeit der Pharaonen?

Dass die Pharaonen sich im Mikrokosmos besser auskannten, als viele heutige Ägyptologen vermuten, wird in dem von

Georg Ebers (1837–1898) im Jahre 1873 in Luxor entdeckten und in einem weiteren von Edwin Smith (1822–1906) erworbenen Papyrus mit medizinischem Inhalt bestätigt. Diese erstgenannte Handschrift ist 30 Zentimeter breit und hat eine Länge von 20 Metern. Veröffentlicht wurde sie erstmals 1875 unter dem Titel »Papyrus Ebers – Das hermetische Buch über Arzneimittel der alten Ägypter«, für das Ludwig Stern das Glossar und die Einleitung schrieb. Beispielsweise behandelt der »Papyrus Ebers« in Nr. 554, 739 und 746 in Einzeldarstellungen bestimmte Zahnbehandlungsmethoden unter dem Titel »Anfang der Heilmittel für das Kräftigen der Zähne«. Die erste wirklich verlässliche Übersetzung erarbeitete aber erst 1937 der norwegische Medizinhistoriker Benjamin Ebball. Nach den Angaben des »Papyrus Ebers« wussten die Pharaonen, dass der menschliche Körper »46 Gefäße« sowie Blut, Samen, Schleim, Urin, den Atem des Lebens und den Atem des Todes enthält. Was die Priester mit den »46 Gefäßen« genau meinten, ist unter Ägyptologen heute noch umstritten. Es wäre jedoch interessant, die »46 Gefäße« mit den »46 Chromosomen« des menschlichen Körpers in Verbindung zu bringen, die man im Grunde genommen durchaus als »Gefäße« bezeichnen könnte – bewahren sie doch die Erbinformationen des Menschen auf. Doch kannten die Pharaonen tatsächlich die Chromosomen?

Denkbar wäre es, denn unter der Rubrik »Das Geheimnis des Arztes« werden weitere »22 Gefäße« im menschlichen Körper genannt, die mit den Gliedern des Menschen in Verbindung stehen sollen. Sie seien in elf Paaren angeordnet und für den Arzt deshalb interessant, weil in ihnen bestimmte Krankheiten ihren Ursprung haben sollten. Möglicherweise werden hier die aminosäurehaltigen Eiweißbausteine des menschlichen Körpers beschrieben, die von der modernen Wissenschaft zahlenmäßig ebenfalls mit 22 angegeben werden. Mit der 1986 gemachten Entdeckung des »Selenocystein« hatten die Biologen die Nr. 21 dieser Bausteinkette entdeckt. Bis dahin ging man davon aus, alle diese Eiweißbausteine zu kennen, und nicht mehr mit der Entdeckung eines weiteren Bausteins gerechnet. Doch im April 2002 konnten amerikanische Forscher das so genannte »Pyrrolysin« identifizieren und damit den 22. Eiweißbaustein des menschlichen Körpers bestimmen. Wie die Pharaonen gehen auch die modernen Mediziner davon aus, dass sich Krankheiten des menschlichen Körpers in diesen Eiweißen ausbilden, bevor sie sich im Körper verbreiten. Es spricht also alles dafür, dass die Wissenschaftler der Pharaonen im Hinblick auf ihre medizinischen Kenntnisse sehr viel weiter entwickelt waren, als man bislang vermutete.

Das »Buch der Pforten« scheint uns sogar etwas über die frühe Kenntnis der DNS (Desoxyribonukleinsäure) zu berichten. Das sind jene aus zwei komplementären Basen zu einer »Superschraube« verdrillten Polynucleotidketten, die in allen chromosomhaltigen Zellen vorkommen und zumeist mit Eiweiß gebunden werden. Die DNS enthält den genetischen Code in vier Basen, die Erbinformation für die Entwicklungsmerkmale aller Lebewesen. Die vier Basen heißen aus historischen Gründen Adenin (A), Thymin (T), Guanin (G) und Cystin (C), und sie bilden zusammen zwei Paare (AT und GC), die deckungsgleich sind und somit das Innere der »Doppelhelix« ausfüllen können. In ihnen liegen die Basenpaare »verstrickt« aufeinander und bilden so das ABC des Lebens – wobei man eigentlich »das ATGC des Lebens« sagen müsste.

Damit ist gemeint, dass in der Reihenfolge (Sequenz) der Basenpaare eine biologische Information steckt, die von der Zelle und ihrer Maschinerie gelesen und umgesetzt wird. Wenn jemand die Sequenz von Basenpaaren in der »Doppelhelix« also angeben will, reicht es, die Anfangsbuchstaben einzelner Basen zu notieren, da sich immer nur A mit T und G mit C paart. Das heißt, dass, wenn von den Biologen von der Sequenz GCTTAAAGT auf einem Strang gesprochen wird, sich auf dem dazugehörigen zweiten Strang (»Komplementärstrang«) die Reihenfolge CGAATTTCA findet.

Der die Lebenszeit regelnde Erbinformationsträger der Doppelhelix, über den wir erst durch die Arbeiten von Francis Crick (1916–2004) und James Dewey Watson seit 1953 Bescheid wissen, erscheint in der Tat auch in alten Texten der Pharaonenzeit. Die Priester der Pharaonen nannten die »Doppelhelix« »metui«, was zu Deutsch »Doppelstrick« bedeutet. Nach Ansicht des Ägyptologen Erik Hornung beschrieb der ägyptische Begriff »metui«, wie die Gensequenzierung innerhalb der Doppelhelix, die »Lebenszeit aller Lebewesen einschließlich der des Menschen«. Der Text im »Buch der Pforten« in der 5. Stunde, 31. Szene, beschreibt das wie folgt: »O Götter, die der Dat vorstehen, die den ›Doppelstrick‹ tragen, beim Messen der Lebenszeit – Möget ihr den ›Doppelstrick‹ packen, möget ihr die Lebenszeit messen, die auf ihm ist.«

Demnach sind es also Götter, die über die frühe Kenntnis unserer Doppelhelix verfügten und eine ausgewählte Anzahl von Priestern darin unterwiesen. Aber auch eine Rollsiegeldarstellung der Sumerer zeigt einen mit »Doppelschlangen« umwickelten unbekannten Gott; sie ist ganz offensichtlich eine sumerische Variante der Doppelhelix.

Ein weiteres Rollsiegel enthält sogar neben einer mit Doppelschlangen abgebildeten göttlichen Gestalt ein Anchsymbol als Henkelkreuz, das der Lebenszeichendarstellungen der Pharaonen verblüffend ähnlich sieht. Leider werden diese Rollsiegeldarstellungen im Gegensatz zu den Darstellungen der Pharaonen von keinen Texten begleitet, die Aufklärung über die Abbildungen liefern könnten. Vielleicht kann uns an dieser Stelle aber ein Fund aus der Umgebung der kolumbianischen Stadt Bogota weiterhelfen. Hier fand man vor etwas mehr als 30 Jahren bei der Verlegung von Wasserleitungen einen 2500 Jahre alten Diskos, eine Steinscheibe, aus dem Gestein Lydit, der auf zwei Seiten umfangreiche biologische Darstellungen wie »Spermafäden«, männliche und weibliche »Eizellen« sowie wachsende »Embryonen« abbildet. Selbst eine »Zellteilung« wollen Biologen auf der einen Seite dieses »steinernen Buches« aus der Antike identifiziert haben. Sein Besitzer ist der Textilfabrikant und Industriezeichner Jaime Gutierrez Lega, den ich im Jahre 2005 zu Gast in Berlin hatte und der sich dazu folgendermaßen äußert. Seine Feststellung lässt an Klarheit nichts zu wünschen übrig: »Der Blinde fühlt es, der Sehende sieht es, Geologen versicherten es: Diese feine Steinmetzarbeit ist jahrtausendealt.«

Tatsächlich wurde die Echtheit des Fundes von vielen Experten bestätigt. Unter anderem hat sich Willibald Ratzinger, der Direktor des Nordico Museums in Linz, mit dem Fund auseinander gesetzt und seine Echtheit bestätigt. Seiner Ansicht folgten schließlich die Edelsteinexpertin Vera M. F. Hammer vom Naturhistorischen Museum Wien und der berühmte Edelsteinexperte und Direktor der Wiener Schatzkammer, Rudolf Diestelberger. Auch die Darstellungen verwunderten die Forscher: auf Feld fünf der zweiten Seite wird nach Ansicht der Biologen »eine Zwischenstufe der Entwicklung zum Menschen« und auf Feld sechs »der Mensch« selbst dargestellt. Hierin ist meines Erachtens ebenfalls ein Beleg für andere von mir durchgeführte Textanalysen zu sehen, die bereits an anderer Stelle nachvollziehbar untermauern konnten, dass die Geschichte über die Schöpfung des ersten Menschen »Adam« aus dem Alten Testament, mit dem Adam der Babylonier (»Adapa«) und dem der Ägypter

(»Adepti«) identisch ist. Es waren in allen drei Fällen »Kunstwesen«, die mit ihrer Arbeitskraft die Götter unterstützen sollten. Vielleicht stellt auch die so genannte »Genetische Scheibe« genau diese Absichten aus der weltlichen Mythologie dar. Denn auch die Bibel hatte schließlich bei ihrer Entstehung die Keilschrifttexte der Sumerer und die Hieroglyphen der Ägypter als Vorlage. Erst daraus entstand ein Regelwerk für Millionen von Menschen, das auf Begegnungen des Menschen mit dem »Göttlichen« basiert, und wir sollten uns ernsthaft fragen, ob wir die vergessenen Begegnungen zu den Göttern nicht weitaus ernster nehmen sollten, anstatt sie nur als Legenden abzuwerten.

4. Mumien, Ärzte und Pharaonen

Im 13. Jahrhundert praktizierte im ägyptischen Alexandria ein jüdischer Arzt mit dem Namen el-Mager, der seinen Patienten gegen jede Art gesundheitlicher Leiden »Mumienpulver« verschrieb. Als Folge der ständig zunehmenden Besuche von Europäern in den Nekropolen der Pharaonen verbreitete sich dann Mitte des 16. Jahrhunderts auch in Deutschland, Frankreich und Italien die Anwendung von Mumienpulver zu therapeutischen Zwecken.

Aus ägyptischen Gräbern in europäische Apotheken

In der frühen Pharaonenzeit wurde für die Einbalsamierung der Leichen Naturasphalt verwendet, den die Araber »Mumiya« nannten, wovon sich unser heutiger Begriff »Mumie« herleitet. Weil man diesem Material fortwährend medizinisch wirksame Eigenschaften nachsagte, wanderte der »Asphalt« aus den ägyptischen Gräbern in die europäischen Apotheken, wo man ihn bis zum Beginn des 19. Jahrhunderts finden konnte. Diese so genannte Medizin wurde entweder in Form eines Leichenteils oder als ölige Paste geliefert, die oft mit der Mumie gar nichts mehr zu tun hatte, sondern »jüdisches Bitumen« oder »Pissasphalt« war, Stoffe, die man auch »Grabbalsam« nannte.

Da man mittlerweile keinen Unterschied mehr zwischen »Mumiya« und »Mumie« machte, wurden die Mumien zu allem Möglichen verarbeitet und wohlhabenden Kranken verabreicht, um Gangräne, Fisteln, Hämorrhoiden, Gefäßleiden und sogar Schwangerschaftsbeschwerden zu kurieren. Natürlich trug das entstehende Mumiengeschäft in schwer wiegender Weise zur Verwüstung der Nekropole von Sakkara bei, deren Ausplünderung mehr als zwei Jahrhunderte andauern sollte.

Vergeblich veröffentlichte der französische Priester und Apotheker Pierre de Pomet (1658–1699) seine »Histoire générale des Drogues«, in der er versuchte, die Schändlichkeit dieser Gepflogenheit im Umgang mit den Mumien deutlich zu machen. Zu diesem Zweck hatte er dem Text eine Illustration beigefügt, die im Vordergrund einen aufgeschnittenen Leichnam und darum herum Mumien mit der Aufschrift »gabbaras« darstellte, was etwa »Exkremente« oder »Abfall« bedeutet. Allerdings hatte sein Werk nicht den Erfolg, den de Pomet erwartet hatte, verkauften doch auch einige seiner Priesterbrüder weiterhin in aller Ruhe den »natürlichen Asphalt« aus den unterirdischen Grüften der Pharaonen als »Heilmittel«. Dabei ist die frühe Medizingeschichte viel reicher an Wissen und Methoden, um durch Krankheiten aufgetretene Schmerzen zu lindern, als man heute erwarten würde.

Die ganzheitliche Medizin der Priesterärzte

Um 2650 v. Chr. entwickelte der legendäre Kaiser Huang Tsi, den man auch den »Gelben Kaiser« nannte, das »Buch der inneren Medizin«. Sein Leibarzt namens Nei Ching war derjenige, der sich aus dem »Kinki« (»goldener Kasten«) bediente und daraufhin das klassische Lehrbuch der Akupunktur schreiben konnte. Darin stellte er ausführlich dar, wie die Energiegehalte des Körpers sinnvoll zu steuern wären. Amerikanische Wissenschaftler konnten 1971 in der chinesischen

Hauptstadt Peking einer spektakulären Darbietung dieser uralten Kunst der Akupunktur beiwohnen: Im städtischen Krankenhaus wurde einer Frau ohne Einsatz moderner Medikamente eine Zyste am Eierstock entfernt. Man gab ihr vor der Operation lediglich ein gängiges Beruhigungsmittel, um ihre Nerven zu stabilisieren. Die Patientin war während der ganzen Eingriffszeit ansprechbar und klagte über keinerlei Beschwerden. Die starken Schmerzen, die sie normalerweise hätte verspüren müssen, wurden lediglich dadurch unterdrückt, dass man an bestimmten Stellen ihres Körpers Nadeln einstach und diese vorsichtig drehte.

Als der chinesische Arzt Wang Wei-i im 11. Jahrhundert sein Standardwerk schrieb, war die Akupunktur bereits eine uralte Kunst. Schon während der Tang-Dynastie (618–906 n. Chr.) hatte die »Kaiserliche Medizinische Akademie« einen Professor für Akupunktur, dem zehn Assistenten, zwanzig Studenten und zwanzig Handwerker für die Herstellung von Nadeln unterstellt waren. Die beiden wichtigsten Lehrwerke waren das Buch »Akupunktur und Moxibustion«, das von einem gewissen Huang fu Mi um 250 n. Chr. verfasst worden war, und das bereits erwähnte Buch Nei Chings aus dem dritten vorchristlichen Jahrtausend.

Die heutige Medizin hat sich zwar sehr weit entwickelt, ist aber inzwischen zu einem Teil des naturwissenschaftlich-technischen Apparats und damit einseitig geworden. Denn heute wird der Mensch gar nicht mehr in seiner Gesamtheit behandelt. Im Vordergrund der medizinischen Bemühungen steht heute nur noch der Körper. Durch ausgewählte Medikamente soll dem leidenden Patienten geholfen werden, doch allzu oft werden nur die Symptome, nicht aber die wahren Ursachen der Krankheit behandelt. Dies verwundert nicht, denn in Wahrheit wird die medizinische Betreuung des Menschen heutzutage vor allem von den Interessen des Marktes diktiert.

Dabei war es seit undenklichen Zeiten das Ziel der Heilkunst, den Menschen stets in seiner Ganzheit, als Trias aus Körper, Seele und Geist, zu behandeln. Das dazu einsetzbare Wissen war alt: Etliche Jahrhunderte vor den Chinesen versuchten schon die Ärzte der Pharaonen, mit den vielfältigsten Heilmitteln ihre Patienten zu kurieren. Dabei waren sie dem Denken der heutigen Mediziner weit überlegen. Astronomie, Körper und Geist waren drei Kräfte, die sogar den Krebs bekämpften. Entgegen anderen Auffassungen bezeichneten – hierüber liegen uns die ersten nachprüfbaren Zeugnisse vor – schon hippokratische Ärzte vor 2400 Jahren bösartige Geschwülste als »Krebs« (»Cancer«), womit erwiesen wäre, dass die Entdeckung dieser Erkrankung nicht auf einen einzelnen Wissenschaftler nach modernem Verständnis zurückgeht.

Galens Erklärung des Krebses als Überschuss von »schwarzer Galle« und die daraus meist abgeleitete nicht-chirurgische Allgemeinbehandlung des Krebses blieben bis in die Neuzeit vorherrschend. Erst im 18. Jahrhundert wurde die humorate Krebstheorie zurückgedrängt. Die Forschung des 19. Jahrhunderts, vor allem die Suche nach Krebserregern, brachte jedoch außer vielen Theorien nur wenige eindeutige Resultate zur parasitären Krebsentstehung. Die Virusgenese ist inzwischen für viele tierische Tumoren gesichert und für menschliche immerhin bei einigen Krebsformen ziemlich wahrscheinlich. Dennoch weiß keiner wirklich, warum der Mensch an Krebs erkrankt.

Ein Veterinär-Papyrus mit dem Namen »Kahun« beinhaltet Informationen darüber, dass die Priesterärzte der Pharaonen schon Jahrtausende vor dem griechischen Arzt Hippokrates und den Ärzten unserer modernen Gesellschaft Erfahrungen mit der Krebserkrankung gemacht hatten. Flinders Petrie fand 1898 bei Ausgrabungen diesen Papyrus, den dann der Ägyptologe Francis Llewellyn Griffith (1862–

1932), der sich die Hieroglyphenschrift selbst beigebracht hatte, noch im selben Jahr unter den Titel »Hieratic Papyri from Kahun and Gurob« in London veröffentlichte. In dieser Abhandlung ist festgehalten, dass die Ärzte der Pharaonenzeit eine spezielle Tiermedizin anwendeten. Der »Papyrus Kahun« umfasst aber auch 17 Diagnosen von Frauenleiden an den Genitalien und 17 Einzeltexte, die Mittel aufzeigen, die Empfängnis ermöglichen sollen oder Geburtsprognosen geben. Der Kairoer Ägyptologe Ali Hassan vertrat wie viele andere Wissenschaftler nach einer gründlichen Untersuchung des »Papyrus Kahun« die Ansicht, dass die Pharaonen das Krebsgeschwür tatsächlich kannten. Dazu zitiert er als Beweis aus dem »Papyrus Kahun« die Therapieempfehlung für ein Frauenleiden: »Heilkunde für eine Frau, wenn ihre ›hm.t‹ krank geworden ist.« Der Erstbearbeiter Francis L. Griffith schrieb zu dem Text aus dem Papyrus: »Die Bezeichnung ›hm.t‹ könnte durchaus Uteruskrebs bedeuten, der sich durch einen gewissen Geruch kristallisiert.«

Auch der deutsche Medizinprofessor Karl Sudhoff (1853–1938) schrieb in seinem Standardwerk »Geschichte der Medizin« über die medizinischen Kenntnisse der Pharaonen: »Offensichtlich hat die ägyptische Medizin schon einen großen Fortschritt zu verzeichnen gegenüber dem einfach registrierenden Beobachtungslistenstil der babylonischen Texte, die wir kennen.«

Damit meinte Sudhoff, dass die Ärzte der Pharaonen durchaus in der Lage waren, bestimmte Erkrankungen zu diagnostizieren. Der 4100 Jahre alte Papyrus bestätigt dies deutlich: »Untersuchst du eine Person mit Verhärtung ihres Bauches, so lege deine Hand darauf; findest du, dass ihre ›chait‹ sich verstärkt hat zwischen den daraufgelegten Fingern, so sag du zu ihr: Es ist die ›sechen‹-Krankheit der ›uchedu‹.«

Der französische Mediziner Max Armand Ruffer (1859–1917), der in England Medizin studierte, ging 1893 nach Kairo, wo er eine Professur für Bakteriologie an der Medizinischen Fakultät erhielt. Wegen seiner Leidenschaft für Ägyptologie, bei der ihm seine medizinischen Kenntnisse für die Forschung an Mumien von großem Nutzen waren, ist ihm die Wissenschaft noch heute zu großem Dank verpflichtet, denn seine Veröffentlichungen haben immer noch Gültigkeit. Auf die Arbeit von M. A. Ruffer sind beispielsweise die Entdeckung 4000 Jahre alter Parasiteneier in Mumien sowie der medizinische Nachweis von Inzestverhältnissen in den Königshäusern der Pharaonen zurückzuführen.

»Das älteste Chirurgiebuch der Welt«

Flinders Petrie bediente sich im Jahre 1898 einer sensationellen Untersuchungsmethode an Mumien, die innerhalb der Forschung richtungsweisend werden sollte. Kurze Zeit nachdem Wilhelm C. Röntgen seine revolutionäre Entdeckung gemacht hatte, probierte Petrie erstmals die »Röntgenstrahlen«, wie sie später genannt wurden, an einer Mumie aus. Die Resultate waren zwar noch ziemlich bescheiden, aber viele seiner zeitgenössischen Kollegen übernahmen das moderne Untersuchungsverfahren. Petrie wusste zu diesem Zeitpunkt bereits, dass die Heilkunde der Pharaonen, wie bei den meisten frühen Zivilisationen, eng mit dem Glauben an die Magie verknüpft war. Doch schnell merkten auch andere Wissenschaftler, dass man im Reich der Pharaonen schon mit großem Können und Geschick an die Behandlung physiologischer Leiden und äußerlicher Wunden herangegangen war. Man entdeckte Hinweise darauf, dass im pharaonischen

Ägypten vor 4000 Jahren sogar komplizierte Gehirnoperationen ausgeführt worden waren, wozu Schädel geöffnet werden mussten, um den »Innendruck« des Kopfes zu senken. Das Ägyptische Totenbuch (§ 175,83–91) beschreibt eine derartige Schädelöffnung:

»Darauf hatte Osiris ein Leiden an seinem Kopf durch die Hitze der ›Atef-Krone‹, die an seinem Haupt war, damit die Könige ihn fürchteten. Da kehrte nun Ra in Frieden zurück nach Herakleopolis, um Osiris zu sehen. Er fand ihn in seinem Hause sitzend, seinen Kopf angeschwollen durch die Hitze der ›Atef-Krone‹. Da ließ Ra dieses Blut und diesen Eiter abfließen, und sie sammelten sich in einem Teich.«

Vermutlich ist die Hitzeproduktion der »Atef-Krone« nur technisch zu interpretieren. Auch wenn dieses Zitat aus der Mythologie der Pharaonen stammt, ist die hohe Überlebensrate bei den Trepanationen der frühen Zeit bemerkenswert. Im Vergleich dazu wurden zum Beispiel zwischen 1870 und 1877 an Patienten im »Saint Georges and Guys Hospital London« 32 Trepanationen vorgenommen, von denen nur neun Patienten überlebten. Selbst aus dem alten Peru sind 214 trepanierte Schädel bekannt, von denen 123 vollständig verheilten und somit den scheinbaren Erfolg der Briten armselig wirken lassen: Die peruanischen Patienten haben die Operation mehrere Jahre überlebt, und von den 214 Schädeln lassen nur 39 keine Heilung erkennen.

Ganz offensichtlich waren in Peru und auch bei den Pharaonen Trepanierbohrer seit Jahrhunderten im Einsatz, ähnlich dem bronzenen eines römischen Chirurgen aus dem 2. Jahrhundert n. Chr., der in Bingen am Rhein gefunden wurde. Das Instrument besteht aus einem Bogen, über dessen Sehne der Bohrer angetrieben wurde, einem Schaft für den Bohrer und dem eigentlichen röhrenförmigen Bohrer mit gezackter Unterkante. Ein becherförmiger Griff diente beim Bohrvorgang dazu, die Hand des Chirurgen, die den Bohrer hielt, zu schützen.

Die ersten Zeugnisse für die Verfeinerung des chirurgischen Instrumentariums stammen jedoch nachweislich aus Ägypten, das später von den Griechen und Römern als Wiege der Medizin angesehen wurde. Vor 4800 Jahren hielten die Pharaonen bereits das Patent für chirurgische Messer aus Kupfer, mit denen man kleinere Operationen wie Beschneidungen ausführen konnte.

Zu den ersten chirurgischen Instrumenten gehörten auch Kupfernadeln. Ein Hinweis darauf findet sich im bereits in Kapitel 3 des erwähnten Papyrus Edwin Smith, der ausschließlich chirurgische Texte enthält und unter anderem das Nähen von Wunden am Kopf, an den Schultern und an anderen Körperteilen beschreibt. Außergewöhnlich ist das Alter dieses Dokuments: Der Papyrus selbst ist zwar vor etwa 3700 Jahren entstanden, doch die verwendete archaische Sprachform lässt darauf schließen, dass es sich um die Kopie eines Textes handelt, der schon tausend Jahre zuvor verfasst worden ist. Max Meyerhof berichtet 1931 im Band 231 der »Deutschen Zeitschrift für Chirurgie« über den Papyrus und nennt ihn: »Das älteste Chirurgiebuch der Welt«.

Augenoperationen zur Zeit der Pharaonen

Im französischen Städtchen Montbellt entdeckten Archäologen im Jahre 1975 feinste Instrumente, mit denen vor über 2000 Jahren sogar schon modernste Chirurgie betrieben wurde. Die medizinischen Instrumente befanden sich in einem Kupferbehältnis: Neben drei gewöhnlichen Nadeln fand man zwei so genannte »Injiziernadeln«, die in exakt angepassten dünnen Röhren steckten, extrem feine Nadeln, wie man sie in der Augenchirurgie verwendet.

Der römische Enzyklopädist Aulus Cornelius Celsus, der zur Zeit des Kaisers Tiberius (16 v. Chr.–37 n. Chr.) lebte, gibt in seinen umfangreichen Schriften, von denen leider nur noch acht Bände über Medizin erhalten sind, die detaillierte Beschreibung einer Staroperation, wobei sein besonderes Augenmerk der Vorbereitung gilt:

»Der Patient muss so platziert werden, dass er dem Chirurgen gegenübersitzt und ihm das Licht in die Augen fällt. Der Chirurg muss etwas höher als der Patient sitzen. Der Assistent steht hinter dem Patienten und hält ihm den Kopf, sodass er ihn nicht bewegen kann, denn schon die geringste Bewegung kann zur Blindheit führen. Damit sich das kranke Auge so wenig wie möglich bewegt, soll über das andere Auge ein Tuch gebunden werden. Im Übrigen soll das linke Auge mit der rechten Hand operiert werden und das rechte mit der linken Hand.«

Über die Operation berichtet der römische Gelehrte weiter:

»Die Nadel muss spitz genug sein, um eindringen zu können, aber sie darf nicht zu fein sein. Sie muss geradewegs zu einem Punkt zurückgeführt werden, der außerhalb des Krankheitsherdes im Winkel zwischen Pupille und Schläfe liegt. Die Nadel darf nicht zaghaft geführt werden und darf keine Vene verletzen. Sobald der Punkt erreicht ist, muss die Nadel gegen die kranke Linse gedrückt werden, bis sich die Linse unterhalb der Pupille befindet. Dann muss die Nadel wieder herausgezogen werden, damit sich die Linse dort festsetzen kann. Wenn die Nadel wieder herausgezogen ist, soll ein weiches, mit Eiweiß getränktes Tuch aufgelegt werden und darüber ein Mittel gegen Entzündungen.«

Die von Celsus beschriebene Operation ist heute unter der medizinischen Methode des »Starstechens« bekannt. Das gleiche Verfahren, bei dem die kranke Linse mit einer »Lanzette« zur Seite geschoben wird, ist heute noch üblich, um die Sehfähigkeit bis zu einem gewissen Grad wiederherzustellen. Die Frage bleibt allerdings, woher die Römer diese bemerkenswerte Operationsmethode kannten. Vielleicht von den Babyloniern?

Tatsächlich berichtet der berühmte babylonische »Codes Hammurapi« aus dem 18. Jahrhundert v. Chr. bereits vor 3800 Jahren über »die Öffnung der nakkaptu« mit einer Lanzette aus Bronze als Mittel gegen Blindheit:

»Wenn ein Arzt eine größere Operation mit einer Lanzette aus Bronze an einem Adligen vornimmt und sein Leben rettet, oder wenn er die ›nakkaptu‹ (Augenhöhlen) mit einer Lanzette aus Bronze aufbricht und das Augenlicht des Adligen rettet, dann soll er 10 Silberschekel erhalten.«

Es ist kaum anzunehmen, dass sich die von den Babyloniern erwähnte Operation auf etwas anderes beziehen könnte als auf das »Starstechen«, das zwei Jahrtausende später von Aulus Cornelius Celsus beschrieben wurde. Und auch aus dem Ägypten der Pharaonenzeit wissen wir inzwischen, dass der weise Arzt Imhotep vor 4700 Jahren Augeneingriffe und -behandlungen durchführte. Dennoch stützen sich die meisten Kenntnisse über die Ausrüstung der vorzeitlichen Chirurgen vorwiegend auf zufällige Einzelfunde. Zu den Ausnahmen gehört neben dem Fund aus Montbellt das komplett erhaltene Bronzebesteck eines minoischen Arztes, das in einem Grab im Städtchen Naupilon auf Kreta entdeckt wurde. Es ist mindestens 3500 Jahre alt und umfasst Pinzetten, Bohrer, Skalpelle, einen Dilatator für innere Untersuchungen und einige besonders geformte Stein- und Marmorstücke, die wahrscheinlich zum Mahlen medizinischer Ingredienzien verwendet wurden. Die Priesterärzte der Pharaonen stellten in der ägyptischen Antike auch aufwändige Salben und Tinkturen als Medikamente her, um die jeweiligen Heilungsprozesse bei Krankheiten zu beschleunigen. Die alten Ägypter waren zudem das erste Volk, das die Bedeutung des Pulsschlags erkannte und ihn maß; sie nannten ihn »die Stimme des Herzens«.

Beim Einsatz von pflanzlichen und mineralischen Heilmitteln nutzten sie ähnlich wie die Chinesen natürliche Ressourcen als medizinische Bestandteile, obwohl heutige Wissenschaftler immer noch die Ansicht vertreten, dass die Pharaonen sich über die Verwendung dieser Zutaten (anders als im alten China) nicht wirklich im Klaren waren. Sie meinen, dass die Pharaonen lediglich instinktiv auf Naturkräfte vertrauten, die sie aus ihrer Religion kannten. Doch irgendwie müssen diese alten Praktiken Eingang in die Religion der Pharaonen gefunden haben. Die moderne Wissenschaft vertritt überdies die Ansicht, dass die Priester der Pharaonen den Schlamm von den Ufern des Nils in ihre Wundsalben deshalb mischten, weil sie glaubten, dass die positive Wirkung nur mit dem Nil (»hapi«) als Bild der Wiedergeburt zusammenhing. Bezweifelt wird aber, dass die Priester wirklich gewusst hätten, dass ein wirksames Antibiotikum zu den natürlichen Bestandteilen dieses Schlammes gehörte.

Dabei wurde das Rasieren von Haupt- und Körperhaaren im pharaonischen Ägypten insbesondere bei Soldaten als hygienische Vorsichtsmaßnahme praktiziert. In diesem Zusammenhang gibt es auch eine aufschlussreiche alte Papyrusschrift, worin die Verwendung von klarem Nilwasser, »in dem Schimmel schwimmt«, als infektionshemmend beschrieben wird. Möglicherweise wurde hier bereits 4000 Jahre vor seiner Entdeckung durch den französischen Arzt Ernest A.

Duchesne (1874–1912) im Jahre 1896 erstmals das Penicillin beschrieben.

Empfängnisverhütung und Schwangerschaftstest

Eine weitere Schrift, die über 3600 Jahre alt ist, berichtet von den heilenden Eigenschaften des Honigs. Mehr als die Hälfte der rund 1000 aufgelisteten Heilmittel führt ihn als wichtige Zutat. Tatsächlich beruhigt der Honig verwundetes Gewebe und beschleunigt die Heilung der Haut. Das im Honig enthaltene Wasserstoffperoxyd reinigt nämlich die Verletzung, und der Honig trocknet sie sogleich, da er Feuchtigkeit absorbiert. Darüber hinaus existieren auch schriftliche Aufzeichnungen über eine der frühesten Verhütungscremes aus Honig und Akazienmehl. Im Papyrus Ebers ist folgende Methode überliefert:

»Damit eine Frau ein, zwei oder drei Jahre nicht schwanger wird, werden Akazienblätter zerrieben und mit Honig vermischt. Man gibt diese Masse auf eine Mullbinde, die man in die Vulva einführt.«

Ein solcher »Tampon« wirkte in der Tat empfängnisverhütend, auch wenn die modernen Wissenschaftler dazu meinen, dass die Pharaonen den Honig für den entscheidenden Bestandteil hielten, doch tatsächlich wirkt sich das Öl der Akazien tödlich auf Spermien aus. Die Pharaonen wussten sehr wohl, welche Honig-Mixtur für welche Anwendung bestimmt war, und überließen nichts dem Zufall: Honig wurde nur in Verbindung mit Akazienmehl zur Verhütung verwendet. Überdies kannte man in Ägypten und auch in Babylonien längst »Schwangerschaftstests«:

Eine 2700 Jahre alte babylonische Schrifttafel beschreibt, wie ein Wolltampon, mit dem Saft einer bestimmten Pflanze getränkt, von Hebammen in die Vagina eingeführt wurde. Dort blieb er drei Tage lang. Je nach Art des Pflanzensaftes verriet ihre Färbung, ob die Frau schwanger war oder nicht. Der Test basierte auf dem pH-Wert der Schwangeren, der den Pflanzensaft im Wolltampon rötlich verfärben ließ, sodass man die Schwangerschaft, wie heute bei der Reaktion von Lackmuspapier im Labor, ebenfalls schon erkennen konnte.

Die Pharaonen hatten eine andere Art des Schwangerschaftstests entwickelt, den sie auf dem 3300 Jahre alten Papyrus Berlin überliefert haben. Eine Frau, die wissen wollte, ob sie schwanger war, musste täglich auf Weizen und Gerste urinieren und beobachten, ob der Urin das Wachstum dieser Pflanzen beschleunigte. Tatsächlich hat die Forschung 1927 bestätigt, dass dieses Patent der Pharaonen funktioniert, und zwar infolge der wachstumsfördernden Wirkung eines Hormons, das eine Schwangere ausscheidet. Eine Reihe weiterer Tests, die seit den 1930er-Jahren durchgeführt wurden, hat ergeben, dass in 40 Prozent der untersuchten Fälle die Hormone im Urin einer Schwangeren das Wachstum von Getreide beschleunigen, während der Urin einer Nicht-Schwangeren oder der eines Mannes dessen Wachstum eher behinderten. Der Papyrus Berlin beschreibt also die früheste Beobachtung dieses hormonalen Effekts.

Das wieder in Vergessenheit geratene Wissen oder der Glaube der Pharaonen an die Kraft natürlicher Heilmittel spiegelt sich in unserem eigenen wachsenden Vertrauen in ganzheitliche und homöopathische Behandlungsmethoden wider. Gegen Husten und trockene Bronchien (Leiden, die das Nilklima häufig mit sich brachte) nehme man beispielsweise eine getrocknete Feige, eine Dattel, eine Prise Anis und einen Teelöffel Honig, bedecke alle Zutaten mit ein wenig Wasser und lasse sie köcheln, bis die Trockenfrüchte weich sind und ein glänzender Sirup entstanden ist, der, teelöffelweise eingenommen, die Beschwerden lindert. Man war sich auch der Bedeutung der psychischen Verfassung für den Heilungsprozess des Patienten bewusst, was in den »Lehrsätze des Hippokrates« klar zum Ausdruck kommt:

»Es gibt Patienten, die, obwohl sie wissen, dass sie an einer gefährlichen Krankheit leiden, genesen, weil sie Vertrauen zu dem behandelnden Arzt haben.«

Blutgruppenbestimmung und astrologische Medizin

Die Methode der Blutklassifizierung entdeckte man in Europa erst im Jahr 1900. Eine Blutbestimmung ist auch möglich bei einem Muskel oder Knochen, der zu Staub zerfallen ist. Nach der Untersuchung einiger Mumien erkannte man daher, dass es auch im alten Ägypten die Gruppen A, B, und 0 gegeben hat, und zwar schon in der archaischen Vorgeschichte der Pharaonen. Dies widerspricht der Annahme, dass es sich bei der Blutgruppe B um eine Mutation der Gruppe 0 handelt, die erst zur Zeit der Christenheit aufgetaucht sein soll.

Das Studium der Blutgruppen der Pharaonen lässt uns heute sicher sein, dass die Mumie, die man lange Zeit für Echnaton hielt, tatsächlich die seines Mitregenten Semenchkare ist. Lange Zeit wurde auch in Fachkreisen darüber diskutiert, ob Semenchkare und Tutanchamun Brüder waren. Nach der Blutanalyse spricht nichts dagegen: Beide hatten gleiche Blutfaktoren und die Blutgruppe A2.

Außer mit modernen Untersuchungsverfahren an alten Mumien finden wir die kuriosen Heilverfahren aus der Pharaonenzeit auch in den Darstellungen von Wandmalereien der fünften Dynastie. Zu dieser Zeit schwamm der »Malpaterusus electricus« (Zitterwels) im Nil, den man zur »elektrischen« Behandlung der verschiedensten Schmerzzustände verwendete. Doch sollen die Pharaonen nach Ansicht der modernen Wissenschaft weder die Elektrizität gekannt noch über diese biologische Eigenschaft des Zitterwelses Bescheid gewusst haben. Dabei besaßen sie Bücher (Papyrusdokumente), ähnlich unseren Lexika, die Lösungsvorschläge für die einzelnen Leiden enthielten. Die Gottheit Thot, die mit dem griechischen Hermes Trismegistos gleichgesetzt wurde, habe, so heißt es, diese alten Weisheiten hinterlassen, die dann von den Priesterärzten in meterlangen Papyrusrollen festgehalten wurden und so die Zeiten überdauern konnten.

Im »Buch des Asklepios«, der dem ägyptischen Priester und Arzt Imhotep entspricht, wird ausgeführt, dass der Mensch »eine Welt im Kleinen« ist, also die uns schon bekannte Analogie zwischen Mikrokosmos und Makrokosmos existiert. Die Gesundheit, das Höchste der Güter, wird zum Gegenstand der astrologischen Vorhersage, denn dieselben Gesetze gelten im Mikrokosmos und im Makrokosmos. Ihre Kenntnis, erhalten eben durch Astrologie, informiert über die Einflüsse, denen der Mensch ausgesetzt ist. Daraus entwickelte sich die »Iatromathematik«, abgeleitet vom griechischen »iatros« (»Arzt«), eine astrologische Medizin, die selbst heute noch gelegentlich praktiziert wird. Zu ihr gehörte insbesondere die Kunst der Zahlendiagnose. Hierzu wird das Datum des Beginns der Krankheit genommen und die Zahlenwerte des Namens des Erkrankten addiert, die Summe durch 30 (die Zahl der Tage eines Monats) oder durch 36 (die Zahl der Dekane) geteilt. Der erhaltene Rest kann dann in Tafeln aufgesucht werden, aus denen zu entnehmen ist, ob der Patient wieder gesunden wird oder nicht. Die Tafeln wurden entweder nach Hermes Trismegistos oder nach Demokrit benannt.

Den Tierkreiszeichen wie den Planeten wurden bestimmte Körperregionen zugeordnet. Dabei herrschte über Körperteile, die von Tierkreiszeichen beeinflusst wurden, weitgehend Einigkeit. Die Vorstellung, das rechte Auge sei der Sonne, das linke dem Mond zugeordnet, ist sehr alt. Die Sonne galt als männlich wie die rechte, der Mond als weiblich wie die linke Seite. Folglich nahm man an, der Same des rechten Hoden bringe Knaben hervor, der des linken Hoden Mädchen. In diesem Zusammenhang ist es vielleicht ganz interessant zu wissen, dass bei Hormonstörungen die Verweiblichung des Mannes auf der linken Körperhälfte beginnt, die Vermännlichung der Frau auf der rechten. Ganz offensichtlich sind damit in Zusammenhang stehende Zuordnungen der Pharaonen kein Zufall, sondern durch genaue Beobachtung entstanden.

Rezepturen und Prothesen

Unter den 42 »Hermetischen Büchern« der Pharaonen, über die Clemens Alexandrinus 200 n. Chr. berichtet, sollen mindestens sechs Bücher medizinischen Inhalts gewesen sein:

»›Über den Bau des Körpers‹, ›Über die Umstände der Frau‹, ›Über die Krankheiten‹, ›Über die Augenkrankheiten‹, ›Über die Heilmittel‹, ›Über die Geräte‹ (des Arztes).«

Die Originalwerke sind leider verloren gegangen, und auch ihr Umfang ist uns nicht mehr bekannt. Doch die inzwischen von den Wissenschaftlern gefundenen Papyri und andere Schriftdokumente geben uns einen allmählichen Einblick in die alten Kenntnisse der Pharaonen. Es bedarf aber einer mühevollen Archivarbeit, um die einzeln zum Teil sinnlos wirkenden Texte zu ordnen und sich ein nachvollziehbares Urteil zu bilden.

Der größte Teil der in den Texten beschriebenen Rezepte bleibt rätselhaft, weil wir die alten Mittel aus Unkenntnis der damals verwendeten Zutaten nicht herstellen können. Die Ägyptologen wissen inzwischen, dass viele Behandlungsformen zwar bis ins Alte Reich (2644–1991 v. Chr.) zurückgehen müssen, doch die Pharaonen selbst sprechen stets über die göttliche Herkunft ihrer Heilmittel. Da fiel zum Beispiel ein Rezept direkt vom Himmel in den Hof von Chemmis herab und wurde »als Wunder zu König Cheops (2463–2438 v. Chr.) gebracht.« Ein fahler Mond, berichtet der Schreiber noch dazu, habe die Szene begleitet. Andere Rezepturen stellten die Gottheiten selbst zur Verfügung oder sie unterwiesen die Priester, sie nach ihren Anweisungen herzustellen. Das zwingendste Argument für das hohe Alter vieler medizinischer Texte aber ist die in ihnen verwendete Sprache.

Plinius der Ältere berichtet, dass Sergius Silus, ein Veteran aus dem Zweiten Punischen Krieg (218–201 v. Chr.), eine Eisenhand als Prothese trug, weil er die eigene Hand im Krieg verloren hatte. Auch ein Skelett mit einem bemerkenswert gut modellierten künstlichen Bein wurde in einem Grab bei Capua in Mittelitalien gefunden. Das Bein war aus Holz und in zwei dünne Bleche aus Bronze gefasst, die mit einem Eisennagel befestigt waren. Am oberen Ende war es nach innen gewölbt, um den Oberschenkelstumpf zu halten, sodass es vom Knie bis zum Knöchel reichte. Vermutlich besaß die Prothese auch noch einen separaten Fuß, den man nach Belieben mit Schuhwerk ausstatten konnte.

Auch an den Mumien der Pharaonen wurden die eigenartigsten Prothesen gefunden. Die Ägyptologen schließen in diesen Fällen jedoch medizinische Maßnahmen aus, weil die

1 Die Handwerkskunst stand zur Zeit der Pharaonen in voller Blüte.

2 Altägyptische Turbine, die auf der Basis von Wasserdampf funktionierte.

3 Ein »Odometer«, ein mechanisches Zählrad zur Wegmessung

4 »Automaten« gehörten zu den viel bestaunten Erfindungen der Pharaonenzeit.

5 Steinverzahnung aus pharaonischer Zeit

6 Steinverzahnungen wurden mit Metall ausgegossen.

7 Sarkophag in der Kammer unter dem Sphinx

9 *Die Pyramide des Cheops*

8 *Der Sphinx*

10 Napoleon bei der Schlacht um Giza

11 Auch in Südamerika beherrschte man die Steinbearbeitung.

12 Magisches Werkzeug

13 Rituelles Metallwerkzeug aus der Großen Pyramide

14 *Bohrkern aus Basalt*

15 *Kernbohrung war den Pharaonen keineswegs unbekannt.*

16 *Mit entsprechenden technischen Möglichkeiten wurden Steine wie Brote zersägt.*

17 Mit dem Sechem erforschten die alten Ägypter den Makro- wie den Mikrokosmos.

18 Messerknauf mit 5400 Jahre alten Gravuren in Millimetergröße; ohne Vergrößerungsoptik gar nicht herstellbar

19 Sehhilfen kannten die Pharaonen schon vor 5000 Jahren.

20 Nietbrille aus Treviso; 13. Jahrhundert n. Chr.

21 *Medizinische Werkzeuge der Pharaonen*

22 Der Papyrus 55001, ein Fall für den »Giftschrank« der Wissenschaft

23 u. 24 Aus dem »anstößigen« Papyrus 55001: unverblümte Darstellung erotischen Vergnügens

25 Die Pharaonen waren die Väter der Beschneidung.

26 Zellteilung und Chromosomen: Die »Genetische Scheibe« gibt in seltsamen biologischen Darstellungen Aufschluss über die Entwicklung des Lebens.

27 » … die Lebenszeit messen, die auf ihm ist«: DNS-Strang mit dem ATGC des Lebens

28 Das zur Pharaonenzeit geläufige Motiv zeigt, dass selbst die biologische Natur der einzelnen Samenzelle bereits bekannt war.

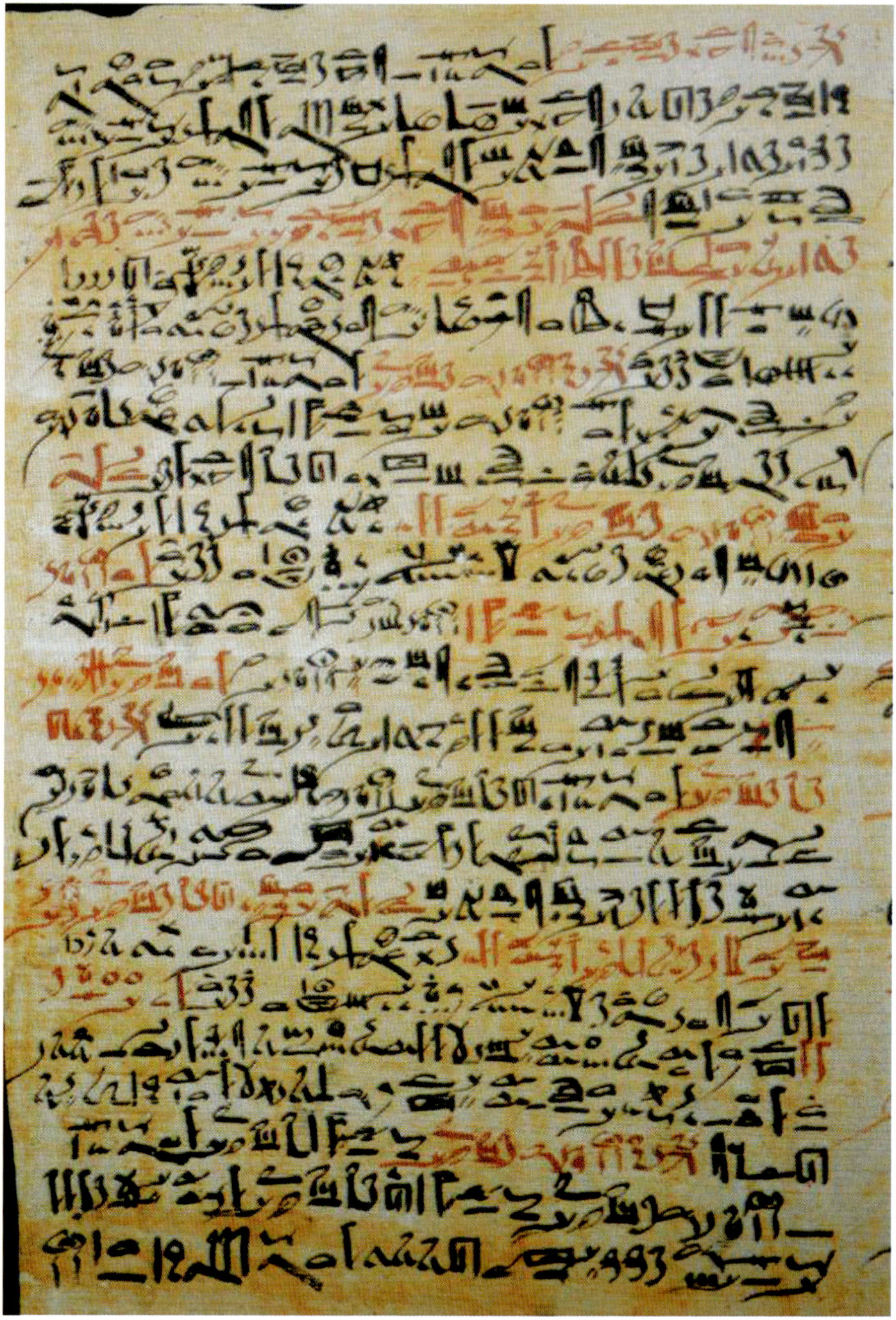

29 »... 46 Gefäße sowie Blut, Samen, Schleim, Urin, der Atem des Lebens und der Atem des Todes«: der Papyrus Ebers, Dokument des medizinischen Wissens der Pharaonen

Pharaonen Amputationen aus religiösen Gründen grundsätzlich ablehnten. Sie glaubten, dass die unsterbliche Seele nur in einem unversehrten Körper in die Welt der Toten eingehen konnte. Deshalb wurde beim Einbalsamieren des Verstorbenen auch immer die Unversehrtheit des Körpers wiederhergestellt, weshalb mögliche fehlende Gliedmaßen dann doch durch Prothesen ergänzt und vervollständigt wurden.

So war die Mumie eines vierzehnjährigen Mädchens aus dem Manchester Museum in England, die 1975 enthüllt wurde und ein Alter von über 3000 Jahren aufweist, mit zwei Beinprothesen ausgestattet. Ihre Leiche scheint kurz nach dem Begräbnis stark beschädigt worden zu sein. Als sie einige hundert Jahre später wieder ausgegraben wurde, ersetzte man die fehlenden Beine durch Holzprothesen, die an die Knochen angefügt wurden, und die fehlenden Füße formte man aus Schilf und Lehm nach.

Dokumente erotischer Phantasie

Ein arabisches Manuskript aus dem 9. Jahrhundert n. Chr., das angeblich einen Text des einst in Rom lebenden griechischen Arztes Claudius Galenus (129–200 n. Chr.) wiedergibt, enthält ein Kapitel »Über die Geheimnisse der Frau« und eines »Über die Geheimnisse des Mannes«, in denen sich Erstaunliches findet. Zum Beispiel werden die Inhaltsstoffe eines Mittels aufgelistet, das »Frauen in solche Erregung versetzt, dass sie Heim und Herd verlassen, auf der Suche nach sexueller Befriedigung. Sie ziehen umher und werfen sich den Männern an den Hals.«

Es besteht aus »gealtertem Olivenöl, Orchideen, den Samen der Gartenkarotte, Samen von Steckrüben, der Asche von Oleanderblättern, pulverisiertem und verbranntem Tropaelum (einer Kresseart), getrocknetem Alaun, den Exkrementen der Elster, pulverisierten Weidenblättern und feinem Dattelmark«. Diese Zutaten wurden zerkleinert, mit Kokosmilch vermengt, getrocknet und zu Pillen gedreht. Zur Einnahme wurden sie wieder zerstampft und in Hagebuttensirup aufgelöst. Das Rezept endet mit dem Hinweis, dass sich der gewünschte Effekt natürlich nur dann einstellen wird, wenn Gott es so will. Der Text enthält auch Rezepturen, die Frauen lesbisch machen, »den Appetit der Männer für Frauen wecken, sodass sie Knaben und Eunuchen vergessen« oder »ihre Begierde nach Knaben befördern«, ja sogar ein Mittel, das »einen süchtig auf Selbstbefriedigung« macht.

Sowohl Griechen als auch Römer benutzten eine Pflanze namens »satyrion«, mit roten Blättern, einer zweifachen Wurzel und einem fleischigen Stängel, als Aphrodisiakum. Normalerweise wurde sie dem Wein zugesetzt, aber man hielt sie für so wirkungsvoll, dass es angeblich schon genügte, sie in der Hand zu halten. Eine andere Pflanze, die Stabwurzel (»Artemisia abrotanum«) aus der Familie der Wermutgewächse, brauchte sogar bloß unter das Bett gelegt zu werden, um ihre luststeigernde Wirkung zu entfalten. Blanker Aberglaube oder ein frühes Beispiel für Aromatherapie?

Die luststeigernden Mittel des Ostens waren in der Regel raffinierter als die der Griechen, Römer und Araber. Von Wang Tao, einem Kräuterdoktor aus der Tang-Dynastie, sind sie uns in seiner »Sammlung geheimer Rezepturen« erhalten geblieben. Darin werden pulverisierte Kräuter beschrieben, die mit Honig gebunden und zu Pillen gedreht wurden. Manche Männer schluckten pro Tag Dutzende davon, um ihre Potenz zu erhalten. Auch von einem phallisch geformten Pilz für die Frau ist die Rede, der bei Gebrauch

»anschwoll«. Diese außerordentliche Pflanze beschrieb der Gelehrte Tao Tsung-i noch im 14. Jahrhundert recht ausführlich:

»Auf den ausgedehnten Weideflächen der Tatarei (Mongolei) kopulierten wilde Pferde oft mit Drachen. Tropfen ihres Samens gelangen in die Erde, und nach einer Weile wachsen daraus bambusartige Gewächse hervor. Sie laufen spitz zu, sind mit einer Art Schuppen bedeckt, die eng aneinander liegen wie die Zähne eines Kamms. Die Oberfläche ist von einem Netz aus Adern überzogen, was ihnen das Aussehen eines männlichen Glieds verleiht. Lüsterne Frauen aus der dortigen Gegend stecken sich diese Gewächse in die Vagina. Sobald diese mit der yin-Essenz in Berührung kommen, schwellen sie an und werden länger.«

Im Ägyptischen Museum von Turin wird unter der Nummer 55001 ein schlecht erhaltener Papyrus von 2,59 Metern Länge aufbewahrt, von dem der Öffentlichkeit nur ein kleiner Teil zugänglich ist. Dieser in Deir el Medine gefundene 3500 Jahre alte Papyrus zeigt lustige, wie aus einem Kinderbuch entsprungene Tierdarstellungen, die an altägyptische Fabeln erinnern.

Der andere, für Erwachsene bestimmte Teil hingegen befand sich seit über 180 Jahren im Archiv des Museums unter Verschluss. Darauf sind zwölf erotische Szenen zu sehen, die ein Paar beim Sex zeigen, dem sich ein hässlicher Mann mit riesigem, roten Phallus tänzelnd nähert. Insgesamt bereitet der Papyrus mit seinen orgienartigen Szenen den Ägyptologen Zuordnungsschwierigkeiten. Zum einen, weil die zwischen den Bildern und auf der Rückseite des Papyrus befindlichen Texte nach so langer Zeit unleserlich geworden sind, zum anderen, weil der Riesenfundus an Bildern, Plastiken und Dokumenten, die das alte Ägypten hinterlassen hat, kein einziges vergleichbares Werk vorzuweisen hat.

Der Papyrus fiel 1820 dem damaligen italienischen Konsul Bernardino Drovetti (1776–1852) in die Hände, und zunächst nahm man unbesehen an, dass es sich um ein Totenbuch handelte. Nach einiger Zeit verkaufte Drovetti ihn mit einem ganzen Bündel von Papyri an das Museum von Turin, wo sich der französische Ägypten- und Hieroglyphenexperte Jean François Champollion an die Sichtung und Auswertung der Fundgegenstände machte. Er fand schnell heraus, dass es sich dabei keineswegs um eines jener Totenbücher handelte, die verstorbenen Ägyptern als Reiseführer im Jenseits dienen sollten. Vielmehr waren es unterschiedliche Schriftstücke weltlicher Natur: Namenslisten, Kaufverträge, die bereits erwähnten Tierdarstellungen und die erotischen Bilder, die dem Gelehrten Champollion ganz offensichtlich die Schamröte ins Gesicht trieben. Denn ungehemmt machte sich der Forscher seiner Entrüstung Luft: Die Bilder erschienen ihm so schrecklich obszön (»d'une obscénité monstreuse«), dass er kurzfristig »an der Weisheit des alten Ägypten zu zweifeln begann«. Der Schock des Gelehrten ist vielleicht für einige Leser nachvollziehbar, obwohl damals zwar sexuelle Elemente aus der ägyptischen Götterwelt bekannt waren, wie etwa Min- oder Osiris-Darstellungen mit erigiertem Phallus. Doch gehörten diese zur sakralen, »anständigen«, Kunst, in der von den damaligen Gelehrten nur stets das Symbol »göttlicher Zeugungskraft« erkannt worden ist.

Ganz anders der Papyrus 55001; in ihm geht es absolut irdisch zu. Es wird vom Zeichner unverblümt sexueller Spaß vermittelt; sogar vielerlei Sexspielzeug war längst erfunden worden, wie ein »Salbkegel«, auf dem sich eine junge Frau mit gespreizten Schenkeln vergnügte, und Pärchen geben sich im Streitwagen des Militärs der Liebe hin, obwohl es im alten Ägypten absolut undenkbar war, dass Frauen etwas mit dem

Militär zu tun gehabt hätten – eine Szenerie, die schon fast der Blasphemie nahe kommt.

So wanderte der »unanständige« Papyrus 55001 auf Anweisung der Museumsleitung in den »Giftschrank«. Anstatt sein verklärtes Bild vom erhabenen Pharaonenreich zurechtzurücken, verbannte auch Champollion das anstößige Material aus seinem Blickfeld und wandte sich den anderen Schriftstücken zu. Sehr schnell konnte er die verkehrte Welt in den Tierdarstellungen deuten: Darauf ist beispielsweise zu sehen, dass Tiere wie Menschen agieren und Mäuse einer Katze auf der Nase herumtanzen. Ein Motiv, das in der Weltliteratur immer wieder auftaucht und seinen Ursprung ebenfalls bei den Pharaonen findet.

Es ist leicht auszumalen, dass die delikate Sexstory mit der Zeit für immer in den Museumsarchiven Staub angesetzt hätte, wäre der Papyrus 55001 nicht zufällig Wissenschaftlern in die Hände gefallen, die am Turiner Museum forschten. So fand man wenige Jahre nach Champollions Arbeiten heraus, dass der Tierpapyrus und der »obszöne« Papyrus nahtlos zusammenpassten und eine Einheit gebildet haben müssen. Der deutsche Ägyptologieprofessor Siegfried Morenz (1914–1970) von der Universität Leipzig schrieb 1968: »Der Papyrus zwingt uns durch bloße Existenz dazu, von ihm Kenntnis zu nehmen und ihn wissenschaftlich zu bewältigen.«

Auf seinen Rat hin veröffentlichte der Schweizer Ägyptologe Joseph Omlin 1973 die bis heute einzige detaillierte Beschreibung des erotischen Werks. Dass Omlin nicht nur Historiker, sondern auch Mediziner war, legitimierte ihn in den Augen seiner Kollegen besonders gut für die heikle Arbeit.

Der Wissenschaftler lieferte die Bestätigung, dass es sich bei dem Werk nicht um die billigen Phantasien irgendeines Schreiberlings handelte. Es waren qualitativ hochwertige Materialien für die Anfertigung der Papyri verwendet worden, und die Bilder stammten von einem geübten Zeichner, der keinerlei Hilfslinien benötigt hatte.

Hier war also nicht ein Kritzler am Werk, sondern ein Maler, vermutlich einer von denen, die in Deir el Medine als Grabkünstler arbeiteten. Auffällig ist, dass das Werk des unbekannten Zeichners in der Gesamtlänge nicht ganz den Standard-Schriftrollen der Ramessidenzeit entspricht.

5. Lampen, Blitze und Elektrizität

Die meisten Menschen, die heute das Land der Pharaonen bereisen, kommen in der Regel in der überfüllten Metropole Kairo an, bevor sie mit ihren Reisegruppen die bedeutendsten Sehenswürdigkeiten Ägyptens ansteuern. Dabei erhalten die Reisenden die Standardinformationen über die Pharaonen, die man eigentlich in jedem Reiseführer nachlesen könnte. Es wird jedoch selbst von den Gelehrten oft vergessen, dass der technische Fortschritt der Pharaonen in einem geheimnisvollen Dunkel liegt, das Erfindungen birgt, von deren Existenz bis in unsere Zeit kaum etwas bekannt ist. So wird heute zum Beispiel immer noch angenommen, dass die Entwicklung der Lampe mit der »Beherrschung« des Feuers einherging. Denn bereits um 75 000 v. Chr. verwendeten Urmenschen brennende Holzscheite als primitive Fackeln, die diese Annahme belegen sollen. Dagegen waren die so genannten »natürlichen Lampen« des Paläolithikums schon etwas ausgefeilter: In natürliche Mulden von Steinen gaben die Menschen Talg und einen Docht aus Pflanzenfasern und zündeten ihn an. Je nach Größe des Steins konnten sie diese Lichter sogar mit sich tragen.

Um bessere und handlichere Lampen zu erhalten, als die Natur sie bot, halfen die Menschen bald nach: Sie schabten die Steine selbst aus. Wie einige Funde beweisen, hatten unsere Ahnen auch längst herausgefunden, dass sich für die Herstellung solcher Lampen der weiche »Speckstein« besonders gut eignete. Um 20 000 v. Chr. setzte sich schließlich tierisches Öl oder Tran als Brennstoff durch, wobei allerdings der im Gefäß schwimmende Docht weiterhin aus Pflanzenfasern bestand.

Rußfreie Öllampen und wundersame Lichteffekte

Es waren diese Lampen aus der Urzeit, die für die einfachste Variante der Schalenlampen aus Ton das Vorbild abgaben. Nur deshalb vertritt die moderne Wissenschaft heute die These, dass auch in der Welt der Griechen und Römer zur Beleuchtung dunkler Räume immer nur Öllampen oder Fackeln benutzt wurden, weil man an den Decken der untersuchten antiken Stätten Spuren von Ruß entdecken konnte.

In den viel tiefer gelegenen Grabkammern der Pharaonen konnten dieselben Wissenschaftler jedoch keinerlei Verbrennungsspuren entdecken und stehen deshalb vor einem Rätsel. Dabei existierten natürlich auch in Ägypten bereits zahlreiche Varianten schalenförmiger Öllampen aus Ton, Stein oder Metall. Daneben gab es luxuriöse Einzelstücke, wie zum Beispiel die aus einem Alabasterblock herausgearbeitete dreiflammige »Lotosblütenlampe« aus dem Grab des Pharaos Tutanchamun. Einmal angezündet, zauberte das durchscheinende Material geheimnisvolle Muster an die Wand. Hinter der Flamme brachten die Pharaonen einen Spiegel an, um die Leuchtkraft zu verstärken. Damit die Flamme nicht rauchte, setzten sie dem Lampenöl Salz zu. Dennoch haben Tests mit dem antiken Stück gezeigt, dass sie ebenfalls Ruß produziert. Wie aber machten die Pharaonen ihre Lampen rußfrei?

Die einzigen nachweisbaren Rußpartikel sind nämlich erst entstanden, nachdem die farbenprächtigen Malereien der Pharaonen schon die Wände der Tempel und Grabanlagen geziert hatten. Die Rußpartikel stammen von den Fackeln oder Lampen der Räuber und Abenteurer, die dort auf der Suche nach Schätzen eingebrochen sind. Entweder hatten die Pharaonen das Problem einer rußfreien Beleuchtung durch besondere chemische Kenntnisse in der Zusammensetzung der Lampenöle gelöst, oder aber sie hatten außer einer besonderen Spiegeltechnik, mit der sie die Sonnenstrahlen einfingen, um sie in die dunkelsten Ecken ihrer Bauanlagen zu lenken, auch noch andere – »göttliche« – Lampensysteme.

Der griechische Gelehrte Pausanias (120–180 n. Chr.) berichtet in seinem Werk »Beschreibung Griechenlands«, wie der Erfinder Kallimachos (305–240 v. Chr.) für die Verehrung einer Athener Göttin eine goldene Lampe geschaffen habe, die ebenfalls mit Öl gefüllt wurde, aber immerhin in der Lage war, exakt ein Jahr ohne Unterbrechung zu brennen: »Auf denselben Tag des nächsten Jahres warteten sie; und das Öl reichte in der Zwischenzeit aus, obwohl die Flamme ununterbrochen Tag und Nacht brannte. In ihrem Inneren ist ein Docht aus karpassischem Leinen, das als einziges nicht vom Feuer verzehrt werden kann. Über die Lampe reicht eine bronzene Palme bis zur Decke empor und zieht so den Rauch in die Höhe.«

Das Geheimnis dieses antiken Beleuchtungssystems war ganz offensichtlich das »karpassische Leinen«, das in dem Tempel ein ganzes Jahr lang für Licht sorgte, und wegen des ausgeklügelten Abzugssystems für den Rauch hinterließ diese Lampe vermutlich auch keinerlei Ruß im Tempelgewölbe.

Eine andere wundersame Lampe jedoch, die nicht mit Öl funktionierte, war die Erfindung eines Rabbi aus dem Jahre 1297, die schon wesentlich mehr technisches Know-how enthalten haben muss. Der französische Historiker Henri Sauval (1623–1676) berichtet in seinem erst 1724 erschienenen dreibändigen Geschichtswerk »Historie et recherches des antiquités de la ville de Paris« über Rabbi Jechiele, der demnach eine »ewig brennende Lampe« besaß: »Die Versuche dieses Mannes waren so gelehrt und so bewundernswert, dass er von den Juden als Heiliger, von den Parisern als Magier betrachtet wurde, weil er so viele Geheimnisse kannte, die beeindruckend zu sehen waren und die das Volk samt und sonders für Wunder hielt.«

Weil dieser Rabbi technisches Wunderwerk aus dem Vorderen Orient in seine neue Heimatstadt Paris mitgebracht hatte, erlangte er sogar Zugang zum königlichen Hof: »So ließ der heilige Ludwig oder Philipp der Wagemutige, der von der ›Wunderlampe‹ gehört hatte, Jechiele kommen, um ihn zu sehen; und hatte fortan solch eine Hochachtung vor diesem Rabbi, dass er ihn zu seinem Ratgeber machte, ihn mit Gütern und Ehren überhäufte und ihn gegen alle Missgunst und Verleumdung in seinem Dienst behielt.«

Henri Sauval schreibt über Jechiele und die geheimnisvolle Lampe weiter: »Man sagt, dass er nachts, dieweil alles schlief, beim Lichte seiner immer brennenden Lampe arbeitete, die keines Öles bedurfte und die er nur am Vorabend des Sabbats anzündete. Sei es nun, dass man ihn für einen Hexenmeister hielt, sei es, dass man Vergnügen darin fand, ihn bei seinem Studieren zu unterbrechen – fast alle, so berichten Gedalia und Hottinger, die bei ihm vorbeikamen, schlugen nach Leibeskräften gegen die Türe und machten großen Lärm; und kaum habe der Rabbi mit einem Hammer auf einen bestimmten Nagel im Fußboden geschlagen, habe der Erdboden sich aufgetan und diese Störenfriede verschluckt.«

Der Brite Stephen Gray (1666–1736) entdeckte allerdings erst im Jahre 1729 die elektrische Leitfähigkeit, wodurch der Däne Hans Christian Ørstedt (1777–1851) auf Anwendungsmöglichkeiten der elektrischen Energie kommen konnte. Danach erst verhalf die Kenntnis der Elektrizität zu der Erfindung des Elektromotors im Jahre 1834 durch Michael Faraday (1791–1867). Erst diese Kenntnis ermöglichte wiederum die Erfindungen des amerikanischen Multitalents Thomas Alva Edison (1847–1931), wie zum Beispiel 1877 das Mikrophon, 1878 den Phonographen und 1879 die Glühlampe.

Als Edison die erste voll funktionierende Glühlampe entwickelte, ging das nur deshalb, weil durch eine Emission freie Elektronen eine Kathode erhitzten und durch das Glühen ein grelles Licht entstand.

Diesen drei Erfindungen folgten schließlich 2000 weitere Patente des Multitalents, die dem Wissenschaftler alle Türen öffneten, sodass er sich als einer der bedeutendsten Wissenschaftler des Industriezeitalters etablieren konnte. Erstaunlicherweise war es genau jene geheimnisvolle Lampe, die im 13. Jahrhundert auch dem Rabbi Jechiele erst den Zugang zu den oberen Zehntausend seiner Zeit in Paris geebnet hatte: »So gelehrt er im Übrigen gewesen ist, waren es nicht so sehr seine Verdienste, die ihm den Zugang zum Hofe eröffneten, sondern die unauslöschliche Lampe, die ganz Paris mit größtem Staunen erfüllte.«

Der Schriftsteller Eliphas Levi, hinter dem sich der französische Okkultist Alphonse Louis Constant (1810–1875) verbarg, führte das Wissen des Rabbis auf die Kabbala und die Uranfänge des Menschen zurück, als die Menschen noch von Gott begleitet wurden: »Die Kabbalisten behaupten, dass dies ein Werk der praktischen Kabbala sei, die Jechiele bestens kannte; und sie fügen hinzu, dass er den Namen Gottes auf die Spitze seines Stockes geschrieben habe, wie Moses auf die Spitze seines Stabes.«

Künstliches Licht aus leuchtenden Steinen

Das, was Levi anspricht, sind die Berichte des im Jahre 64 n. Chr. nach Rom emigrierten Juden Flavius Josephus (37–100 n. Chr.), der in seinem Werk »Jüdische Altertümer« unter anderem über »antike Leuchten« berichtet, die der Hohepriester der Juden schon zu Moses' Zeiten auf den Schultern trug:

»War Gott beim Opfer zugegen, so leuchteten die Steine, die, wie oben gesagt, der Hohepriester auf der Schulter trug (bekanntlich waren es Sardonyxe, über deren Natur ich wohl nichts zu bemerken brauche, da sie allgemein bekannt sind), hell auf; namentlich der auf der rechten Schulter befindliche, der eine Spange bildete, schimmerte blitzartig, obgleich er doch vorher keinen Glanz gezeigt hatte.«

Vermutlich waren das Kristalle, zumindest aber Edelsteine, die auf wundersame Weise irgendwie zum Leuchten gebracht wurden. Denn eine weitere künstliche Leuchte, die ebenfalls nicht mit Öl versorgt wurde, benutzten die Hohepriester der Juden außer auf den Schultern auch auf der Brust. Diese bestanden aus zwölf Edelsteinen, und nach den Überlieferungen des jüdischen Gelehrten stellten sie eine direkte Verbindung zum biblischen Gott dar. Josephus beschreibt, wie über diesen Brustlatz den Juden Handlungsanweisungen von ihrem Gott gegeben wurden:

»Doch noch weit wunderbarer ist das, was ich jetzt berichten will. Denn durch die zwölf Steine, die der Hohepriester auf dem Brustlatz angenäht trug, verkündete Gott den Hebräern, wenn sie in den Krieg ziehen wollten, den Sieg. Ehe nämlich das Heer sich in Bewegung setzte, leuchteten sie in solchem Glanze, dass das ganze Volk klar erkannte, Gott werde ihm Beistand leisten.«

Tatsächlich erwähnt auch der deutsche Jesuit und Gelehrte Athanasius Kircher, der nicht nur die koptische Sprache beherrschte, sondern auch das Land der Pharaonen selbst aufgesucht hatte, bereits in seiner 1668 erschienenen Schrift »Mundus subterraneus« (»Untere Welten«) den Fund einer antiken »brennenden Lampe« in den unterirdischen Gewölben der altägyptischen Stadt Memphis, die ebenfalls nicht mit Öl betrieben wurde. Selbst in der arabischen Literatur scheint sich die Erinnerung an eine vermutlich »elektrische« Vergangenheit der Pharaonen niedergeschlagen zu haben. Beispielsweise schreibt der Gelehrte Murtadi über wundersame Lichteffekte, welche die Magier der Pharaonen hervorrufen konnten, wenn sie ihr Gesicht »wie die Sonne leuchten« ließen. Vielleicht begegneten wir den verborgenen Lampen der Pharaonen bislang nur deshalb mit Unverständnis, weil moderne Philologen (Sprachforscher) das ägyptische Wort »tk'« in der Regel mit »Fackel« übersetzen, was aber nach Ansicht des Schweizer Ägyptologieprofessors Erik Hornung falsch ist. Er meint: »Dabei könnte ›tk'‹, auch ›Lampe‹ heißen ...«

Auch wenn moderne Universitätsgelehrte es noch immer nicht wahrhaben wollen, finden sich in der römischen sowie griechischen Literatur zahlreiche Hinweise darauf, dass die Wissenschaftler der Antike bereits über ein solides Basiswissen zum Thema Elektrizität verfügten. Insbesondere pflegten diese Forscher Naturphänomene zu beobachten, beispielsweise wie elektrische Schläge von manchen Fischen ausgingen, oder die elektrischen Entladungen von Blitz und Donner zu beschreiben. Weil aber die Römer und Griechen nach Ansicht der modernen Wissenschaft kein eigenes Wort für »Elektrizität« kennen sollen, wurde lange Zeit angenommen, dass sie auch keine Kenntnisse darüber hatten, wie Elektrizität funktionierte. Diese Annahme lässt sich allerdings schon mit einem einzigen Zitat des römischen Schriftstellers Lukrez (43–98 n. Chr.) widerlegen, der den Blitz eine Art »verdünntes Feuer« nannte, das »aus winzigen, beweglichen Teilchen bestehe« und jede Materie durchdringen könne. Lukrez' scharfer Beobachtung war auch nicht entgangen, dass Blitz und Donner gleichzeitig entstehen, obwohl der Donner erst nach dem Blitz wahrgenommen wird. Er hatte sogar eine besondere Erklärung dafür: »Der Schall bewegt sich langsamer als das Licht.«

Das, was Lukrez in seinen Schriften im ersten nachchristlichen Jahrhundert erwähnt, war in der Bibliothek von Alexandrien seit mehreren Jahrhunderten aufgezeichnet und zählte längst zum Bildungsgut der antiken Welt. Somit können wir mit ruhigem Gewissen annehmen, dass auch die Pharaonen die Elektrizität und künstlich hergestellte Beleuchtungen, die einst riesige Tempelanlagen erhellen konnten, gekannt haben. Doch wo finden wir die Beweise?

Zumindest von den Torres Strait Inseln bei Papua Neuguinea ist eine Geschichte über »drei leuchtende Steine« überliefert, welche die heimischen Inselbewohner »booya« nannten. Der australische Schriftsteller Ion Idriess, der mehrere Jahre auf den Torres Strait Inseln verbrachte, berichtet in seinem Buch »Drums of Mer« darüber: »Nur drei dieser leuchtenden Steine sollen einst existiert haben. Einer war im Besitz der Insel Mer, einer im Besitz der Insel Eroob, und einer gehörte der Insel Ugar.«

Die Rede ist von den heute unter den Namen Murray Island, Darnley Island und Stephen Island bekannten Inseln, die einst von einem künstlichen blauen Licht erhellt wurden, das von den wundersamen Steinen ausging: »Und hoch über dem Zogo-Haus erstrahlte ein beständiger Lichterreigen, ein merkwürdiges blaues Licht, das nur in Kriegszeiten schien, oder beim Tod eines Zogo, einem großen Insel-Unglück und bei einem Sieg über die Feinde. Es stammte von einem ›booya‹, einem runden Stein, der Jakara wie ein Wunder erschien, da der Stein dieses stechende Licht aus seinem Inneren ausstrahlte. Aufgestellt war er in einem großen Bambussockel, der mit Zähnen, Muscheln und allerlei Farben nach den Bomai-Malu-Traditionen dekoriert war.«

Das Phänomen dieser leuchtenden Steine konnte leider nie aufgeklärt werden, nachdem im 16. Jahrhundert weiße Eroberer über Torres Strait herfielen und das Stammesoberhaupt aus Angst vor den Fremden die mysteriösen Steine an einem unbekannten Ort vergrub: »Ihr Geheimnis konnte von den weißen Menschen noch nicht gelüftet werden, denn es ging mit den Steinen verloren, als der Zogo-le des Inselstaates, in weiser Voraussicht der unvermeidlichen Eroberung durch die Weißen, ihre Geheimnisse vergrub.«

Vielleicht gibt uns aber der griechische Gelehrte Lukian (120–180 n. Chr.) eine aufklärende Antwort über die »booya«. Er berichtet in seinem Werk »De dea Syria« ebenfalls über eine modern anmutende Lampe, die noch im 2. Jahrhundert den syrischen Tempel Heirapolis erleuchtete, und in ihrer Funktion an die Insel-Steine erinnert:

»Aber ich sollte euch über eine Sache berichten, die es eher Wert ist, von ihr zu erzählen. Die Statue der Gottheit birgt auf ihrem Haupt einen Stein, der ›Lampe‹ genannt wird – so benannt nach ihrer Funktion. Dieser Stein scheint in der Nacht mit großer Reinheit und erleuchtet den ganzen Tempel, als ob es sich tatsächlich um eine Lampe handeln würde. Sie leuchtet auch am Tag, zwar nur schwach, aber selbst dann scheint sie immer noch zu glühen.«

Diese Tempellampe war ganz offensichtlich nicht nur mit den »booya« artverwandt, sondern auch mit den von Flavius Josephus erwähnten »Sardonyxe«, die als Edelsteine leuchtende Eigenschaften besaßen. Denn geheimnisvoll in Bezug auf antike Lampen ist auch der Bericht des portugiesischen Geistlichen Martin del Barco Centenera (1535–1602), den er in seinem Werk »La Argentina« hinterlassen hat. In der Umgebung des brasilianischen Mato Grosso besuchte er einen Tempel der Ureinwohner Südamerikas, der ebenso mit einer künstlichen Beleuchtung ausgestattet war: »Auf einem fast acht Meter hohen Pfeiler befand sich ein großer silberner Mond, dessen Licht über den ganzen See hinweg strahlte und den Tempel erleuchtete. Die Schatten, die dieses Licht auf den See warf, waren von weit her klar zu sehen.«

Auch der Brite Colonel Percy Harrison Fawcett (1867–1925), der 1925 Ecuador bereiste und dort spurlos verschwand, erzählt in seinen Reiseberichten und Briefen, die sein Sohn Brain Fawcett 1953 veröffentlichte, über mysteriöse Lichter: »Gewisse Indianer von Ecuador standen – wie mir bekannt war – im Ruf, ihre Hütten nachts durch leuchtende Pflanzen zu erhellen; das jedoch, denke ich, musste etwas ganz anderes sein. Es gab offenbar eine geheime, den Alten bekannte Art der Beleuchtung, die den Wissenschaftlern unserer Zeit wieder zu entdecken vorbehalten bleibt.«

In der Tat haben moderne Wissenschaftler im Jahre 2003 eine neue Methode entdeckt, nach dem Vorbild von »Glühwürmchen« biologische Lichtquellen zu entwickeln, die aus Phosphaten gewonnen werden. In einem Brief an seinen Sohn berichtet Percy Harrison Fawcett weiter: »Mein Farmerfreund erzählte mir, er habe einen Indianer aus einem abgelegen und schwierigen Stamm nach Cuyaba gebracht und ihn hier in große Kirchen mitgenommen, in der Annahme, sie würden ihn beeindrucken. ›Das ist nichts!‹, sagte er. ›Wo ich wohne, nur ein ganzes Stück weiter, gibt es größere, höhere und schönere Gebäude als diese da. Auch sie haben große Türme und Fenster, und in der Mitte ist eine große Säule, die einen umfänglichen Kristall trägt, dessen Licht das Innere erhellt und die Augen blendet!‹«

Es ist mehr als erstaunlich, dass unsere Vorfahren scheinbar längst keine Öllampen mehr benutzten, weil sie ganz offensichtlich andere Möglichkeiten kannten, Licht zu erzeugen. Wie wir bereits gesehen haben, hatten auch die Pharaonen längst herausbekommen, dass der Zitterwels 50 Volt und der Zitteraal sogar bis zu 800 Volt Stromstöße erzeugen konnten.

Die Pharaonen orientierten sich des Öfteren an den Gegebenheiten der Natur, um ihr eigenes Leben auszurichten. Eine weitere Erkenntnis aus dieser Naturwissenschaft ist der »elektrische Funke«, der entsteht, wenn eine Gasentladung in Form eines zeitlich begrenzten elektrischen Durchbruchs auf einer Isolierstrecke erzeugt wird, die meistens aus Luft besteht. Als Faustregel gilt für die Schlagweite in der Luft ein Millimeter je 1000 Volt. Der italienische Erfinder Astor Piazzolla (1921–1992) hat diese Methode bei der Patentierung des Elektronikfeuerzeugs angewandt. Dazu bediente er sich zweier Kristalle, die im Gegensatz zu einem Feuerstein ihren Funken nicht durch Reibung erzeugen, sondern durch das Aufeinanderschlagen.

Elektrische Beleuchtung in tibetischen Gewölben?

Mein Schweizer Kollege Luc Bürgin (»Hochtechnologie im Altertum«) hat einen Bericht des Belgiers Capitan Victor D'Auvergne (1879–1957) aufgestöbert, der in den 1930er-Jahren als Offizier für die britische Armee Tibet erkundete. D'Auvergne berichtet in seiner Arbeit »My experience in Tibet« ebenfalls über seltsame Lampen, die ihm ein buddhistischer Mönch mit dem Namen Che-sho Lama in den unterirdischen Gewölben des Tao-chug-Klosters vorgeführt haben soll. Die »Bihar Research Society« in Indien veröffentlichte diesen Bericht 1940 in ihrem Journal: »Während wir durch die unterirdischen Stollen gingen, erregte eine höchst unübliche Beleuchtungsart meine Aufmerksamkeit. Tief im Berg gab es einen wundervollen See; um ihn zu erreichen, mussten wir einen Fußweg von einer halben Stunde durch die riesigen Höhlen, vorbei an einem Labyrinth finsterer Stollen, auf uns nehmen.«

Der belgische Capitan erzählt in seinem Reisebericht von mehreren über 30 Meter im Durchmesser umfassende Hallen mit hohen Decken im Untergrund des Tempels, die sich ausschließlich in der »Finsternis« befanden:

»An mehreren Stellen öffnete sich der Durchgang zu weiten Hallen, oftmals von einem Durchmesser von 80 oder 100 Fuß, deren Decke so hoch war, dass man sie in der düsteren Finsternis nicht sehen konnte. Nach dem Betreten des großen Tores am Höhleneingang begleitete uns das Tageslicht für etwa 30 bis 40 Yards, als wir jedoch um eine Biegung gingen, nahm ich einen Stollen in völliger Dunkelheit wahr.«

Victor D'Auvergne bekommt es dann allmählich mit der Angst und spricht den Mönch auf die Finsternis an. Der Mönch beruhigt ihn und demonstriert dann auf wundersame Art und Weise einen Holzhammer: »Ich machte meinen Begleiter gegenüber eine entsprechende Bemerkung, er sagte jedoch, dass es da Licht gäbe. Genau beim Stolleneingang hob der Che-sho etwas vom Boden auf, das aussah wie ein Metallgong von ungefähr neun Zoll Durchmesser, an dem ein Holzhammer befestigt war. Beim Metall, aus welchem der Gong hergestellt worden war, schien es sich um polierte Bronze zu handeln, durchzogen von einem höchst dekorativen, ornamentalen Geflecht aus feinem Silberfaden. Er hob den Holzhammer hoch und versetzte dem Gong einen Schlag.«

D'Auvergne will wissen, was denn der Mönch mit dem Hammerschlag bewirken wolle. Schließlich hat er es begriffen, wie er in seinem Bericht erklärt: »Das Resultat war gelinde gesagt aufsehenerregend, da langsam ein halbes Dutzend Lichter von einer eigentümlichen grünen Farbe entstanden, zuerst gedämpft, innerhalb einer Minute jedoch hatten sie an Helligkeit gewonnen und jedes Einzelne von ihnen konnte es mit der Kraft von 500 Kerzen aufnehmen.«

In der Finsternis in etwa 70 Meter Tiefe wurde durch Schallwellen ein Licht aus Bergkristallen erzeugt, die offensichtlich die Lichterzeugung als natürliche Eigenschaft besaßen. Capitan Victor D'Auvergne berichtet weiter: »Die Lichter befanden sich in einem Abstand von 20 Fuß an den Stollenwänden und hingen an einer Art Arm aus Holz ungefähr fünf Fuß über dem Boden. Zuerst dachte ich, dass der Gongschlag ein Signal an jemanden war, um das Licht anzumachen, aber wie Sie gleich hören werden, irrte ich mich.

Nachdem wir das letzte Licht hinter uns gelassen hatten, bogen wir nach einem anderen dunklen Stollen ab, ein erneuter Schlag mit dem Holzhammer auf den Gong, und es erschienen darauf noch mehr Lichtfunken, die allmählich so groß wie die anderen wurden, und so ging es während einer halben Stunde weiter, während der wir zahlreiche sich windende Stollen durchquerten, bis wir endlich in einen Raum eintauchten – eine riesige Höhle, deren Größe ich wegen der Dunkelheit, abgesehen von einem schwachen phosphoreszierenden Leuchten, nicht schätzen konnte.«

Nach dem Bericht des belgischen Capitan handelte es sich bei seinen Beobachtungen um Kristalle, die von den tibetischen Mönchen ausschließlich zum Zweck der Beleuchtung der unterirdischen Gewölbe angebracht waren, und mit Schallwellen angeschaltet wurden. Das erinnert erneut an Flavius Josephus sowie an Lukian und Jechiele, die alle über wundersame Leuchten berichten, die ebenfalls aus Kristall oder Edelsteinen bestanden. Doch Josephus nennt seinen leuchtenden Stein »Sardonyxe« beim Namen, der sogar während seiner Zeit von jedem erkannt worden sei. Auch die erwähnten »booya« produzierten nach den Berichten ein geheimnisvolles blaues Licht, das in einem gewissen Zusammenhang mit der tibetischen Technik gestanden haben könnte. D'Auvergne gelangt jedenfalls mit dem Mönch an einen unterirdischen See, wo sich ein Schwefelgeruch bemerkbar macht:

»Dem Geruch und der heiß gewordenen Atmosphäre nach mussten wir uns in der Nähe der Schwefelquellen befinden. Zwei heftigere Schläge mit dem Holzhammer auf den Gong, und 50 Lichtpunkte erschienen, die an Helligkeit und Intensität gewannen, bis die unermessliche Weite des gewaltigen Gewölbes in einem schimmernden Grün hell ausgeleuchtet war und den Blick auf einen kleinen, leicht ovalen See freigab, der ungefähr 100 mal 60 Fuß gemessen haben mag.«

Was für ein Geheimnis verbarg sich aber nun hinter diesem mysteriösen Leuchten und dem etwa 35 x 20 Meter großen See, der von einem Schwefelnebel umgeben wurde? Auch darauf gibt D'Auvergne eine Antwort:

»Mich einem dieser Lichter nähernd fand ich heraus, dass es sich nur um einen Brocken aus gewöhnlichem Bergkristall von ungefähr vier Zoll Durchmesser handelte, der an einer Art grauer Metallplatte von einer Dicke von ungefähr einem halben Inch und einem Durchmesser von einem Fuß angebracht war. Das Ganze hing an einer Schlaufe aus Bronzedraht am rechtwinkligen Arm eines hölzernen Ständers. Über und um die Platte zogen sich in feinen Linien ornamentale Zeichen aus goldenen Hieroglyphen, ähnlich der Buchstaben der Höhlen-Schriften.«

Die von Victor D'Auvergne beschriebene Technik erinnert an unsere heutige 12-Volt-Technik, bei der ein Trafo dafür sorgt, dass die 230-Volt-Spannung umgewandelt wird und über frei verlaufende Drähte direkt zu den Leuchtkörpern führt. Ebenso war es in den 1970er-Jahren modern geworden, Innenraumschalter von Wohnungen mit Schallwellen ein- oder auszuschalten. Dazu bediente man sich der einfachsten Form der Beschallung: das Aneinanderklatschen der Hände. Somit ist die Technik, über die der belgische Reisende berichtet, nicht ungewöhnlich, wohl aber die Zeitepoche, in der die tibetischen Mönche über eine derartige Technik bereits verfügt haben sollen. Ebenfalls ist es verwunderlich, dass es in Tibet Kristalle waren, die zum »Leuchten« gebracht wurden:

»Der Che-sho teilte mir bereitwillig mit, dass der Klang des Gongs die Metallplatte durchdrang, von welcher eine schwingende Kraft ausging, die sich derart auf die Kristallpartikel auswirkte, dass ihnen ein helles, strahlendes Leuchten eingeflößt wurde, welches sich entsprechend der Fülle des schwingenden Klanges allmählich bis zu einer gewissen Helligkeit vergrößerte.«

Victor D'Auvergne versucht selbstverständlich auch etwas über die Herkunft dieser Technik und Leuchtkörper in Erfahrung zu bringen: »Che-sho sagte, dass ihm nicht bekannt war, aus welchem Metall die Platte oder der Gong hergestellt wurden, da sein Kloster beides bereits vor Hunderten von Jahren erhalten habe.«

Die »Bagdad-Batterie«

Im Juni 1936 war man beim Bau einer neuen Eisenbahnstrecke in Khujut Rabuá, bei der irakischen Hauptstadt Bagdad, auf die Überreste einer parthischen Siedlung aus der Zeit um 250 v. Chr. gestoßen. Aus dieser Fundstätte wurde eine Fülle von Material geborgen, wobei sich unter den Fundstücken auch honigmelonenartig geformte Tongefäße befanden, die einen seltsamen Kupferzylinder enthielten. Der Zylinder war mit einigen Asphaltbrocken versiegelt, in seinem Innern fand sich ein rostiger Eisenstab. Der Kupferzylinder war mit dem Asphalt so ausgekleidet worden, dass man ihn mit Flüssigkeit hätte füllen können. Im Zentrum der Flüssigkeit stand dann, vom Kupfer elektrisch isoliert, der Eisenstab. Wozu aber diente dieser ungewöhnliche Tonkrug?

Auch wenn der britische Physiker Walter Winton (1884–1966) vom Wissenschaftsmuseum in London diesen Fund einer kritischen Untersuchung unterzog, wusste die Wissenschaft mit den seltsamen Krügen nichts Rechtes anzufangen. Schließlich veröffentlichte der österreichische Forscher Dr. Wilhelm König in seinem 1940 erschienen Buch »Im verlorenen Paradies – Neun Jahre Irak« eine sehr kühne These: »Der Krug könnte eine Batterie gewesen sein.«

Und in der Tat – es waren tatsächlich antike Batterien! Sie wurden in jüngerer Zeit bereits mehrmals nachgebaut. Man nahm dünnes Kupferblech und formte einen etwa zwölf Zentimeter hohen Zylinder mit zwei Zentimetern Durchmesser. Mit einer Blei-Zinn-Legierung wurde die nachgebaute Batterie schließlich verlötet. Die Wissenschaftler vermuteten, dass die Batterien der Parther zum Vergoldern von Edelmetallen verwendet wurden. Das ist in späteren Experimenten auch wirklich nachgewiesen worden. Im Jahre 1981 wurde im Beisein von Fachleuten mit Hilfe von Strom aus der nachgebauten Batterie innerhalb von nur drei Stunden eine kleine Silberfigur vergoldet. Da es jedoch in vielen Museen parthisches Gold gibt, war man an weiteren Tests und an der Überprüfung weiterer Goldfiguren nicht interessiert, denn man wollte keinen Wertverlust riskieren. Die Vermeidung eines Wertverlusts von Museumsbeständen wurde von Forschern des Hildesheimer Museums höher bewertet als die wissenschaftlich richtige Zuordnung der Fundstücke. Durch die »Bagdad-Batterie« aber wäre zumindest bewiesen, dass der elektrische Strom nicht von dem Italiener Luigi Galvani (1737–1798) bei Froschschenkelversuchen entdeckt wurde, sondern schon über 2000 Jahre früher.

Das Licht der Pharaonen

Im Hathortempel von Dendera existieren tatsächlich Darstellungen, die von meinen österreichischen Kollegen Peter Krassa und Reinhard Habeck als »Licht der Pharaonen« interpretiert werden. Ihre Untersuchungen haben ergeben, dass die unterirdischen zwölf »Krypten« des Tempels nicht, wie unsere moderne Wissenschaft annimmt, von den Ptolemäern angelegt worden sind, sondern aus dem Jahr 3233 v. Chr. stammen und somit über 5200 Jahre alt sind. Diese Jahresangabe bestätigt auch Professor Hermann Kees in seinem Buch »Der Götterglaube im Alten Ägypten«. Doch um was genau geht es dabei eigentlich?

Etwa 70 Kilometer nördlich des heutigen Luxor lag im sechsten oberägyptischen Gau, der von den Griechen »Tentyris« und von den Pharaonen »Iunet« genannt wurde, die Stadt Dendera. Obwohl diese Stadt seit dem Alten Reich bezeugt ist, datieren die Bauwerke, die aus ihr ein wichtiges Touristenziel machen, im Allgemeinen aus der ptolemäischen Zeit, sodass die Meinungen der Experten hinsichtlich des Alters dieses Ortes weit auseinander gehen: Zwischen 2700 und 5800 Jahren liegen die Schätzungen. Es ist ein wunderbares Monument, dem noch das alte Gefühl des Heiligen innezuwohnen scheint. Es ist nicht nur durch seine Anordnung und seinen perfekten Erhaltungszustand bemerkenswert, sondern auch durch seine Reliefs, seine Inschriften, seine in die Mauern und Fundamente eingefügten zwölf »Krypten« sowie den berühmten »Zodiak« und die interessanten Sternenkonstellationen, die die Decke einer Kapelle zierten. Napoleons Begleiter sprengten dieses Deckenrelief und brachten es vor etwa 200 Jahren in den Louvre in Paris. Auf der gleichen Decke war ein »per wer« (»großes Haus«) dargestellt, das dem Gott Osiris geweiht war und als sein Grab galt, da Dendera einer der Orte war, die ein Körperteil des Gottes besaßen.

Nach dem brutalen Schießpulver-Diebstahl durch Napoleon ereignete sich zwischen 1972 und 1973 ein zweites Dendera-Drama. Dieses Ereignis, das ganz offensichtlich nicht nur von den offiziellen Behörden, sondern auch von der Ägyptischen Altertumsverwaltung geduldet worden ist, besaß größte Ausmaße. Buchstäblich unter den Augen der Verantwortlichen plünderten angeblich unbekannte Täter mehrere der unterirdischen zwölf Kammern im Hathortempel und brachten somit unwiederbringliches Kulturgut außer Landes und konnten sich bei ihrem Raubzug auf die amtliche Unterstützung verlassen. Die Behörden unternahmen nämlich nichts, um der Täter habhaft zu werden. Und als man scheinbar doch den Ansatz von Aktivität aufbringen wollte, war alles längst zu spät! Unersetzliche Tempelreliefs waren bis auf Weiteres verschwunden.

Seitdem sind elf der zwölf »Krypten« in Dendera für Besucher verschlossen. Die im untersten Stockwerk liegenden Kammern hat schon vorher das Grundwasser stark beschädigt, und die höher gelegenen sind durch Menschenhand zu Schaden gekommen. Erstaunlich genug bei dem ganzen Raub ist die Tatsache, dass nach offiziellen Angaben 15 Relieffragmente entwendet wurden. Das ging gewiss nicht in einer »Nacht-und-Nebel-Aktion« sondern bedurfte einer längeren logistischen Planungsphase. Schließlich blieb 1976 selbst der Hinweis eines deutschen Ägyptologen ungehört, dem eines der Dendera-Reliefs zum Kauf angeboten worden ist. Warum wollte aber keiner der zuständigen Behörden diesen Hinweisen nachgehen?

Vielleicht deshalb, weil nur drei Jahre später ein Gerücht aufkam, dass bei diesem Kunstraub keine »richtigen« Diebe im Einsatz waren, sondern in Wahrheit im Auftrage der französischen und ägyptischen Regierungen gehandelt wurde und das Diebesgut, wie zur Zeit Napoleons, erneut in die Katakomben des Louvre gebracht worden sei. Peter Ehlebracht veröffentlichte in seinem im Jahre 1980 erschienen Buch »Haltet die Pyramiden fest« diverse Raubzüge innerhalb der Archäologie, die alle irgendwie einen fahlen Beigeschmack von »Vorsatz« haben. Über Dendera schreibt er: »Sehr, sehr viel Geld und die Regierungen von Frankreich und Ägypten waren die eigentlichen Drahtzieher im Tempel von Dendera, sodass alleine sie für diesen Raubzug zur Rechenschaft zu ziehen sind.«

Was war an diesen Reliefs aus den »Krypten« aber so geheimnisvoll?

Den Namen »Krypta« gibt man in der Grabarchitektur dem tiefer gelegenen Teil der Sargkammer, zu dem man in den Gräbern der Pharaonen gewöhnlich über einige Stufen gelangt. Der Hathortempel von Dendera verfügt über drei Etagen, auf denen sich die zwölf »Krypten« befinden, die nach dem »Lexikon des alten Ägypten« von Dr. Guy Rachet wie folgt definiert sind:

»Es handelt sich hierbei um verborgene Kammern in den Fundamenten unter den dicken Außenmauern, wo manchmal mehrere Etagen von Gängen angelegt wurden, die vielleicht nur der Entlastung des Mauerwerks gedient haben. Der Eingang der Krypten war nicht durch eine Tür angezeigt. Man betrat sie durch eine drehbare Platte, die sich nicht vom restlichen Mauerwerk unterschied, oder auch durch eine Platte, die in Führungsrinnen glitt. Einige dieser geheimen Kammern lagen unter Räumen. Einige von ihnen sind mit Reliefs dekoriert, die uns über ihren Zweck aufklären: Hier schloss man die heiligen Götterembleme ein, das wertvolle Mobiliar und die Tempelschätze. Die bemerkenswertesten Krypten sind die des Tempels von Dendera.«

Halten wir also fest: Wir haben es hier ganz offensichtlich mit einer Geheimkammer zu tun, deren Inhalte nur eingeweihten Personen bekannt waren. In einer nur 1,12 Meter hohen und 4,60 Meter langen, stickigen, unbeleuchteten »Krypta« im Denderatempel ist eine rätselhafte Szene mit Priestern und deren Helfern zu sehen, die mit umsponnenen Kabeln verbundene Gegenstände tragen und eine Art »Lichtkult« praktizieren. Dabei werden modern anmutende »Lampen« verehrt, die einer Glühbirne auf verblüffende Weise ähneln. Anfangs hatten die Ägyptologen wenig Interesse daran, diese geheimnisvollen Darstellungen an den Tempelwänden zu interpretieren. Das lag insbesondere daran, dass die in der »Krypta« verwendeten Hieroglyphenzeichen nicht den herkömmlichen Schriftzeichen der Pharaonen entsprechen, sondern eine Art »Geheimschrift« darstellen. Das bedeutet, dass nicht nur die abgebildeten Gegenstände einmalig sind, sondern auch die hier verwendete Schrift.

Der Ägyptologe Dr. Wolfgang Waitkus wagte sich 1991 trotz der damit verbundenen Schwierigkeiten an die Übersetzung dieser Geheimschrift und bestätigte zumindest, dass es darin um antike »Leuchten« der Pharaonen gehen könnte: »Die mysteriösen Zeremonie-Gegenstände mit den Schlangen in Dendera könnten durchaus Leuchten gewesen sein. Das mit der Elektrizität ist jedoch Humbug.«

Was der Ägyptologe damit meint, richtet sich gegen einen Rekonstruktionsversuch des Ingenieurs Walter Garn, der nach der Herstellung seines funktionstüchtigen Modells sagte: »Sie funktionierten mit elektrischen Entladungen, die Gase zum Leuchten brachten.«

Die Entgegnung Dr. Waitkus' fällt eher nüchtern aus: »Auch wenn die Texte in mehreren Passagen von einer Blume berichten, aus der das Licht hervorgegangen sein soll, sind die Objekte doch durchweg ägyptologisch zu erklären.«

Nach den Übersetzungen des Ägyptologen bestanden die aus den Leuchten austretenden Kabel aus Kupfer, und die blumenartigen Fassungen waren aus Gold.

Blitzableiter an ägyptischen Tempeln

Bereits Anfang des 19. Jahrhunderts, als man, nach den Versuchen der Griechen und Römer in der Antike, in Europa und Amerika erneut anfing, mit der Elektrizität zu experimentieren, gelang es dem deutschen Forscher und Entdecker der ultravioletten Strahlen, Johann Wilhelm Ritter (1776–1810), im Jahre 1802, sich die »Volta-Säule« patentieren zu lassen. Das wurde nur möglich, weil die Generation um Ritter ganz genau über die positive Eigenschaft des Kupfers als Elektroleiter Bescheid wusste. Woher wussten es aber die Pharaonen?

Auch wenn wir heute davon ausgehen, dass der amerikanische Politiker und Schriftsteller Benjamin Franklin (1706–1790) derjenige war, der den Blitzableiter erfand, den er im Jahre 1752 im US-Bundesstaat Philadelphia auf dem Dach seines Hauses montierte, so müssen wir bei genauer Betrachtung feststellen, dass diese Meinung ebenfalls ein Irrtum ist. Bereits um 1500 v. Chr. pflegten die Pharaonen ihre Tempelbauten so anzulegen, dass der Eingang durch ein großes Tor (Pylon) dargestellt wurde, das wiederum von zwei hohen, festungsartigen Türmen flankiert war. Jeder dieser Türme, die die Pharaonen »bechenet« nannten, war mit zwei von oben bis unten durchgehenden Rinnen versehen, die zur Aufnahme von »Mastbäumen« dienten. Solche Masten waren beträchtlich in ihrer Höhe: Am Horustempel von Edfu ragten sie etwa 30 Meter hoch in die Lüfte. Man fand dort auch eine Inschrift aus der Ptolemäerzeit, die Aufschluss über den

Sinn und Zweck dieser »Mastbäume« gibt: »Das ist der hohe Pylonenbau des Gottes von Edfu, am Hauptsitz des leuchtenden Horus; Mastbäume befinden sich paarweise hier, um das Ungewitter in der Himmelshöhe zu zerschneiden.«

Anscheinend waren die Pharaonen mit den Naturgesetzen der Elektrizität mehr als »auf Draht« gewesen: Metall im Allgemeinen, so wussten sie, ist ein guter Leiter, und Kupfer im Speziellen ein noch besserer. Die Tempelinschriften von Edfu berichten weiter: »Die Mastbäume sind, um ihren Zweck besser zu erfüllen, mit dem Kupfer des Landes beschlagen.«

Weshalb bisher nur wenige Ägyptologen ein Interesse daran hatten, diese Tempelinschriften in Bezug auf den tatsächlichen technischen Kenntnisstand der Pharaonen zu überprüfen, um sie entsprechend zu interpretieren, bleibt deren Geheimnis. Diese Verweigerungshaltung aber hat dazu geführt, dass die frühen Kenntnisse, die unsere Ahnen von Elektrizität bereits hatten, in der Öffentlichkeit weitgehend unbekannt geblieben sind.

6. Ballons, Flugzeuge und Satelliten

Am 23. November 1975 stiegen der Amerikaner Jim Woodman von der »Explorers Society« und der englische Ballonexperte Julian Nott in ihrem nach Vorlagen aus Überlieferungen südamerikanischer Indianer rekonstruierten Ballon »Condor I« zu einer Höhe von etwa 115 Metern auf, um hinter das Geheimnis der Scharrbilder von Nazca aus der Zeit um 300 v. Chr. zu kommen, die nur aus der Luft und aus großer Höhe sichtbar werden.

Woodman und Nott gaben nach ihrem Experiment schließlich folgenden Kommentar ab:

»Zum Fliegen füllten wir unseren Ballon mit Rauch, der aus extrem trockenem Holz produziert wurde, und verwendeten dazu einen Stoff, der nach alten Vorbildern gewebt war. Unser Experiment konnte zwar nicht den Beweis erbringen, dass das Volk der Nazca Kenntnis vom Fliegen hatte, wohl aber hat es gezeigt, dass die technischen Voraussetzungen dafür vorhanden gewesen waren.«

Wie war das aber nun wirklich mit dem Fliegen in der Antike?

Frühe Experimente mit Flugdrachen

Einer der größten Träume der Menschheit war es schon immer, wie die Vögel durch die Lüfte zu schweben. Auch das Universalgenie Leonardo da Vinci (1452–1519) dachte sich schon sehr früh, dass alles, was in die Lüfte steigt, irgendwann wieder herunterkommen muss, und skizzierte deshalb schon im Jahre 1485 ein pyramidenförmiges Modell gegen das Abbremsen der Fallbeschleunigung und wird deshalb seit dem für den Erfinder des Fallschirms gehalten. Doch ein unbekannter Schüler des italienischen Philosophen Marsilio Ficino (1433–1499), der an der Akademie der »Cosimo de'Medici« studierte, hatte bereits fünf Jahre vor da Vinci einen wesentlich ausgeklügelteren Fallschirm skizziert. Daher sollte es uns nicht überraschen, dass sich der Mensch schon sehr früh mit dem Fliegen und mit Fallschirmen beschäftigt hat.

Schon der legendäre chinesische Kaiser Shun soll einst mit mehreren aneinander gebundenen Strohkörben von einem brennenden Turm gesprungen und so dem drohenden Inferno entkommen sein. Auch ein wagemutiger Räuber in China, der im Jahre 1180 von der großen arabischen Moschee in Kanton den goldenen Hahn vom Minarett stahl, soll, nachdem man ihn mit seiner Beute oben auf dem Minarett stellte, nur deshalb entkommen sein, weil er sich an zwei stiellosen Schirmen fest hielt und herunter sprang.

Aus Quellen der Japaner wissen wir schließlich, dass sie in ihren Kriegen Flugdrachen einsetzten. Und zwar vor allem bei Belagerungen, um die eigenen Leute in eine belagerte Stadt zu transportieren oder wieder herauszuholen. Die berühmteste japanische Drachenfluggeschichte, erzählt von dem Samurai Minamoto no Tametamo, stammt aus dem 12. Jahrhundert: Nachdem der heldenhafte Krieger mit seinem Sohn auf eine Insel vor der japanischen Küste verbannt worden war, baute er einen Drachen, band seinen Sohn mit einem Gurt daran fest und steuerte diesen sicher auf das Festland zurück.

Der italienische Kaufmann Marco Polo (1254–1324), der im 13. Jahrhundert China bereiste, berichtet, dass man in China Drachen sogar als praktisches Omen bei der Schifffahrt einsetzte:

»Bevor ein Schiff ausläuft, wird geprüft, ob die Sterne günstig stehen oder nicht. Die Mannschaft flicht aus biegsamen Ruten ein rechteckiges Gerüst und knüpft an jede Ecke und jede Seite ein Band, sodass es insgesamt acht Bänder gibt, die alle mit dem freien Ende an ein Seil geknotet werden. Irgendein Dummkopf oder Betrunkener wird an das Gestell gebunden, denn ein vernünftiger Mensch würde sich niemals einer solchen Gefahr aussetzen. Sie warten auf eine starke Bö, heben das Gestell dagegen, bis es emporgehoben und in den Himmel hinaufgetragen wird, und halten es an dem Seil fest. Wenn das Gestell vom Wind auf die Seite gelegt wird, ziehen sie am Seil, damit es sich wieder aufrichtet. Dann lassen sie das Seil locker, damit das Gestell noch weiter in die Höhe steigt. Es wird also gerade so viel am Seil gezogen, dass es sich nicht zur Seite neigt und doch nach oben steigt, bis nur noch ein kleiner Punkt am Himmel zu sehen ist. Wenn das Gestell geradewegs in den Himmel steigt, dann heißt es, dass die Geschicke des Schiffes unter einem günstigen Stern stehen, und alle Kaufleute herbeieilen, um mit diesem Schiff zu reisen. Wenn das Gestell nicht nach oben steigt, dann wird das Schiff von den Kaufleuten gemieden. Niemand will damit reisen, und es bleibt ein Jahr lang im Hafen liegen.«

Bis in die kriegerischen Zeiten während der Chi'-Dynastie Nordchinas (550–577 n. Chr.) geht die Erfindung eines Flugdrachens zurück, der schon damals das Gewicht eines Menschen tragen konnte. Der erste Kaiser Kao Yang experimentierte zu dieser Zeit mit zum Tode verurteilten Gefangenen, denen er an Rücken und Arme Bambusmatten als Flügel anknüpfen ließ, um sie dann von einem 30 Meter hohen Turm niederzustoßen. Diesen Umgang bezeichnete der Kaiser als »Freilassung der Gefangenen«. Doch alle 721 Mitglieder der vorherigen Dynastie, die auf diese Weise »befreit« wurden, kamen bei der Aktion ums Leben.

Nichtsdestotrotz mussten vom Jahre 559 n. Chr. an alle Verurteilten als Testpiloten für neue Drachen dienen, die zur Personenbeförderung verwendet und vom Boden aus gesteuert wurden. Einer der Verurteilten war der Prinz Yüan Huang-t'ou, der es immerhin schaffte, sich über eine Strecke von drei Kilometern in der Luft zu halten. Kaiser Kao Yang belohnte diese frühe Höchstleistung aber nicht mit der Freilassung des Prinzen, sondern er ließ den erfolgreichen Flieger einfach verhungern.

Man kann davon ausgehen, dass der Flugdrachen in China mindestens schon um 300 v. Chr. ein allgemein verbreiteter und gewohnter Anblick am Himmel war. Zu dieser Zeit berichtete der chinesische Philosoph Mo Ti, dass ihn der Bau eines Drachens drei Jahre seines Lebens gekostet habe. In den Überlieferungen werden sie zwar häufig als Kinderspielzeug erwähnt, aber nicht selten wurden große Flugdrachen auch militärisch genutzt, entweder um Flugblätter über den feindlichen Linien abzuwerfen oder als bewegliche »Aussichtsplattform« für Beobachter, die den Feind aus der Ferne auskundschaften sollten.

Es waren ebenfalls Chinesen, die vor mehr als 2000 Jahren aus ausgeblasenen Hühnereiern Miniatur-Heißluftballons fertigten. Kinder steckten getrocknete Pflanzenstiele in die Schalenhülle, entzündeten sie, um die Luft im Inneren zu erhitzen, und ließen sie dann davonfliegen. Um 1200 übernahmen schließlich die Mongolen von ihren neuen chinesischen Untertanen die Technik des Ballonbaus. In einem europäischen Bericht aus dem Jahre 1241 ist über die Schlacht von Liegnitz zu lesen, dass deutsche und polnische Ritter gegen die mongolischen Eindringlinge zu Felde zogen, und wie die Mongolen bei dieser militärischen Auseinandersetzung bemannte Ballons einsetzten. Dabei versetzten sie ihre europäischen Gegner mit Windhosen, die wie Drachen aussahen und aus dem Maul Feuer und Rauch spien, in Angst und Schrecken.

Fliegende Wagen aus dem Land der Einarmigen

Bei den Chinesen existierten aber auch noch andere künstlich erbaute Flugapparate, die schwerer als Luft waren. Otto Franke (1863–1946) vom Kolonial-Institut Hamburg übersetzte gegen Ende des 19. Jahrhunderts als erster moderner Wissenschaftler das chinesische Werk »Ku yü'tu« aus dem Jahre 1341. Aus dem Kapitel 47 (»Schu Tsch'êng lu«) hat er bezüglich alter Flugapparate Erstaunliches zu berichten: »Vor Alters, zur Zeit des Kaisers Tsch'êng von der Tschou-Dynastie (1115–1077 v. Chr.) schickte das Land der Einarmigen Gesandte mit Tributgeschenken. Sie saßen auf einem Wagen aus Federn, der vom Wind getrieben wurde.«

Bereits im Jahre 1910 berichtet auch der britische Diplomat Herbert Allen Giles (1845–1935) in seinem Buch »An Introduction to the History of Chinese Pictorial Art« von alten chinesischen Überlieferungen, nach denen vor mehr als 3700 Jahren das Volk des Ts'Chi-Kung mit einem fliegenden Wagen China besuchte. Auch das im dritten Jahrhundert n. Chr. verfasste Werk »Po-wü-tschi« bestätigt die Kenntnis von Flugapparaten weit vor den Erfindungen Otto Lilienthals (1848–1896) und der Gebrüder Wright.

Einen Hinweis über die Heimat der Ts'Chi-Kung kann uns das altchinesische Werk »Shan hai king« (»Gebirge und Meere«) geben, worin das Volk der Ts'Chi-Kung als »Einarmige« geschildert wird. Eine derartige Beschreibung lässt zunächst an mythische Fabelwesen denken. Doch eigenartigerweise treffen wir an einer anderen Stelle der Erde ebenfalls auf diesen Stamm der »Einarmigen«. In der Sagenwelt der Dolomiten gibt es eine Legende von dem Königreich der »Fánes«, das einst hoch in den Gebirgsregionen lag. Als dessen König bei einem Krieg mit Nachbarvölkern in Bedrängnis geriet, kamen seine Verbündeten, die »Einarmigen«, aus der Luft zu Hilfe.

Der Archäologe Georg Innerebner fand schließlich 1953 auf der Fánes-Alpe in einer Höhe von 2600 Metern eine Wallanlage, die vermutlich in der Spätbronzezeit um 1700 v. Chr. errichtet wurde. Damit erhält die Sage über das Volk der »Fánes« ein geschichtliches Fundament. Das ist aber noch nicht alles! In dem Alpental von Valcamonica, das etwa 150 Kilometer südwestlich der Fánes-Alpe liegt, fand man in den 1930er-Jahren über 300 000 Ritzzeichnungen, die mit Handlungen aus allen Lebenslagen gespickt waren. Der italienische Professor Emmanuel Anati erforschte diese Bilddarstellungen nochmals 1960 systematisch und erfasste die Bilder der Vorzeit. Unter den Bildern befinden sich Tiere, Menschen, Schlachtszenen und eigentümliche Schriftzeichen, die noch immer nicht entziffert werden konnten. Interessanterweise sind in den Kriegsdarstellungen einige der Krieger »einarmig« dargestellt worden. Danach kamen die Einarmigen von einer Insel, die sich im Südwesten der Alpen befand. Auch was die Fähigkeit des Fliegens angeht, wissen wir heute, dass die meisten Sagen der Alpenraumgebiete von einem vorzeitlichen »fliegenden« Volksstamm berichten.

Der Physiker Hans Breuer berichtet in seinem 1980 erschienenen Buch »Kolumbus war Chinese« über folgende Legende, die ganz offensichtlich mit den »Fánes« aus der Alpenregion im Zusammenhang steht:

»Die Chi-Kung sind ein kunstreiches Volk. Sie kennen viele Dinge, die anderen Völkern verborgen bleiben. Auf großen Wagen reisen sie mit Windeseile durch die Lüfte. Als der Kaiser Tang die Welt regierte, trug ein westlicher Wind die fliegenden Wagen bis nach Yüchow, wo sie landeten. Tang ließ die Wagen auseinander nehmen und verbergen. Zu leicht glaubte das Volk an übernatürliche Dinge, der Kaiser aber wollte seine Untertanen nicht in Unruhe versetzen. Die Besucher blieben hier zehn Jahre, dann bauten sie ihre Wagen wieder zusammen, luden die Ehrengeschenke des Kaisers ein und flogen auf einem starken östlichen Wind davon. Sie erreichten wohlbehalten das Land der Chi-Kung, 40 000 Li jenseits des Jadetores. Mehr ist über sie nicht bekannt.«

Ganz offensichtlich handelt es bei der Ortschaft Yüchow um das heutige Honan, und bei den Chi-Kung um jene Ts'Chi-Kung, über die wir bereits als »Einarmige« einiges gehört haben. Auch die Erwähnung des chinesischen Längenmaßes Li bestätigt diese Annahme. Denn ein Li entspricht einer Angabe von 414 oder 644 Metern und wird im Allgemeinen von den Experten ohne weitere Erklärung durchschnittlich mit 0,5 Kilometern gleichgesetzt. Tatsächlich existiert aber ein Hinweis, woraus sich das Längenmaß Li genauer bestimmen lässt: Die chinesische Mauer, die sich vom Golf von Liaotung bis Kansu erstreckt, wird »Mauer von 10 000 Li« (»wan li chang cheng«) genannt.

Ursprünglich wurde in der Stadt Chu um 656 v. Chr. ein Schutzwall von geringer Größe errichtet, der nach einigen Jahrhunderten wieder abgerissen worden ist. Erst Kaiser Qin Shi-Hungdi (221–207 v. Chr.) verband dann einzelne Schutzwälle zu einer Großen Mauer, die während der Han-Dynastie (206 v. Chr.–220 n. Chr.) durch ein »System von Mauern« eine beträchtliche Größe erreichte. Allerdings sind heute nur ein paar Kilometer restauriert, wo weite Strecken halb verfallen und andere vollkommen verschwunden sind. Schließlich fanden chinesische Archäologen vor einigen Jahren in der Wüste Lop-Nur weitere Teile der Großen Mauer, sodass man die Gesamtlänge dieses Bauwerks auf 7000 Kilometer schätzt. Wenn wir den Namen »Mauer von 10 000 Li« auf diese Länge beziehen, könnte ein Li bis zu 700 Metern entsprochen haben. Die Bezeichnung entstand aber, bevor die chinesische Mauer während der Ming-Dynastie (1368–1644) noch einmal erweitert wurde, und zu der Zeit betrug ihre Länge lediglich 2500 Kilometer, wonach der ursprüngliche Li nur mit 250 Metern zu veranschlagen wäre. Sollte dieser Hinweis aus den Überlieferungen richtig sein, wäre die Heimat der »Einarmigen« nicht in einer Entfernung von etwa 28 000, sondern in einer von höchstens 10 000 Kilometern zu suchen.

Etwa 9000 Kilometer westlich der chinesischen Provinz Yüchow beginnt die Mittelmeerregion, wo sich einige Hochkulturen wie die Minoer auf Kreta oder die Pharaonen in Nordafrika herausgebildet haben. Interessanterweise befindet sich die Insel Kreta, wie die Provinz Yüchow, auf dem 35. Breitengrad. Etwa 1000 Kilometer weiter westlich liegt die Region »Fánes« in den Alpen.

Sollte das nur ein Zufall sein; sollten wirklich keinerlei Zusammenhänge zwischen den historischen Berichten und den geographischen Gegebenheiten bestehen?

Den chinesischen Überlieferungen zufolge ist es auch vorgekommen, dass diesen mysteriösen Besuchern die Flugwagen von den jeweiligen Herrschern einfach weggenommen worden sind:

»So kamen sie herangeflogen zum Hofe Tschou. Der Herzog von Tschou fürchtete, dass das seltsame Kunstwerk die Bevölkerung aufregen könnte, und ließ daher den Wagen zerstören. Da die Gesandten infolgedessen nicht mehr in ihre Heimat zurückkehren konnten, ließ der Herrscher von Tschou einen nach Süd zeigenden Wagen herstellen.«

Was das für selbstfahrende Wagen waren, wissen wir leider heute ebenso wenig, wie wir das Aussehen der unbekannten Flugwagen kennen: Tatsächlich kam aber der Magnetkompass in China bereits im 4. Jahrhundert v. Chr. zum Einsatz, bevor die Europäer den Kompass im Jahre 1190, also etwa 1500 Jahre nach seiner Erfindung, in Europa ebenfalls einführten. Die früheste Form des Kompasses war der »Sinan« (»magnetischer Schöpflöffel«), der auf eine polierte Steinplatte gelegt wurde, um sich nach den vier Himmelsrichtungen auszurichten, und der nach Ansicht von Archäologen ebenfalls von den Chinesen erfunden wurde. Es waren jene kunstfertigen Jade-Handwerker, die den Magneteisenstein mit größter Sorgfalt bearbeiteten, damit das Gestein während seiner Bearbeitung nichts von seinen magnetischen Kräften einbüßen konnte. Dabei existieren aber auch im Land der Pharaonen seit 2800 v. Chr. so genannte »Nabelsteine«, die ebenfalls magnetisch sind und vermutlich das Vorbild für den chinesischen »Sinan« waren. Ohne die fehlende Metalleinlage in Löffelform war es den Ägyptologen bislang jedoch nicht möglich geworden, den Sinn und Zweck von »Nabelsteinen« richtig zu deuten: Es waren die ältesten Kompasse der Pharaonen, womit sich die vier Himmelsrichtungen bestimmen ließen. Doch hatten die Pharaonen tatsächlich bereits eine kulturelle Verbindung nach China?

Ende August 2002 ging eine interessante Meldung durch die Presselandschaft, wonach am Berg Baigong in der chinesischen Provinz Qinghai Metallröhren unbekannter Art und unbekannten Alters entdeckt worden seien, die man »Außerirdischen unbekannter Herkunft« zuordnete. Tatsächlich handelte es sich um Röhren, die einen Durchmesser von zwischen zwei und vierzig Zentimetern aufwiesen. Im Gegensatz zu einigen Amateurforschern, die außer einer Verbindung zu Außerirdischen auch eine Verbindung zum Land der Pharaonen vor 5000 Jahren herzustellen versucht haben, vertritt der Geologieprofessor Zeng Jiandong die Ansicht, dass es sich bei den Röhren um natürliche Formationen handele, die von Vulkanausbrüchen hinterlassen worden sein können. In ihnen hätten sich zuvor möglicherweise Pflanzenstängel befunden, die verbrannten und danach die Röhren hinterließen. Der Professor gibt allerdings zu, dass die Ost-West-Ausrichtung der Röhren und noch weitere Aspekte seiner Annahme entgegenstehen. Überdies bestehen die Röhren zu 30 Prozent aus Eisenoxyd, und seit September 2004 ist die Gegend zum Sperrgebiet erklärt worden. Will man dort möglicherweise etwas verheimlichen?

In den 1960er-Jahren war der chinesische Professor Chi Pen-lao aus Peking mit zwei Assistenten auf der Insel Jotuo im Dongting-See, um die Ruinen von drei Rundpyramiden gründlich zu untersuchen. Die Pyramiden waren nach einem Seebeben im Jahre 1959 zum Vorschein gekommen und in sich eingestürzt. Dennoch ließen sich ihre ungewöhnlichen Ausmaße noch rekonstruieren. Demnach müssen die Bauwerke einst eine Höhe von 250 Metern (1 Li) besessen haben und nach Ansicht des Wissenschaftlerteams vor etwa 45 000 Jahren erbaut worden sein. Bei weiteren Untersuchungen in den Pyramidenruinen entdeckten die Forscher röhrenartige verschüttete Gänge. Nach der Freilegung einiger Abschnitte fiel auf, dass die Wände extrem glatt und mit sorgfältig eingravierten Felszeichnungen versehen waren. Auf den Wänden waren eindeutig Jagdszenen dargestellt, wobei die Jäger überraschenderweise in flügellosen »Schalen« saßen, aus denen sie mit Waffen, die einem »Arm« ähnelten, auf flüchtende Rentiere zielten. Das könnte die erste Darstellung jener mysteriösen »Einarmigen« sein, die vor einigen tausend Jahren zwischen Europa und China umherflogen. Die Ritzzeichnungen an den Gängen der Rundpyramiden waren so fein ausgeführt worden, dass sogar die Kleidung der Jäger erkennbar war. Was hat all das zu bedeuten?

Berichte über fliegende Himmelsschalen

Vor etwa 13 000 Jahren existierte im Land der Pharaonen die »Gottheit der Lüfte«, die »Schow« genannt wurde. Diese stand mit dem Westhorizont in Zusammenhang, von dem sie immer herniederstieg. »Schow« war in den Überlieferungen der Pharaonen nicht nur der Sohn, sondern auch der »Verwalter« des göttlichen Auges des Ra, der zum Teil »alles sehende« und »vernichtende« Eigenschaften besaß. In der jüngeren Epoche des alten Ägypten wurde aus dieser legendären Gottheit das Symbol der »Uräus-Schlange«, das als unverstandene Darstellung in das Königtum der Pharaonen einging. So wurde die Schlange auch an die »Chepresch-Krone« gesetzt, was ebenfalls das ursprüngliche Auge des Ra symbolisierte. Dennoch wollen einige Ägyptologen wie zum Beispiel Hermann Schreiber das am Haupt getragene Emblem, das eigentlich ganz eng mit der frühen Kenntnis von antiken Flugobjekten in Verbindung steht, auf die bei altbabylonischen Stämmen getragene »Stirnlocke« zurückführen. – Warum ignoriert die offizielle Lehrmeinung vorhandene grundlegende Erkenntnisse?

Schon der römische Schriftgelehrte Aulus Gellius berichtete um 150 n. Chr. in seinem Werk von den »Attischen Nächten« über einen antiken Flugapparat, der sich im antiken Athen im Tempel der Minerva befunden haben soll: »Was nun aber endlich ein Kunstwerk anbetrifft, welches nach seiner Angabe der Pythagoräer Archytas ersonnen und zur Ausführung gebracht hat, so muss uns dasselbe, wenn nicht weniger wunderbar, so doch ganz gewiss eben so wenig ungereimt erscheinen. Denn nicht nur viele angesehene Griechen, sondern auch der Philosoph Favorinus, der eifrige Forscher in alten, geschichtlichen Denkmälern, sie alle berichten unter Beteuerung der Wahrheit von der Nachbildung einer Taube, durch Archytas nach einem gewissen System und durch mechanische Kunst aus Holz hergestellt, die sich in die Luft geschwungen.«

Der Römer nennt mindestens zwei Zeugen, die dieses mechanische Gerät, mit dem keine Personen transportiert werden konnten, ebenfalls gesehen haben, und beschreibt, auf welche Art es funktionierte: »Dieses Kunstwerk wurde durch Schwungkräfte in die Höhe getrieben und durch eine verborgene und eingeschlossene Strömung von Luft in Bewegung gesetzt. Es scheint mir in der Tat zweckmäßig, hier gleich Favorinus' eigene Worte über das unglaubliche Kunstwerk herzusetzen: ›Archytas von Tarent war überdies auch ein Mechaniker und verfertigte eine hölzerne, fliegende Taube, die sich jedoch, wenn sie sich niedergelassen, nicht wieder erhob.‹«

Es gab im Vorderen Orient auch Überlieferungen von Flugapparaten, mit denen durchaus Personen transportiert wurden. Beispielsweise erfahren wir aus den Keilschrifttexten, dass weise Menschen, die zum Teil auch mit Göttern identifiziert wurden, in den Himmel stiegen, als die Erde von der Sintflut beziehungsweise einem Riesentsunami erfasst worden war.

Die Beinamen dieser göttlichen Gestalten, die nach der großen Weltkatastrophe wieder erschienen, lauteten unter anderem »die Vogelmenschen«, die in den heute noch erhaltenen Tempelreliefs als menschliche Körper mit »Adlerkopf« dargestellt werden. Hierbei könnte der Adler die Fähigkeit dieser Gestalten symbolisieren, zu fliegen, und gleichzeitig ihre »himmlische Herkunft« darstellen. In den Hieroglyphen der Pharaonen existieren verschiedene Silben und Zeichen (»echi«, »epi«, »kem«, »pa«), welche die Bedeutung »fliegen« besitzen, und durch die Umrisse eines Flügels oder Vogels gekennzeichnet sind. Das Wort »kema«, für einen »geworfenen Stab« oder »Bumerang«, den vermutlich erst die Pharaonen nach Australien brachten, ist in Wirklichkeit nach seinen aerodynamischen Eigenschaften ein geknickter Flügel, der es erst möglich macht, dass das Wurfgerät zu seinem Ausgangspunkt zurückkehrt.

Das einzige heute noch erhaltene Modell eines Segelflugzeuges der Pharaonen befindet sich im Ägyptischen Museum von Kairo. Es stammt aus dem 3. Jahrhundert v. Chr. und wurde am 12. Mai 1898 von französischen Archäologen in Sakkara entdeckt. Dieses Flugzeugmodell trägt die Inschrift »padi-imen«, was in etwa »Geschenk der Weisen« bedeutet.

Bereits das Hindu-Buch »Samarângan-Asutrad-Hâra« enthält in Kapitel 4 einen Hinweis über einen hölzernen Motorsegler, der mit einem Heißluftballon kombiniert werden konnte. Nach den Überlieferungen wurden diese Flugapparate anhand noch älterer Schriften gebaut. Der Hauptkörper der Flugmaschine, von dem in Kapitel 31, Vers 95–100 ausführlich die Rede ist, sah einem riesigen Vogel ähnlich und bestand aus Holz, wobei die einzelnen Teile mit einer Art Zement, den die Hindu »voyvalepa« nannten, verleimt waren. Im Inneren befanden sich vier Tanks aus Metall, die man als »kumba« bezeichnete, die mit einer unserem Quecksilber ähnelnden Flüssigkeit gefüllt waren und als Treibstoff dienten. Im Hindu-Buch »Bhagavata-Purna 10«, Kapitel 76, Vers 7–8 ist zu lesen:

»Ein Apparat, der sich fortbewegen kann, aus eigener Kraft wie ein Vogel auf der Erde, im Wasser oder in der Luft, wird ›vimana‹ genannt, der durch den Himmel reisen kann: Von Ort zu Ort, Land zu Land oder Welt zu Welt, wird ›vimana‹ genannt von den Priestern der Wissenschaft [...] Seine Form ist, nach den Regeln, die eines großen Vogels und er besteht aus einem sehr leichten Holz ...Vier Quecksilberbehälter müssen hier, nach den Regeln, jeweils an den vier Ecken eingebaut werden. Durch ›kontrolliertes Feuer‹ aus eisernen Gefäßen, entwickelt das ›vimana‹, die ›Kraft des Donners‹, und wird plötzlich zu einer Perle am Himmel.«

Tatsächlich existiert auch im Alten Testament ein entscheidender Hinweis auf die Fähigkeit des künstlichen Fliegens, der allerdings wegen eines bisherigen Übersetzungsfehlers nicht weiter beachtet wurde. Das hebräische Wort »néchera« der Bibel, das in der lateinischen Ausgabe des Alten Testaments mit »Adler« übersetzt wurde, leitet sich eigentlich von »brausendes Geräusch« oder »Blitz« ab und wird deshalb lautmalend mit dem Sturzflug eines Adlers gleichgesetzt. Doch die Hebräer wussten ganz genau, wann sie von einem Fischadler oder einem Falken sprachen: den Fischadler nannten sie »peress« und einen Falken einfach »nez«. Das Wort »néchera« hingegen ist nicht einmal ein hebräisches Wort, sondern leitet sich von »nechenj« (»Horus«) und »nechan« (»Nechbet«) der Pharaonen, den Schutzgöttern in Form des »Falken« und des »Geiers« von Oberägypten, ab. In diesem Zusammenhang ist interessant, dass die Gottheit Horus von alters her mit der »geflügelten Sonnenscheibe« sowie, gemeinsam mit der Geiergöttin, mit dem schmelzofenartigen Schrein in Hieranokopolis (»Nechen«) in Verbindung gebracht wurde, von wo aus sie in den Himmel auf- und wo sie wieder hinabsteigen konnte.

Über die Ankunft von Thot, dem Gott der Schreibkunst, ist in den Tempelinschriften von Edfu zu lesen: »Deine Stätte ist seit der Urzeit auf dem Hügel von Wenu; du bist an Land gestiegen aus dem Meer der Messer, und bist erschienen in dem Wasser aus dem geheimen Ei.«

Selbst dem Götteroberhaupt Ra wird von dem Pharaonen der Besitz einer Himmelsschale nachgesagt, die ebenfalls einem Ei ähnelte. Im Ägyptischen Totenbuch (§ 17,209) ist zu lesen: »Ra, der in seinem Ei ist; Ra, der auf seiner Himmelsschale schwimmt.«

Der ägyptische Priester Pet-Osiris, der für den Verbleib der Überreste dieser fliegenden Himmelsschalen die altägyptische Stadt Hermopolis angibt, berichtet, dass »die beiden Hälften des Eies« noch bis in seine Tage aufbewahrt wurden. Natürlich hat bis jetzt kein Ägyptologe wirklich den ernsthaften Versuch unternommen, nach diesen Überresten zu suchen. Doch andere Archäologen waren erfolgreich, die der griechischen Mythologie vertrauten und diesen märchenhaft klingenden Berichten folgten, um zum Beispiel das sagenhafte Troja oder die minoische Kultur zu entdecken.

Der italienische Professor der ägyptologischen Abteilung des Vatikans, Alberto Tulli, hatte einen in den 1930er-Jahren entdeckten und möglicherweise in Bezug zu diesen Ereignissen stehenden Papyrus aus den Annalen des Königs Thutmosis III. (1478–1434 v. Chr.) in seinen Besitz gebracht. Doch erst nach dem Tode des Entdeckers hatte dessen Bruder Gustavio Tulli dem damals führenden Ägyptologen Boris de Rachewiltz einen Zugang zu diesem Fundstück ermöglicht, wonach ein seltsames Ereignis aus dem Jahre 1456 v. Chr. in Erscheinung trat:

»Im dritten Monat des Winters im Jahre 22 zur sechsten Tagesstunde bemerkten die Schreiber im Lebenshaus ein Feuer, das aus dem Himmel kam. Dieses Feuer besaß zwar keinen Kopf, doch aus seinem Munde strömte ein Atem mit einem widerwärtigen Geruch. Sein Körper maß eine Rute in seiner Länge und eine Rute in seiner Breite, und es kam auf uns zu ohne eine Stimme. Und die Herzen der Schreiber erfüllten sich mit Angst und Verwirrung, und sie fielen auf ihren Bauch […] nieder.«

Obwohl der Tulli-Papyrus an einigen Stellen nach fast 3500 Jahren unleserlich geworden ist, geht aus dem Text klar hervor, dass hier ganz offensichtlich eine Begegnung mit Flugobjekten stattgefunden hat. Die Priesterschaft trat nach dieser Begegnung jedenfalls in eine meditative Phase und wollte den König vor dem »unbekannten« Zorn der Götter schützen. Tatsächlich berichtet der Papyrus weiter, dass im Land der Pharaonen vorerst wieder Ruhe einkehrte, aber die friedliche Stimmung dann wieder durch die »himmlischen Erscheinungen« in helle Aufregung verwandelt wurde:

»Nun, nachdem einige Tagen vergangen sind, siehe – so sind diese Dinge zahlreicher am Himmel geworden als jemals vorher. Sie schienen mehr als die Helligkeit der Sonne erstrecken sich bis an die Grenzen der vier Himmelsstützen. [...] Kraftvoll war die Lage dieser Feuerkreise am Himmel, die wir beobachteten. Auch die Armee des Pharaos schaute danach aus nach ihnen mit seiner Majestät selbst in ihrer Mitte. Es war nach dem Abendmahl, als die Feuerkreise sich wieder entfernten. Jene Feuerkreise stiegen dann hoch hinauf in den Himmel, zum südlichen Sternenhimmel und entschwanden. So war es ein Wunder, das unbekannt war seit der Gründung dieses Landes. Und Seine Majestät der Erhabene ordnete an, dass Weihrauch dargebracht werde, um Friede auf Erden werden zu lassen [...] und was geschehen war, sollte auf Befehl des Pharao in den Annalen des Lebenshauses niedergeschrieben werden, sodass es für immer erinnerlich bleibt.«

»Bis ans Ende der Finsternis« – frühe Satellitentechnik

Wie wir bislang sehen konnten, erwecken viele seltsame Geräte, die sich im Besitz dieser Götter befunden haben, durchaus den Eindruck von modernster Technik, die wir heute nur deshalb nachvollziehen können, weil unser wissenschaftlicher Fortschritt in den letzten Jahren rasante Sprünge nach vorn gemacht hat. Als die NASA in der Nacht vom 24. zum 25. April 1990 mit dem Hubble-Weltraumteleskop ein neues

Fenster in den Kosmos öffnete, konnte keiner der Beteiligten ahnen, dass auch das für die alten Pharaonen nichts Neues gewesen wäre. Die technischen Eigenschaften des ägyptischen »Seh-Vogels« sind im Papyrus Tebtunis überliefert: »Ich kann bis ans Ende der Finsternis sehen, und ich kann durch das Meer hindurchblicken bis zum Urwasser Nun.«

Dieses Zitat umschreibt die Fähigkeiten des ägyptischen »Seh-Vogels«, der wie heutige Satelliten die Erdoberfläche abtasten konnte. In den Pyramidentexten (§ 389) wird von »dem Berg des Seh-Vogels« gesprochen, der als ein Hinweis auf die wahre Funktion der Pyramiden zu werten ist. Darüber hinaus ist den Textinhalten zu entnehmen, dass der »Seh-Vogel« wie das Hubble-Teleskop in die tiefe Finsternis des Weltalls blicken konnte.

Aus den »Apokryphen« oder den »Pseudepigraphen«, den »verborgenen« Schriften der Bibel, kennen wir die reisenden Patriarchen wie Abraham, Baruch, Henoch und Moses, die alle in Begleitung von »Fremden« einen Trip in den Kosmos unternahmen und von dort die Form der Erde exakt so beschrieben, wie sie beispielsweise von einem Spaceshuttle gesehen wird. So berichtet Baruch um 591 v. Chr. im Kapitel 6, 1–2 seiner Apokalypse: »Und siehe ein Vogel lief mit herum vor der Sonne her wie neun Berge groß.«

Nach seinen vom Kosmos gewonnenen Eindrücken fragt Baruch den »Fremden« nach der technischen Funktion des Vogels, worauf er erklärt bekommt: »Das ist der Wächter des Erdkreises. Dieser Vogel geht neben der Sonne her, und indem er dabei seine Flügel ausbreitet, fängt er ihre Strahlen auf, die feuerähnlich sind.«

Nachdem Baruch staunend zugehört hat und zu verstehen versucht, schildert er erneut seine Eindrücke und spricht dabei von Vertrautem: »Und der Vogel breitete seine Flügel aus, und ich sah auf seinem rechten Flügel gewaltige Buchstaben.«

Die heutigen Satelliten besitzen auf langen, ausgefalteten Verstrebungen montierte »Solarzellen«, die wir als »Sonnenflügel« bezeichnen. Die fangen das Sonnenlicht ein und nutzen es zur eigenen Energieversorgung. Darüber hinaus befinden sich auf den modernen Satelliten und Raumschiffen ebenfalls solche »gewaltigen« Buchstaben, wie sie Baruch beschreibt, die beispielsweise die Bezeichnung »NASA« oder »ESA« bilden.

Nach den Berichten der Pharaonen besaßen ihre Apparaturen durchaus Eigenschaften, die sie von der Erde zum Himmel und jederzeit wieder zurückfliegen ließen. Es gab zu den »Seh-Vögeln« auch Kommunikationssatelliten, die die Pharaonen »Hör-Vögel des Ra« nannten und die man, allen mythologischen Beiwerks entkleidet, auch rein technisch interpretieren kann: »Ich höre, was Ra, der Sonnengott, der Vergelter unter den Göttern, täglich im Glanzort des Himmels für die Erde bestimmt.«

Wie schon aus dem Buch Baruch, geht auch aus dem nächsten Vers der technische Hinweis hervor, dass diese Vögel technische Apparate waren, die wie das Hubble-Teleskop mit Solarenergie betrieben wurden: »Es ist mir zuteil geworden, weil ich vom Licht der Sonne lebe und (regelmäßig) meine Nahrung zu mir nehme und viel schlafe [...], sodass ich mich recreiere im Hellen – und ich esse nichts mehr nach Sonnenuntergang.«

1991 VG und 1999 CG9 – fremde Himmelskörper aus Heliopolis?

So phantastisch das alles klingt, so ist es auch Tatsache, dass der französische Amateurastronom Edmond Lescarbault (1814–1894) am 26. März 1857 einen unbekannten Himmelssatelliten innerhalb der Merkurbahn entdeckt hat. Er hatte ihn bei seinen Sonnenforschungen vor der Scheibe unseres Zentralgestirns vorbeigleiten sehen. Daraufhin berechnete er die Masse auf ein Siebzehntel des Merkur, seine Umlaufzeit auf 19 Tage und seinen Durchmesser auf 285 Kilometer. Lescarbault nannte ihn »Vulkan«. Seine Beobachtungen wurden von der Akademie der Wissenschaften in Paris anerkannt, und Napoleon III. verlieh ihm sogar die Auszeichnung der Ehrenlegion. Doch bereits kurze Zeit später verblasste der astronomische Ruhm Frankreichs, denn »Vulkan« war plötzlich verschwunden. Erst 1878 konnte er von dem amerikanischen Astronomen James Craig Watson (1838–1880) vom Observatorium Michigan wiederentdeckt werden.

1966 und 1970 gelang es dem Astronomen Henry Courten, diesen Himmelssatelliten jeweils während einer Sonnenfinsternis auf fotografischen Platten festzuhalten und seinen Durchmesser mit 770 Kilometer zu berechnen. Seitdem ist »Vulkan« jedoch erneut nicht mehr aufzufinden. Wie abwegig ist aber der Gedanke, dass die Astronomen einen »Seh-« oder »Hör-Vogel« der Pharaonen erblickt haben?

Bereits 1957 hatte der Astronom Luis Corralos ein unscharfes Objekt entdeckt, das dem russischen Satelliten »Sputnik II« auf dessen Umlaufbahn folgte. Daraufhin wurden Untersuchungen auch von russischer Seite eingeleitet, um diesem Phänomen zu Leibe zu rücken. Seltsamerweise wurde zu diesem Ereignis zu keiner Zeit eine öffentliche Erklärung abgegeben, die das Phänomen aufgeklärt hätte!

Am 4. Januar 1960 wurden erneut zwei Objekte von beträchtlicher Größe entdeckt, deren Gewicht man jeweils auf 15 Tonnen schätzte und die sich in einer polaren Umlaufbahn befanden. Alle bis dahin in die Umlaufbahn der Erde beförderten irdischen Satelliten wogen dagegen höchstens 1,4 Tonnen. Das amerikanische National Space Surveillance Control Center (NSSCC) bestätigte noch im Februar 1960 gemeinsam mit dem US-Militär, dass sich ein unbekannter Satellit in der Umlaufbahn unserer Erde befindet.

Im Rahmen des »Linear-Satelliten-Projekts« zu Beginn des Jahres 1999 in New Mexico, bei dem mit einem automatischen Teleskop nach Asteroiden gesucht wurde, ist am 10. Februar von den Messsensoren ein Himmelskörper von nur 30 bis 50 Metern Durchmesser entdeckt worden, der sich fast kreisförmig jeweils innerhalb von 1,09 Jahren um die Sonne bewegt. Er ist lediglich neun Millionen Kilometer weiter als die Erde von der Sonne entfernt und wird von den Astronomen 1999 CG9 genannt. Mit seinem ungewöhnlichen Orbit gibt er den Astronomen erhebliche Rätsel auf, denn alle anderen Himmelskörper umrunden die Sonne in einer Ellipse. Die chemische Zusammensetzung von 1999 CG9 ist bis jetzt noch nicht bekannt, daher kann man auch über den Ursprung bis jetzt nur Vermutungen anstellen. Brain Marsden vom Harvard Smithonian Center ist der Meinung, dass es sich bei der Größe des Objekts auf keinen Fall um die Endstufe einer Rakete handeln könne; vielmehr hält er es für denkbar, dass »er vielleicht vom Mond stammen könnte«: »Der Mond ist nicht besonders groß, daher ist seine Gravitation, und folglich auch seine Fluchtgeschwindigkeit, gering. Dadurch können Gesteinsbrocken leicht ins All geschleudert werden, wenn ein größerer Meteorit auf der Mondoberfläche aufschlägt. Zwölf kleine Mond-Meteoriten wurden schon auf der Erde gefunden, die wahrscheinlich auf diese Weise weggeschleudert wurden.«

Es gibt jedoch noch einen ähnlichen Körper, der von Astronomen des Kitt-Peak-Observatoriums im November 1991 entdeckt wurde und sich ähnlich wie 1999 CG9 verhält. Die amerikanische Astronomiezeitschrift »Sky+Teleskope« bezeichnete diesen Satelliten im November 1991 sogar als ein »echtes UFO«. Das lag in erster Linie daran, dass die außergewöhnliche Umlaufbahn von 1991 VG nahezu der unserer Erde entsprach. Zudem wurden an 1991 VG technisch verschieden interpretierbare Lichteffekte festgestellt, die des Öfteren in kurzen Abständen von dem etwa zehn Quadratmeter großen Himmelskörper ausgingen. Auch die Untersuchungen mit Radarstrahlen, die gewöhnlich von natürlichen Himmelsobjekten wie Asteroiden reflektiert werden, erbrachten in diesem Fall absolute Nullwerte. Nach Ansicht des Forschungsteams schieden natürliche Himmelskörper als Erklärung für dieses Phänomen nahezu aus! Auch die Hypothese, es könnte sich möglicherweise um Bruchstücke älterer Sonden oder Raketen handeln, konnte mit den ermittelten Bahndaten in keine Übereinstimmung gebracht werden. Dennoch versuchen die offiziellen Stellen der amerikanischen NASA oder der europäischen ESA diesen Himmelskörper als so genannten »Weltraumschrott« zu bagatellisieren, nur weil sie der festen Meinung sind, dass alles für einen von Menschenhand erbauten Gegenstand spricht.

Als im April 1992 ein größenmäßig gleiches Objekt entdeckt wurde, fand eine Berichterstattung in der Presse darüber praktisch nicht mehr statt. Duncan Steel von der Universität Adelaide, der diese Phänomene untersucht hat und seine Forschungsergebnisse im April 1995 in der Astronomiezeitschrift »The Observatory« veröffentlichte, sagt: »Möglicherweise handelt es sich bei 1991 VG um eine fremde Sonde, die sich in unserer Umlaufbahn befindet.«

Das hieße, dass wir seit geraumer Zeit von einer fremden Zivilisation beobachtet werden, die nicht nur imstande ist, Satellitensonden zu bauen, sondern auch, sie bis zu unserem Planeten auszusenden.

Auch ein im Jahre 1996 entdeckter Himmelskörper mit der Bezeichnung 1996 PW zeigt die bereits zuvor beschriebenen Verhaltensmuster und Untersuchungsmerkmale der Objekte. Der NASA-Astronom David Green meint: »Die Situation ist alles andere als geklärt!«

Aus dem Ägyptischen Totenbuch (§ 115,23–24) erfahren wir, dass die Priester der Pharaonen in Heliopolis, die hier als »Gelockte« oder »Kahlköpfige« bezeichnet werden, längst in diese »göttlichen Mächte der Himmelsbewegungen« eingeführt waren: »Als ihnen das göttliche Erbe zuteil wurde, war groß, was sie schauten, und da wurden sie zu den ›Größten der Schauenden‹ von Heliopolis.«

7. Sprache, Schrift und heilige Zeichen

Unsere Sprachwissenschaftler zählten vor einigen Jahrzehnten insgesamt 5103 lebende Sprachen auf der Welt. Allein in Indien sind 1652 Sprachen verbreitet, und in Afrika und Südamerika gibt es jeweils weit über tausend Einzelsprachen. Seltsamerweise findet man die geringste Anzahl an Sprachen mit etwa 68 in Europa. Allerdings sind von der Gesamtzahl aller lebenden Sprachen der Welt nur etwa 13 Prozent verschriftlicht, sodass die große Mehrheit aller Einzelsprachen schriftlos ist. Doch woran liegt das?

»Die menschliche Sprache ist ein Geheimnis«

Der amerikanische Linguist Ignace Jay Gelb (1907–1985) war einer der ersten Forscher, die ein sachkundiges Schema für die Entwicklung der Schrift präsentierten. Gelb war ein Fachmann für Sprachen und Schriften des Vorderen Orients am Orientalischen Institut der Universität von Chicago und konnte sich als einer der Entzifferer der anatolischen (hethitischen) Hieroglyphenschrift auszeichnen. Er hatte aber auch eine schwache intellektuelle Seite. So vertrat er nicht nur die eigenartige Auffassung, dass sich die Schrift erst aus einer anfänglichen »Bilderschrift« zur phonetischen entwickelt haben soll, sondern auch rassistische Ansichten, wie die folgende Äußerung zeigt: »Wir haben eine phonetische Schrift und das Alphabet – und ›sie‹, all die Wilden und Barbaren und Chinesen, nicht.«

Ignace J. Gelb meinte damit, dass nur die Christen die erste Begegnung mit Gott und dessen Sohn Jesus hatten, wodurch erst die Zivilisation zu den Menschen gelangte. Heutige Wissenschaftler vermuten, dass die Anfänge der Schrift auf die Praxis prähistorischer Jäger zurückgeht, die ihre Beute verfolgten und zunächst nur die Tatzenabdrucke der gejagten Tiere an die Felsen malten.

Doch schon in Bezug auf die Sprachwelt unserer Ahnen zeigt sich ein schwer wiegendes Erklärungsdefizit: Niemand weiß wirklich, wann oder wo sie entstanden ist. »Die menschliche Sprache ist ein Geheimnis; sie ist eine göttliche Gabe, ein Wunder«, war noch 1956 im »Journal of Semitic Studies« über den Ursprung der Sprache zu lesen.

Nach der heute gängigen Lehrmeinung wurde das Alphabet von den Phöniziern erfunden und von den Griechen und Etruskern während des 8. Jahrhunderts v. Chr. übernommen. Erst daraus haben sich später die lateinische Schrift der Römer und dann unser modernes Alphabet entwickelt. Das Alphabet ist für uns inzwischen so selbstverständlich geworden, dass wir oft vergessen, welch außerordentlich erfinderische Leistung es eigentlich darstellt, vielleicht gerade wegen seiner Einfachheit und leichten Erlernbarkeit. Letztere wiederum ist darauf zurückzuführen, dass eine Vielzahl von lautlichen Äußerungen auf nur 26 Zeichen reduziert worden ist. Ein chinesischer Gelehrter dagegen wird mit über 40 000 Zeichen konfrontiert, die er zu großen Teilen fließend beherrschen muss.

Man fragt sich heute immer wieder, warum unsere Ahnen dieses geniale Schriftsystem nicht schon früher entwickelt hatten, sondern sich über Jahrtausende mit der komplizierten Keilschrift oder den Hieroglyphen herumärgerten. Nun – das heute verwendete Alphabet hat sich zwar gerade deshalb bewährt, weil es als System einfach gestaltet ist. Das ist allerdings nicht gleichbedeutend damit, dass es auch einfach gewesen wäre, dieses Schriftsystem zu erfinden. Und in Wahrheit liegen auch die Ursprünge des Alphabets noch immer im Dunkeln.

Nach Ansicht der französischen Linguistin Denise Schmandt-Besserat waren um 9000 v. Chr. im Vorderen Orient bereits so genannte »Zählsteine« im Umlauf, mit denen Zahlenwerte wiedergegeben wurden. Auch in Ägypten fanden sich um 1900 in einem Grab in Girza Kugelperlen, die sogar aus Meteoriteneisen bestanden. Immer wieder wurden in alten Texten vereinzelte Vorkommen von Eisen meteoritischen oder anderen Ursprungs erwähnt. Diese Art Kugeln bewiesen aber nun, dass das Eisen auch tatsächlich verwendet wurde. Noch bis 200 v. Chr. wurden die Kugeln in diversen Palastarchiven der Antike aufbewahrt. Sie zeigten durch ein bestimmtes System den aktuellen Besitz der jeweiligen Gutsherrn. Und sie wiesen eine »Dreißigerreihung« auf. Wahrscheinlich bestand die älteste Form des Alphabets deshalb im Allgemeinen aus dreißig Buchstaben, beeinflusst zum einen von der Zahl der Tage im Monat und zum anderen von den wiederkehrenden Konstellationen der Tierkreiszeichen sowie anderer Gestirne.

Die Seefahrer der Antike waren zweifellos darauf angewiesen, auf irgendeine Art die Zahl ihrer Reisetage genau festzuhalten. So könnten sie Zahlen durch vereinfachte Zeichen dargestellt und notiert haben, aus denen sich dann das Alphabet entwickelte. Im Hebräischen zum Beispiel, einer noch sehr lebendigen alten Sprache, wurden Zahlen durch die Namen der Buchstaben des Alphabets bezeichnet: »Alef«, »Bet«, »Gimmel« waren gleichzeitig »eins«, »zwei«, »drei«. Heute noch haben in Israel manche Uhren auf dem Zifferblatt hebräische Buchstaben anstelle römischer oder arabischer Ziffern.

Das »kyrillische« Alphabet, dass heute in Russland und Osteuropa in Gebrauch ist, wurde nach den Angaben heutiger Sprachgelehrter um 900 n. Chr. von den Brüdern Kyrillos und Methodios aus Saloniki erfunden. Es basiert auf dem griechischen Alphabet, dem einige Buchstaben hinzugefügt wurden. Das moderne Alphabet, das unter anderem im Deutschen, Englischen, Italienischen, Französischen und Spanischen benutzt wird, entspricht der lateinischen Schrift, wie sie im Römischen Reich gebräuchlich war. Im Mittelalter wurden allerdings die Buchstaben »J«, »U« und »W« hinzugefügt, die von den Römern selbst mit den Zahlenwerten »I« und »V« notiert wurden. Noch vor den Römern, vor etwa 3000 Jahren, hatten die Etrusker das lateinische Alphabet eingeführt; danach wurde in Spanien und Portugal eine iberische Version verwendet, die auf die Phönizier zurückgeht. Neueste archäologische Funde aus Palästina und Syrien belegen, dass die Schriften der Phönizier, Etrusker, Griechen und Römer aus einer gemeinsamen Wurzel, nämlich dem nordsemitischen Alphabet, stammen, das sich spätestens um 1400 v. Chr. im Vorderen Orient etabliert hatte.

Eine steinerne Bibliothek aus ägyptischer Vorzeit

Der amerikanische Sprachforscher Richard Meadows von der Harvard Universität veröffentlichte im April 1999 eine aus dem Ort Harapa in Pakistan stammende sensationelle Entdeckung: eine 5500 Jahre alte, bisher unbekannte Schrift, die an die Linearschriftform der Minoer erinnert. Einige Monate vor Meadows hatte schon Professor Günter Dreyer der Weltpresse eine aktuelle Entdeckung aus dem Land der Pharaonen präsentiert, die das bisherige Bild von der Entwicklung selbst der Hieroglyphenschrift auf den Kopf stellte. Mit einem Forschungsteam hatte er 270 Tontafeln und Tongefäße gefunden, die mit einer noch älteren Lautschrift als der von

Harapa versehen waren. Demnach ist diese Entwicklung um einige hundert Jahre älter, als in Fachkreisen bisher angenommen wurde.

Als Dreyer beim Berliner Ägyptologenkongress im Juni 2000 in seinem Vortrag anfing, diese aktuellen Entdeckungen über die Entwicklung der Schrift der Lehrmeinung anzugleichen, erreichte ihn eine sensationelle Meldung: Der amerikanische Pilot Georg Cumingham hatte im Mai 2000 sogar 9000 Jahre alte Felsmalereien aus dem pharaonischen Ägypten entdeckt, die sich etwa 40 Kilometer südlich der Stadt Kairo befinden. Der Ägyptologe Mohammed el-Saqhir von der Ägyptischen Altertümerverwaltung ordnete die Zeichnungen in drei Epochen ein: a) 7000 v. Chr.; b) 3000 v. Chr. und c) keine Zuordnung.

Nach diesen Funden sollte die Geschichte der Schriftentwicklung neu geschrieben werden! Unter den Darstellungen befanden sich Hieroglyphen mit Göttergestalten und Jagdszenen aus der Jungsteinzeit nebeneinander, doch weisen die Felsabbildungen noch eine dritte Variante auf, die die Fachwelt völlig verwirrt hat: Es fanden sich auch Schriften, die denen im Berliner Vortrag Günter Dreyers entsprechen, womit deren Entstehungszeit auf die Besiedlungsanfänge der Nilregion zu datieren ist. Des Weiteren befinden sich darunter auch Schriftzeichen, die der urzeitlichen »Maadi-Kultur« zugeordnet werden. Das sind Symbole, die von Strichmenschen bis zu bildlichen Darstellungen reichen. »Ähnliche Zeichnungen fanden sich auch an Tempelanlagen im Süden Ägyptens. Möglicherweise wanderte dieses Volk vom Süden nach Norden zu den Maadi«, erklärte Gaballah Ali Gaballah im Jahr 2000.

Unsinnig ist daher wohl die von Ägyptologen geäußerte Annahme, dass sich in den letzten 9000 Jahren alle 3500 Jahre an dem gleichen Ort steinzeitliche Graffitikünstler zusammengefunden hätten, um ihre Zeichnungen auf einen relativ unbedeutenden Fels zu kritzeln!

Im Jahre 2001 berichtete der britische Ägyptologe Toby Wilkinson der Weltpresse über einen erneuten Sensationsfund: »Wir entdeckten bei unseren archäologischen Erkundungen in der Wüstenregion östlich des Nils gewissermaßen ›die Sixtinische Kapelle des vordynastischen Ägypten‹.«

Das, was das Archäologenteam unter Wilkinsons Leitung 2001 gefunden hatte, ist so etwas Ähnliches wie eine »steinerne Bibliothek« aus der ägyptischen Vorzeit, als es nach offizieller Ansicht der Gelehrten noch keine Schrift gab! Das Fundgebiet mit den pharaonischen Felsabbildungen befindet sich zwischen zwei ausgetrockneten Flussbetten, die vor 6500 Jahren Wasser führten. Toby Wilkinson ist überzeugt, dass die Urheber dieser sich auf 30 Stein- und Felsplatten befindenden Darstellungen die direkten Vorfahren der Pyramidenbauer des dynastischen Ägypten waren.

Auf den Abbildungen erkennt man Viehherden, Gebäude und viele Schiffe, die vermutlich aufgrund von Handelsbeziehungen im Einsatz waren. Ferner sind Tiere wie Strauße, Giraffen, Flusspferde und sogar Elefanten abgebildet. Neben Tanz- und Jagdszenen werden hohe Würdenträger dargestellt, die Straußenfedern im Haar tragen. Das ist ein Schmuck, der später nur den Göttern der Pharaonen vorbehalten waren! Selbst während des Paläolithikums wurden Hieroglyphen an Felsen und Höhlen angebracht und waren bis zum Ende der römischen Besatzung Ägyptens noch im Gebrauch. Doch welche Schrift ist denn nun die älteste, und warum hat sie der Mensch überhaupt erfunden?

Während der Recherchen an einem Buch über die Ursprünge der menschlichen Zivilisation stieß der Wissenschaftsjournalist Alexander Marschack im April 1963 auf einen Aufsatz, der sich mit kleinen, eingeritzten Knochen beschäftigte, die bei Grabungen in Ishango zutage gefördert worden waren. Diese Knochen datierte man auf 6500 v. Chr., also erneut ein Datum, das 3000 Jahre vor der pharaonischen Kultur und den ersten Hieroglyphen lag. Nach längerem Studium glaubte Marschack eines Tages, das Geheimnis dieser steinzeitlichen Knochen gelöst zu haben, das hinter den merkwürdigen Gravuren steckte. Es war ein Kalender, auf dem die Tage der Mondphasen, von Neumond bis Vollmond und wieder bis zum nächsten Neumond, verzeichnet waren.

In Frankreich und Spanien entdeckte der Forscher schließlich weitere markierte Knochen, deren Alter sich zwischen 13 000 v. Chr. und 30 000 v. Chr. bewegte. Inzwischen ist es weithin anerkannt, dass bereits um 30 000 v. Chr. Mondkalender existierten, die Menschen anfertigten, die von der Jagd lebten und die daher oft auch nachts unterwegs waren. Der Mond mit seinen sichtbar wechselnden Phasen stellte das nahe liegende Medium der Zeitmessung dar.

Auch der Franzose Antonin Morlet entdeckte, gemeinsam mit dem Bauern Emile Fradin, in dem Dorf Glozel in der Nähe von Vichy beschriftete Tierknochen mit ältesten Schriftzeichen und Abbildungen. Der älteste Fund stellt auf einer Knochenplatte ein Rentier dar, das von runenähnlichen Schriftzeichen umgeben ist. Eine C-14-Datierung ergab ein Alter von 17 000 Jahren. Andere mit Schriftzeichen und astronomischen Positionen versehene Knochen weisen nach der C-14-Methode ein Alter von durchschnittlich 15 000 Jahren auf. Daher sollte man diese ältesten Gravuren auf Knochen durchaus als Schrift bezeichnen. Denn auch die Kreisbahn, die unsere Sonne im Laufe eines Jahres am Himmel von Westen nach Osten durchläuft, sowie Bahndaten des Sirius und Orion kannten die Steinzeitmenschen schon seit 32 500 Jahren, wie es die Untersuchungen von Michael Rappenglueck an der Universität München im Jahre 2003 bestätigt haben. Doch welche Kenntnisse können wir für die Menschen jener Zeit annehmen?

Sprachungebundene Schrift als universales Kommunikationsmedium

Die Sonnenbahn nennt man Ekliptik, Tierkreis oder Zodiakus. Am 21. März, Frühlingsanfang, befindet sich die Sonne in ihrem Äquinoktialpunkt (Tagundnachtgleiche). Dies ist eines der beiden Daten im Jahr, an denen sich der Tag in zwei gleiche Hälften von jeweils zwölf Nacht- und zwölf Tagstunden teilt, während das restliche Jahr über ein Tag immer nur 23 Stunden und 56 Minuten lang ist. Das Gegenstück dieses Frühlingspunktes ist die Herbstnachtgleiche am 21. September. Das astrologische Wissen über die Präzession (Pendelbewegung der Erde) war auch den Völkern Mesopotamiens, Mesoamerikas und denen des frühen Ägypten seit den ältesten Zeiten bekannt. Und damit auch die Tatsache, dass bei Frühlingsanfang die Sonne nicht alljährlich an derselben Stelle des Tierkreises steht, sondern dass dieser Punkt ebenfalls den gesamten Zodiakus durchläuft, und zwar in entgegengesetzter Richtung zur Ekliptik.

Der griechische Astronom Hipparch von Alexandria (180–125 v. Chr.) fand vor etwa 2150 Jahren durch den Vergleich mit früheren Beobachtungen heraus, dass der Frühlingspunkt sich im Laufe eines Jahrhunderts um mehr als einen Grad nach Westen verschiebt. Spätere Astronomen bestimmten die Differenz noch genauer mit 71,74 Jahren für einen Grad. In 25 826,60 Jahren vollbringt der Frühlingspunkt einen vollen Umlauf von 360 Grad. Diesen Zeitraum nennen wir das »Große« oder »Platonische Jahr«. Selbstverständlich handelt es sich bei allen diesen Vorgängen nur um scheinbare

Bewegungen. In Wirklichkeit wird die tägliche Rotation des Himmelsgewölbes durch die Drehung der Erde um ihre Achse verursacht, wobei der Jahresverlauf der Sonne durch die Sonnenumkreisung der Erde und die Präzession der Äquinoktien durch eine Richtungsveränderung der Erdachse hervorgerufen wird.

Die auf der Ekliptik liegenden zwölf Sternbilder wurden schon von den Sumerern »leuchtende Herde« genannt. Jedes Sternbild entspricht einem Abschnitt der Ekliptik, einem Sonnenbahnstück von 30 Grad. Infolge der Präzession verschiebt sich die Position des Frühlingspunkts in 30 x 71,74 = 2152,2166 Jahren um ein solches Bogenstück, und zwar rückläufig. Ungefähr alle zwei Jahrtausende steht also die Erde unter einem neuen Zeichen. Unsere Historiker können nur noch die Herrschaft von drei bis vier Sternenbildern konstatieren. Die ältesten erhaltenden Urkunden stammen aus der Periode des Stiers. Aber das ganze System ist viel älter und zeigt deutliche Spuren der vorangegangenen Ära, in der sich der Frühlingspunkt in den Zwillingen befand. Der Zodiakus aus dem Denderatempel zeigt die Situation der Tierkreiszeichen gegen heute um mehr als 60 Grad verschoben. Als Hipparch von Alexandria die Zeichen erneut einführte, ging gerade die Zeit des Widders zu Ende, und wir stehen heute am Ausgang der Zeit der Fische. Die Regentschaft der Zwillinge begann etwa um 6513 v. Chr., die des Stiers um 4361 v. Chr., die des Widders um 2209 v. Chr., die der Fische 56 v. Chr. und sie wird in etwa 100 Jahren in die des Wassermanns (2096–4248 n. Chr.) übergehen, sodass das »Zeitalter der Christenheit« verlassen werden wird.

Im Gegensatz zu den astronomischen Kenntnissen, die auch die Sumerer in Mesopotamien und die Maya in Mesoamerika kannten, fielen mir während meiner ersten Mexikoreise im Jahre 1984 im U-Bahnnetz von Acapulco die Piktogramme ins Auge, mit denen die U-Bahn-Stationen gekennzeichnet waren und die mich an das Land der Pharaonen erinnerten. Es handelte sich um stilisierte Bilder anstelle einer Buchstabenschrift, ähnlich den Hieroglyphen der Pharaonen. Als Grund für die Verwendung von Piktogrammen wurde das seinerzeit noch weit verbreitete Analphabetentum angeführt, damit die »Indigenas«, die von weit her zu allerlei Geschäften in die Hauptstadt gereist kamen, sich anhand der »Bilder« orientieren konnten.

Das heißt, man hatte eine Methode gefunden, mit Bildern selbst Leute, die des Lesens und Schreibens unkundig waren, zu informieren, ihnen den Weg zu weisen und sie damit zu steuern. Heute sind in den mexikanischen Städten nur noch wenige Piktogramme zu sehen, weil die fortgeschrittene Alphabetisierung auch der mexikanischen Landbevölkerung ihren Einsatz inzwischen überflüssig gemacht hat. Auf anderen Gebieten hingegen, und keineswegs nur in Mexiko, hat der Einsatz von Piktogrammen stark zugenommen: Beispielsweise in Gebrauchsanweisungen, im Straßenverkehr, auf Flughäfen, in Krankenhäusern und im »World Wide Web«.

Inzwischen gibt es mit der »Altamerikanistik« aber auch eine Wissenschaft, die sich mit der Entschlüsselung von Bildersprachen beschäftigt. Sie kann sich jedoch nur noch an Rekonstruktionen halten, denn vor etwa 500 Jahren spürten spanische Mönche fast alle Archive und Bücher der Maya, Mixteken und Azteken auf und warfen das kulturelle Erbe von Jahrtausenden ins Feuer. Mit den Manuskripten vernichteten sie auch das darin enthaltene Wissen, die Geschichte, die Mythologie, der Welterkenntnis, die Literatur und die Philosophie des alten Mexiko, und schließlich auch die Schriftkunst als solche, die zu einem erheblichen Teil aus Piktogrammen bestand.

Nur noch anhand eines knappen Dutzends präkolumbischer Dokumente, die dem Feuer der Christenheit entkamen und auf Umwegen nach Europa gelangt sind, versuchen die »Altamerikanisten«, diese Schriften wieder zu erlernen. Erschwert werden die Studien aber auch deshalb, weil bis vor Kurzem die internationale Schriftforschung die präkolumbischen Notationssysteme entweder ignoriert hat oder sie als entwicklungsgeschichtlich »unvollständige Form« disqualifizierte. Weil die Forschung die vorspanische Geschichte Amerikas stets als »schriftlos« verlaufen ansah, betrachtete sie auch die Schriftsysteme der Ureinwohner als ohne den Besitz von »Vorformen«, weshalb die Kriterien einer »Vollschrift« angeblich nicht erfüllt wurden.

Wie wir kurz zuvor gelesen haben, wurde in der einschlägigen Fachliteratur zur Schrifttheorie die Buchstabenschrift zudem als Krönung aller Schriftentwicklungen eingestuft, sodass andere Informationssysteme schon deshalb die Kriterien einer Schrift nicht erfüllten. Nach dieser Auffassung folgt Schriftentwicklung einem streng evolutionistischen Schema.

Die Theorie des bereits genannten Linguisten Ignace J. Gelb lässt zum Beispiel die Entwicklung der Schrift linear von der Bilderschrift über die Wortschrift und Silbenschrift zur Alphabetschrift verlaufen. Schrift wird deshalb strikt von der Illustration getrennt, weil Letztere mit Kunst gleichbedeutend sei. Noch weiter geht der Sinologe John Deffet Francis (1815–1901), dessen Auffassung nach eine vollwertige Schrift zwangsläufig sprachgebunden sein müsse, weil die »Sprache das vollständigste und effizienteste System der Beschreibung menschlichen Denkens« sei. Erst die Alphabetschrift als aufgezeichnete Sprache erfüllt J. D. Francis' Kriterium einer »richtigen« Schrift. Sprachungebundene Schriften bezeichnet er dagegen als »Partial-« oder »Pseudoschriften«, deren Anwender in »kulturell begrenzten Gesellschaften«

lebten. Deshalb wurde von den Sprachforschern die Leistungsfähigkeit der Bilderschriften stets unter- und die der Buchstabenschriften stark überschätzt.

Jeder Ethnologe, der versucht, seine Tonbandaufzeichnungen in Buchstabenschrift zu transkribieren, kennt deren Mängel. Was geht dabei nicht alles verloren: Die zeit- und umgebungsbedingten Faktoren, Pausen, langsames akzentuiertes oder schnelles Sprechen, Betonungen, laut und leise, Wehklagen oder Jubeln, Gesang und Sprechgesang, Körperhaltung des Vortragenden, die gesamte Spannung einer Performance. Noch weniger lässt sich komplexes Wissen in Form einer Alphabet- oder Lautschrift befriedigend fixieren, daher die erwähnten verschiedenen Visualisierungssysteme in den Naturwissenschaften oder der Kunst. Eine Ausnahme unter den Schriftsystemen des alten Mexiko bildete die Mayaschrift, die nach gängiger Schriftdefinition der Kulturtheoretiker noch am ehesten das Kriterium einer »Vollschrift« erfüllt.

Wichtigstes Ergebnis der Entzifferungsfortschritte der letzten Dekade ist die Erkenntnis, dass die einzelnen Schriftzeichen der Mayatexte auf Wortsilben basieren, die Lautwerte wiedergeben: Hinzu kommen reine Wortzeichen (Logogramme) sowie buchstabenähnliche Vokalzeichen und mehrere Wahlmöglichkeiten unter verschieden aussehenden, gleichbedeutenden Zeichen – Alternativen, die in unserer Buchstabenschrift gar nicht vorgesehen sind. Die Möglichkeit einer sprachgebundenen Schriftentwicklung, vergleichbar unserer Alphabetschrift, bestand im alten Mexiko also durchaus. Umso mehr stellt sich die Frage, warum die sprachenunabhängige Bilderschrift außerhalb des Mayagebiets so erfolgreich war. Denn anders als im Gebiet der Maya ist in den meisten altmexikanischen Schriftsystemen das Bildzeichen eher kein Silben–, sondern ein Wortzeichen oder, noch weit häufiger, ein symbolhaftes Bedeutungszeichen. In besonders schwierigen Fällen, etwa bei abstrakten Begriffen, wurde zuweilen eine Rebusschrift verwendet: Ein schwer abzubildendes Wort wurde – wie zum Teil auch bei den Hieroglyphen der Pharaonen – durch ein gleich oder ähnlich klingendes Wort (Homonym) ersetzt. Von diesem Prinzip leben auch unsere Bilderrätsel, in denen beispielsweise ein Schlossgebäude durch ein Vorhängeschloss symbolisiert wird.

Ein wichtiger Hinweis auf die besondere Leistungsfähigkeit sprachenunabhängiger Schriften ist im Tal von Oaxaca im gleichnamigen mexikanischen Bundesstaat zu finden. Im zapotekischen Monte Albán entstand um 1200 v. Chr. zunächst eine auf Bildzeichen basierende Schrift. Sie entwickelte sich bereits zu einem frühen Zeitpunkt (100 n. Chr.) zu einer sprachgebundenen Schrift – dennoch kehrte man schon ab dem 3. Jahrhundert n. Chr. wieder zur sprachenunabhängigen, auf Bildzeichen (Piktogrammen) und Bedeutungszeichen (Ideogrammen) beruhenden Schrift zurück. Diese Rückkehr war jedoch mitnichten ein Rückschritt.

Im mexikanischen Bundesstaat Oaxaca werden sogar noch heute, je nachdem, wie man die Grenze zwischen Sprache und Dialekt zieht, zwischen 16 und 31 verschiedene Sprachen und Dialekte gesprochen. In einem langen Zeitraum von 1500 Jahren, bis hinein in die spanische Kolonialzeit, wurden daher in dieser Region Bilderhandschriften verwendet, die von den Sprechern verschiedener Idiome (Mundarten) verstanden werden konnten. Die Möglichkeit, Informationen mittels eines gleichsam international verständlichen Kommunikationssystems weiterzugeben, war den Bewohnern von Monte Albán ab dem Frühklassikum (250 n. Chr.) ganz offensichtlich wieder so wichtig geworden, dass sie dafür sogar bereit waren, auf die Vorzüge ihrer sprachgebundenen Schrift zu verzichten. Die Ausdehnung ihres Herrschaftsbereichs über den eigenen Sprachraum hinaus, der ja selbst schon in zahlreiche, untereinander kaum verstehbare Dialekte zerfiel, machte den Einsatz einer Bilderschrift notwendig.

Eine überwiegend glottographische, also sprachgebundene Schrift ist nur in einem einheitlichen Sprachgebiet wie dem der Mayakultur sinnvoll. Das übrige Mesoamerika zeichnete sich dagegen durch eine enorme Sprachvielfalt aus, zum Teil auf engstem Raum. Ganz gleich, ob es sich um die Kommunikation von Tal zu Tal im zerklüfteten Bergland von Oaxaca handelte oder um die Kontrolle mächtiger Staaten über die unterworfenen, vielsprachigen Völker wie im Fall des zentralmexikanischen Aztekenreiches – Sprachenunabhängigkeit war eine Grundanforderung an das Schriftsystem.

Kein Kommunikationssystem kommt ohne einen zugrundeliegenden Code aus. Die Kenntnis bestimmter Regeln des Systems muss bei Verfassern und Interpreten vorausgesetzt werden. Der uneingeweihte PC-Benutzer kann Piktogramme, die Befehle wie »Einfügen«, »Kopieren«, »Öffnen«, »Neu«, »Speichern«, »Suchen« und so weiter symbolisieren, ebenso wenig verstehen wie ein Samoaner das Verkehrsschild für »Wildwechsel« oder die Aufkleber für »Heizungsventil«. Die altmexikanischen Schreiber konnten auf kulturelle Gemeinsamkeiten zurückgreifen, die allen Völkern Mesoamerikas geläufig waren, vergleichbar etwa der religiös-kulturellen Basis, die das christliche Abendland geprägt hat: Ein Kalendersystem, bestehend aus dem 365-tägigen Sonnenjahr und dem 260-tägigen Wahrsagekalender, die Konventionen der Personen- und Ortsnamensgebung, das Pantheon der Hauptgötter und ihre typischen Attribute oder das rituelle Ballspiel zählten zu den kulturellen Merkmalen der Olmeken, Zapoteken, Maya, Mixteken und Azteken. Zu diesen Komplexen gab es ein Inventar von Zeichen, das, trotz aller lokalen Vari-

30 u. 31 Ein Observatorium, älter als Stonehenge: die mehr als 7000 Jahre alte Sternwarte in Goseck

32 Die astronomische Scheibe von Nebra

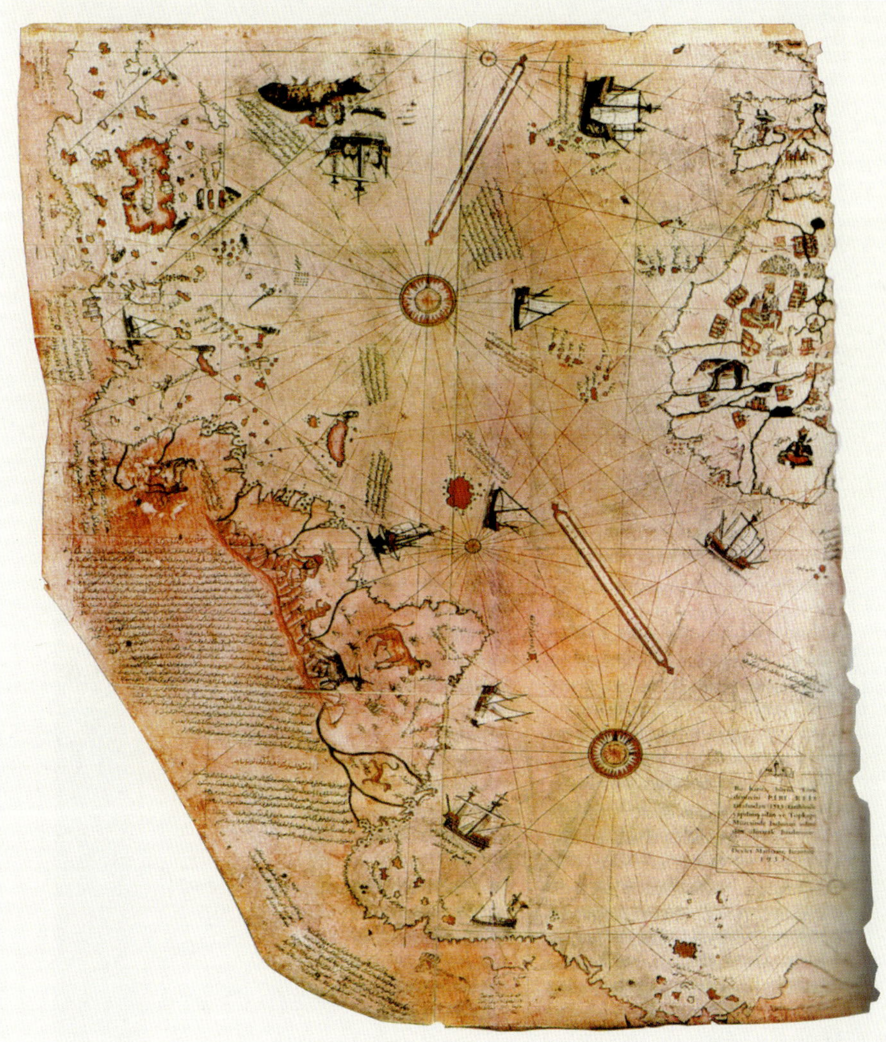

33 »Wir wissen nicht, wie sie ohne Flugzeug so genaue Karten anfertigen konnten.« - Überraschende Kenntnisse antiker Kartographen: die Piri-Re'is-Karte

34 120 Millionen Jahre alte Geographie: »Daschkas Stein«, eine prähistorische Karte der Gegend um die heutige Stadt Ufa

35 u. 36 Priester zelebrieren eine Art Lichtkult im Tempel von Dendera. Mit Kabeln verbundener Gegenstand, einer modernen Glühbirne verblüffend ähnlich

37 Licht spendende Schlangensteine der Maya

38 Lichtphänomen in Abu Simbel

39 Jechiele, der Rabbi mit der ewig brennenden Lampe

40 Maße und Gewichte waren den Pharaonen genauestens bekannt.

41 Der rätselhafte Hammer von Texas

42 Eine 2,8 Millionen Jahre alte Kugel aus Magnetmetall

43 Über 400 Millionen Jahre alter Fußabdruck

44 Millionen Jahre alter Handabdruck

45 Millionen Jahre alter Finger

46 *Gefäß aus einem Kohleblock, einige Millionen Jahre alt*

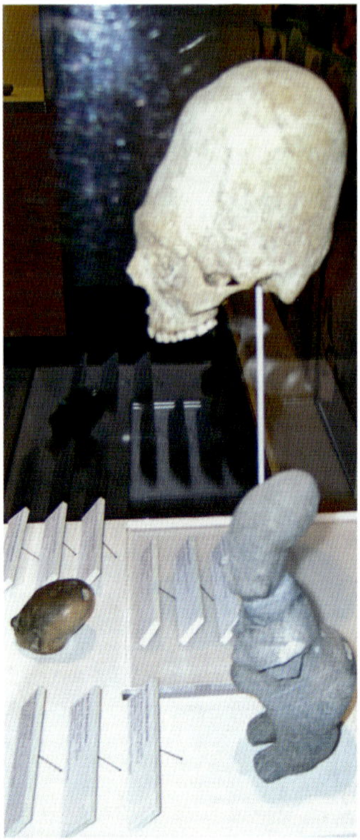

47 *Deformierte Schädel, gefunden in Nazca*

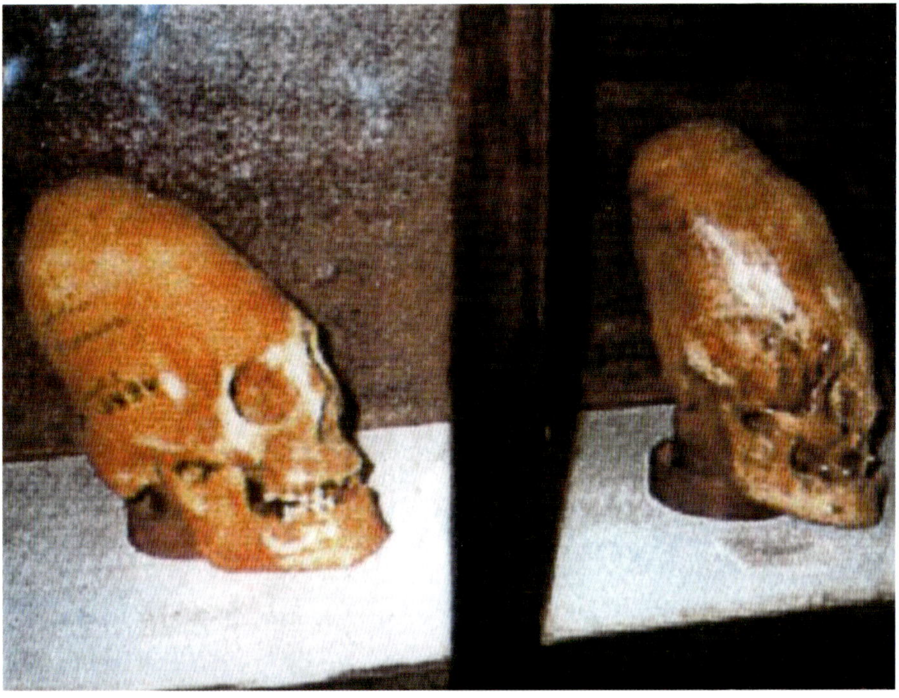

48 *Deformierte Schädel, gefunden in Kolumbien*

49 Tutanchamuns Schädel war ebenfalls deformiert.

50 Vergessene Kommunikationsapparatur der Pharaonen

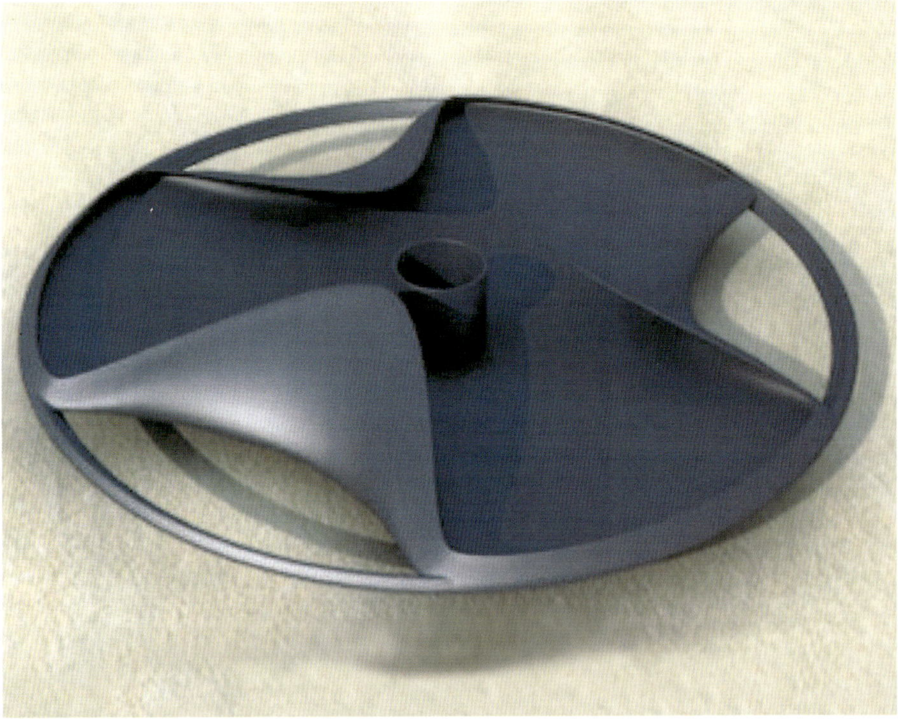

51 Unbekannte technische Erfindung aus vergangener Zeit, aus dem Grab von Prinz Sabu

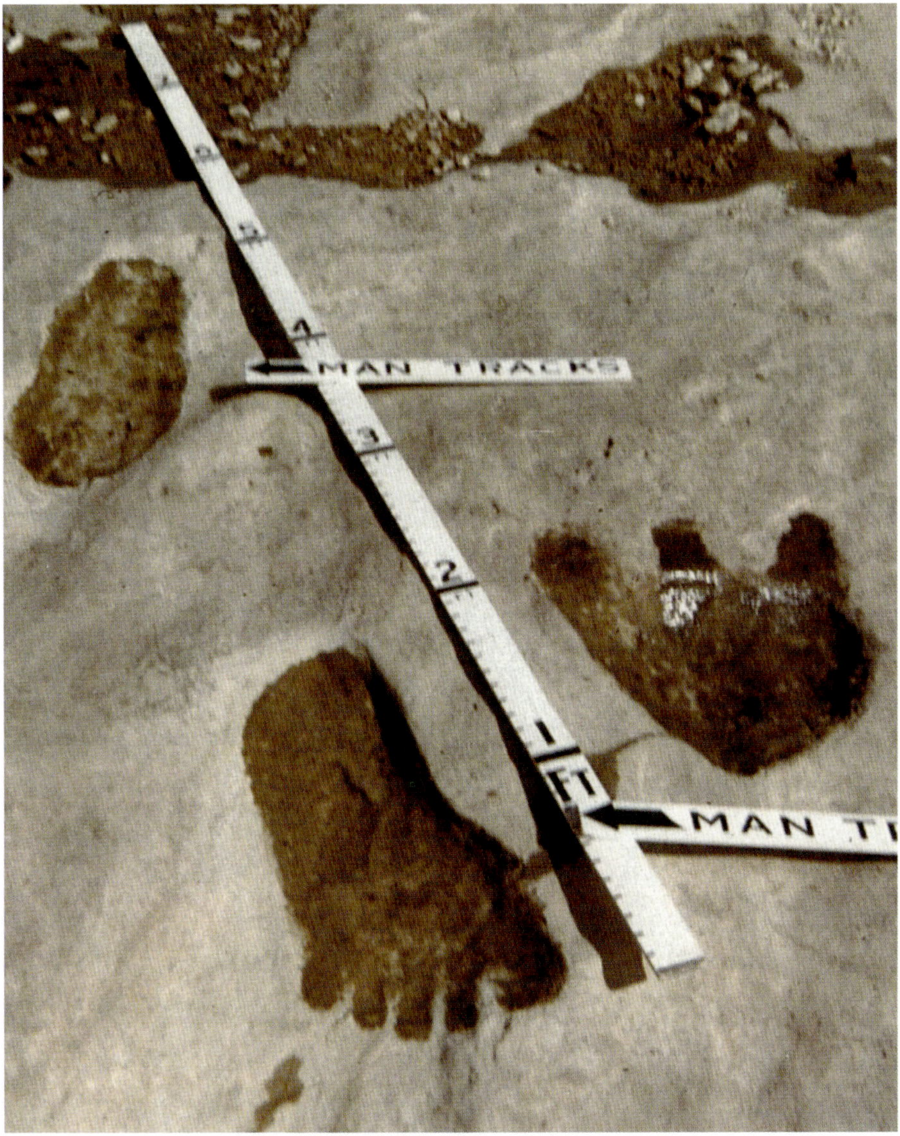

52 Aus der Saurierzeit: Riesenspuren des Homo sapiens, barfuß und mit Schuhwerk

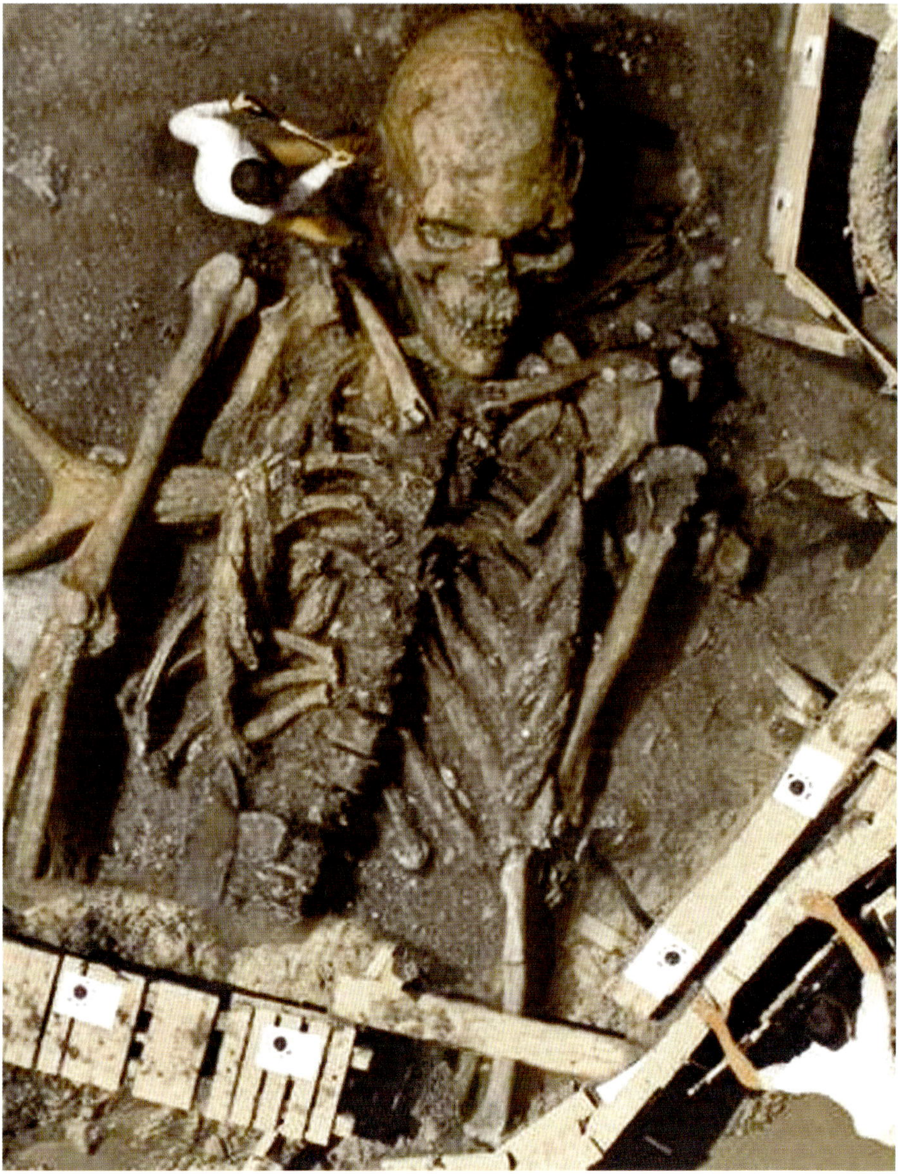

53 Riesen gab es wirklich, wie Skelettfunde beweisen.

54 Megalithkulturen waren ein Weltphänomen.

55 Astronomie und Steine standen immer in engem Zusammenhang.

56 Pyramidaler Steinbau auf Menorca

57 Nur von Riesen zu bewegen: Hinkelstein in Südportugal

anten, in der vielsprachigen Welt des alten Mexiko über Tausende von Kilometern und den Zeitraum von 3000 Jahren bekannt war. Die Spanier machten sich die indianischen Bilderschriften noch mehr als ein Jahrhundert lang nach der Eroberung für ihre Interessen zunutze, etwa bei der Alphabetisierung, Missionierung und Verwaltung der unterworfenen mexikanischen Bevölkerung.

Wie im alten Orient (Ägypten, Mesopotamien) oder in Asien stand auch in Mesoamerika die Entstehung der Schrift im Zusammenhang mit der Entstehung von Staaten, Stadtkulturen und anderen Formen straff organisierter Gesellschaften, sollte mit Aufzeichnungen vorrangig Herrschaft legitimiert werden. Die altmexikanischen Auftraggeber von Bilderhandschriften und Inschriften auf Monumenten konnten mit der schriftlichen Aufzeichnung Fakten schaffen. Insbesondere die Abstammung von mythischen Vorfahren und Göttern galt es zu visualisieren; daran bestand dringender Bedarf, weil stets mehr Kandidaten aus den adligen Geschlechtern als freie Posten zur Verfügung standen. Mit den Schriften sind wahre Kunstwerke verloren gegangen. Insbesondere die mixtekischen Bilderhandschriften sind nämlich nicht nur Schrift, sie sind auch Kunst (eine Unterscheidung, die bei den meisten außereuropäischen Völkern ohnehin nicht existiert).

Die künstlerische Qualität der vorspanischen mixtekischen Codices hatte die Europäer schon lange vor den ersten Deutungsversuchen fasziniert. Einige Elemente erinnern an Comics, etwa die Sprechwolken für »Rede«, grauschwarze Wolken für »Rauch«, Blumensprechblasen für »singen« oder Fußstapfen für »gehen«, »reisen«. Andere Aktionen sind »geboren werden«, dargestellt durch eine Nabelschnur, die mit dem Körper der Mutter oder auch dem Geburtsdatum verbunden ist; »sterben«, symbolisiert durch ein Mumienbündel oder kopfüber im Boden steckende oder auch schlafende

Körper; »erobern«, in einem Ortszeichen steckt ein Pfeil; »heiraten«, ein Paar nimmt ein gemeinsames Bad oder trinkt gemeinsam Kakao. Die wie Leporellos aufzuschlagenden Faltbücher erzählen Geschichten – aber nicht nur das: Die Aufreihung von Ortszeichen über mehrere Seiten hinweg scheint auch die Topographie bestimmter Gegenden wiederzugeben, ähnlich wie die Anordnung von Stationen in U-Bahn-Plänen.

Es gibt Hinweise darauf, dass die Faltbücher wie die Storybords der Spielfilmherstellung an die Wand gehängt wurden und in einer bestimmten Dramaturgie vorgetragen wurden. Sprechgesang, Begleitmusik oder theatralische Performance mit Tanz scheinen eine wichtige Rolle gespielt zu haben. Die Untersuchung der Frage, ob die Bildsequenzen in den Bilderhandschriften auch den gesprochenen oder gesungenen Vortrag wiedergeben – ähnlich wie Partituren, Liturgien oder Choreographien – tritt als gleichberechtigte Forschungsaufgabe neben die inhaltliche Decodierung der Texte. Wir wissen aus frühkolonialzeitlichen Quellen, dass Themen wie Genealogien, Geschichte, Kriege und Festlichkeiten singend und tanzend vorgetragen wurden. Eine frühkolonialzeitliche Quelle, die »Cantares Mexicanos«, beschreibt in anschaulicher Weise die Funktion der Bilder: »Ich singe die Bilder aus den Büchern vor, ich entfalte sie, ich bin jener blühende Papagei, der die Codices zum Sprechen bringt, drinnen im Bilderhaus.«

Die Piktogramme und Ideogramme fassen den Stoff auf wenig Raum zusammen; sie können vom Interpreten auf einen Blick erfasst werden – wie unsere Straßenverkehrsschilder vom Autofahrer. Bilder lösen Handlungen aus, über Sprachgrenzen hinweg. Und wenn wir Heutigen unseren globalisierten Alltag leben, sind wir den alten Kulturen vielleicht näher, als wir wissen.

Hieroglyphen – die »Zeichen der Götter«

Der Name »Hieroglyphe« für die altägyptischen Schriftzeichen leitet sich vom griechischen »hieros« (»heilig«) und dem Wort »glyphen« (»gravieren, schnitzen«) ab, welche die Wände und Decken an vielen Denkmälern der Pharaonen schmücken. Als Monumentalschrift wurden die Hieroglyphen für die Inschriften der Tempelwände und Gräber in Stein geschnitten oder mit dem Pinsel aufgemalt, aber man benutzte sie auch für die Inschriften kleinerer Denkmäler, wie Stelen, Paletten, Statuen usw. Außerdem wurden sie auf Papyrus geschrieben. Die ältesten Hieroglyphen stammen von der Palette des Narmer (noch älter ist die Keule des Königs Skorpion, auf welche der Name des Königs mit der Darstellung des Insektes geschrieben ist). Die jüngste Inschrift stammt von der Insel Philae und datiert in das Jahr 394 n. Chr. Der französische Ägyptologe Guy Rachet schreibt im »Lexikon des alten Ägypten«: »Diese Schrift wurde also während 3000 Jahren benutzt und muss sogar noch weiter zurückreichen, denn sie ist seit der Thinitenzeit voll entwickelt, was eine ausreichende Entwicklungszeit voraussetzt.«

Das Prinzip der Hieroglyphenschrift ist einfach, aber die Notwendigkeit, eine Vielzahl verschiedener abstrakter Wörter einer entwickelten Sprache auszudrücken, hat das einfache Prinzip zu einem komplizierten System werden lassen. Das Ägyptische, wie die semitischen Sprachen, schreibt nur die Konsonanten. Erst im Gebrauch wird die Vokalisation klar. So basiert die Schrift auf Einkonsonanten-, Zweikonsonanten- und Dreikonsonantenzeichen. Dies sei an deutschen Beispielen erläutert:

Mit dem Konsonanten »s« (Einkonsonantenzeichen) kann man verschiedene Wörter bilden: es, so, aus, Eis, sie, Aas; aus »st« (Zweikonsonantenzeichen) bildet man Ast, Obst, Seite,

Saat, ist; aus »bnd« (Dreikonsonantenzeichen) kann man Band, Abend usw. bilden. Obwohl im Allgemeinen die richtige Aussprache der ägyptischen Wörter nicht mehr bekannt ist, konnten einige Formen nach den semitischen oder griechischen Transkriptionen oder nach dem Koptischen hypothetisch rekonstruiert werden.

Die Transkriptionen variieren je nach Autor, Willkür ist die Regel. Die Hieroglyphenzeichen stellen Objekte aus der Natur dar: Menschen und ihre Tätigkeiten, Tiere, Teile des menschlichen oder tierischen Körpers, Pflanzen, Gebäude, Werkzeuge, Kleider und verschiedene andere Objekte. So zeichnete man, um das Wort »Bein« (»red«) zu schreiben, ein Bein; für die »Sonne« (»ra«) zeichnete man die Sonnenscheibe; für den »Stier« (»ka«) zeichnete man das Tier usw. Diese Zeichen, die einen kompletten Sinn besitzen, werden »Ideogramme« genannt. Ideogramme können außerdem Handlungen ausdrücken: So bedeutet eine kniende Frau, unter der der Kopf eines Kindes herausschaut, »gebären« (»mesi«); ein vor einer Mauer stehender Mann, in Aufsicht gezeichnet, bedeutet »bauen« (»qed«). Ein Teil kann auch das Ganze bezeichnen: So steht ein kniender Soldat mit einem Bogen für »Armee« (»mescha«).

Aber Ideogramme konnten nicht alle abstrakten Wörter einer Sprache ausdrücken. So benutzte man Zeichen also nicht nur wegen ihres Sinnes, sondern auch für ihren Lautwert, wobei das Zeichen seinen ursprünglichen Sinn verlor. So besitzt zum Beispiel das Spielbrett (dargestellt durch ein Rechteck mit vertikalen Strichen darüber, die einer Harke gleichen) den Lautwert »mn« (ist also ein Zweikonsonantenzeichen), obwohl das Wort für Spielbrett »senet« gelesen wird. Diese Lautwerte konnten ebenfalls ein bis drei Konsonanten aufweisen. So stellt ein Viereck den »Stuhl« (»pe«) und den Buchstaben »p« dar; der »Mund« (»ra«) stellt den Buchstaben »r« dar; das Hörnerpaar ist »wp«; das Gesicht ist »hr«, der Skarabäus steht für den Lautwert »chpr« (ch = ein Lautwert); eine sitzende Gestalt mit Flagellum in der Hand (Ideogramm, das »vornehm« bedeutet) steht für den Lautwert »schps« (sch = ein Konsonant). So wird jedes aus Phonogrammen zusammengesetzte Wort ein Rebus, oder eher ein Silbenrätsel, denn man hat »das Ganze« am Schluss. Zum Beispiel schreibt sich der »Arm« (»remen«) mit einem Mund »r« und Spielbrett »mn«. Damit aber die Phonetisierung eindeutig ist, wird diesen beiden Zeichen ein weiteres »n« angehängt, das durch eine Wellenlinie dargestellt wird, was man ein »phonetisches Komplement« nennt, und »Ganze«, d.h. der gezeichnete Arm, den man hinten anfügt, ist das »Determinativ«. Da die Phonogramme nur Konsonanten darstellen, daher das Skelett des Wortes, sind Determinative von größter Wichtigkeit, um Homophone (Wörter mit gleichem Konsonantenbestand) zu unterscheiden.

Die Einkonsonantenzeichen bildeten außerdem seit frühester Zeit eine Art Alphabet aus 24 Konsonanten, in dem außer dem »l« und dem »z« sich alle Buchstaben unseres Alphabets wiederfinden, das aber zusätzlich die Konsonanten »dj«, »tsch«, »sch«, »ch« (wie in »ich«) und »ch« (wie in »Dach«) aufweist. Man findet darunter auch die schwachen Konsonanten oder Halbvokale, die dem Hebräischen »Alep«, »Yod« und »Ain« entsprechen.

Die Hieroglyphen werden von oben nach unten in Kolonnen geschrieben oder horizontal von links nach rechts oder von rechts nach links. Die Verteilung der Zeichen erlaubt es, die Richtung des Geschriebenen auf den ersten Blick zu erfassen, denn Tiere und Personen blicken der Leserichtung entgegen. Das Wichtigste überhaupt ist, dass die Pharaonen ihre Schrift »medu neter« nannten, was nichts Geringeres als »die Zeichen der Götter« bedeutet. Jeder Buchstabe hatte sein eigenes Geheimnis, und die Sprache diente insgesamt einem doppelten Zweck – wie übrigens sämtliche heilige Sprachen der Antike. Beispielsweise wurde der hieroglyphische Buchstabe »r« auch in einer linsenartigen Form des halb geöffneten Mundes (Ra) geschrieben, wobei damit die obere Öffnung des Körpers, die durch zwei Kanäle mit der Lunge und dem Bauch in Verbindung steht, auch als »Eingang« symbolisiert wurde. Der Name des Gottes Ptah hingegen wurde unter Verwendung der phonetischen Werte geschrieben. Dabei wurde »p« durch den Himmel dargestellt, »t« als die Erde und »h« als eine Gestalt mit erhobenen Armen. Nach der memphitischen Theologie trennte Ptah in der grauen Vorzeit einst den Himmel und die Erde und galt gleichzeitig als die personifizierte Verbindung »des Himmlischen«.

Indem die Gestalt des Gottes zwischen Himmel und Erde gesetzt wird, offenbart sein Name gleichzeitig seine schöpferische Funktion. Auch die Welt der Toten, die Region der »dat« (das Weltall), wird mit »d« und »t« buchstabiert. Diese Laute werden auch verwendet, um die Wörter »Körper« und »Ewigkeit« zu buchstabieren. Die Hieroglyphe für »dat« zeigt beispielsweise eine um eine Mumie gerollte Schlange. Hierbei ist die Feststellung wichtig, dass gerade die ägyptischen Schlangenhieroglyphen bei den Pharaonen schon immer eine herausragende Rolle spielten und zudem eine vielfältige Bedeutung hatten. So wurde oftmals ein einfaches Wort verwendet, um Namen zu buchstabieren und deren Natur zu offenbaren. Bei dem Begriff »dat« rufen zwei winzige Bilder die Vorstellung von »Körper«, »Wächter der Unterwelt« und »Ewigkeit« wach. Die Szenenbilder aus dem Buch der Pforten und dem Buch Amduat gehen sogar weiter und berichten uns detailliert, dass das irdische Leben, und somit die »Spezies Mensch«, ursprünglich aus einer entfernten Region der »dat« gekommen sei. Deshalb überreichte der

Urgott Ptah in Memphis dem Pharao zwei Modelle für das Begehen seiner Regierungsjubiläen mit der Aufforderung, diese Jubiläen sechs mal hunderttausend Jahre lang zu feiern. Denn nach der Lehre dieser Tradition kamen vor 600 000 Jahren 908 Götter vom Sirius zur Erde, die dann den ersten Adam (auch Adapa oder Adepti) schufen, indem sie sich durch Genmanipulation mit den irdischen Primaten kreuzten, weil sie »Arbeiter« brauchten. Doch wie abwegig ist diese Überlieferung überhaupt? Klingt sie zu phantastisch?

8. Maße, Gewichte und Kartographie

Dem Ursprung des althochdeutschen Wortes »zala« nach sind Zahlen nichts Geringeres als »Einschnitte im Kerbholz«. Die ersten »natürlichen« Zahlen, die den Ausgangspunkt für die »ganzen« Zahlen eins, zwei, drei usw. bildeten, dienten immer nur praktischen Zwecken: Die steinzeitlichen Jäger ritzten ab 33 000 v. Chr. für jedes erlegte Tier eine Kerbe in Knochen oder Holz, um den Überblick über ihre Beute zu behalten. Ein etwa 20 000 Jahre alter Wolfsknochen aus »Dolní Věstonice« im heutigen Mähren weist beispielsweise 55 Kerben in zwei Reihen von Fünfergruppen auf.

Doch schon der Homo erectus konnte vermutlich im Überlebenskampf in der Natur nur deshalb so lange bestehen, weil er die Wassertiefe des Flusses, die Höhe des Felsens und die Entfernung zur Beute richtig einzuschätzen wusste. Der Mensch hatte also schon früh lernen müssen, seine Kraft an der Kraft der Natur und der seiner Feinde zu messen. Dazu musste er auch die Zeit taxieren können, die ihm nach der Jagd verbleiben würde, damit er vor Einbruch der Dunkelheit sein Lager erreichen und damit den Gefahren der Wildnis entgehen konnte.

Herrschende Maße – Maße der Herrscher

Solange die Menschen der Vorzeit nur für ihren eigenen Bedarf jagten, fischten oder Wildfrüchte sammelten, bestand für sie kein zwingender Anlass, sich über Begriffe wie Länge und Zeit, Gewicht und Volumen zu verständigen. Definierte Maß- und Gewichtseinheiten wurden erst unerlässlich, als der Mensch zu tauschen und zu handeln begann. Eine Übereinkunft zwischen Käufer und Verkäufer betreffs der zugrunde gelegten Maßeinheit, mit der das zu verkaufende Produkt zu bewerten war, war eine wesentliche Voraussetzung für den friedlichen Warenaustausch. Was lag angesichts dieses Umstandes näher, als den Maßstab zu benutzen, den man immer bei sich trug? Das Maß des eigenen Körpers!

Die Daumenbreite, die Elle, der Schritt – das waren allgemein verständliche Einheiten des Längenmaßes. Was zwei Hände an Getreidekörnern fassen konnten, bildete die Grundlage für das Volumenmaß. Die Ägypter und Babylonier sprachen bereits vor Jahrtausenden von Zoll sowie Armspanne und kannten zudem die Begriffe Tagwerk, Becher und Eimer. Die Hieroglyphe für die Einheit der Pharaonischen Elle war der abgewinkelte Unterarm. Ebenso gut ausgebildet war auch das Maßsystem der Römer: Es reichte von »milia«, den tausend Doppelschritten, über die Stadie, Schritt und Fuß bis hin zum Finger. Von holländischen Kolonisten stammt schließlich die Gewichtseinheit »Karat« für Gold und Edelsteine, wobei sich ein Karat aus dem Gewicht eines Samenkorns des Johannisbrotbaumes herleitet.

Wenn eine Maßeinheit für jedermann verständlich war, bedeutete dieses aber noch lange nicht, dass sie auch von jedermann anerkannt wurde. Wollte beispielsweise der kleinwüchsige Händler dem groß gewachsenen Kunden eine Elle Stoff verkaufen, kam es zwangsläufig zum Streit. Wessen Maß sollte also gelten?

Nur einer konnte das entscheiden: der Souverän des Landes. Dieser wählte natürlich die Maßeinheit aus, die ihm am nächsten lag: den eigenen Körper. Um das Jahr 800 n. Chr. war der königliche Fuß Karls des Großen das Maß, nachdem sich seine Untertanen zu richten hatten. In weiser Voraussicht, dass er eines Tages sein »Urmaß« mit ins Grab nehmen würde, bestimmte König Heinrich I. von Sachsen um das Jahr 900 n. Chr. die Länge seines goldenen Zepters als Maß für die sächsische Elle. Sein Namensvetter König Heinrich I. von England ging wieder von seinen eigenen Körpermaßen aus. Im Jahr 1101 befahl er seinen Höflingen, die Entfernung zwischen seiner Nasenspitze und dem Daumennagel bei ausgestrecktem rechten Arm »exakt« zu vermessen. Die Länge dieser »Messrute« ist noch heute in den angelsächsischen Ländern gültig und dort viel beliebter als das Metermaß: Es ist das »Yard«.

In anderen Ländern herrschte weniger Traditionsbewusstsein. Immer, wenn die Landesfürsten wechselten, änderten sich auch die Einheitsmaße. In Deutschland war die Verwirrung wohl am größten. Hier hatte fast jede Stadt, jede Grafschaft, jeder Marktflecken seine eigenen Maße und Gewichte. Das hatte zur Folge, dass im Messwesen bis in die erste Hälfte des 19. Jahrhunderts ein heilloses Durcheinander herrschte. So gab es um 1800 in der kleinen Markgrafschaft Baden nicht weniger als 112 verschiedene Ellen, 92 Flächenmaße, 65 Holzmaße, 163 Getreidemaße, 123 Oehme und Eimer, 63 Senkmaße und 80 unterschiedliche Pfunde.

Eine Reform des Messwesens war längst überfällig, als gegen Ende des 18. Jahrhunderts die Französische Revolution ausbrach. Jetzt wurde mit den Relikten der verhassten Monarchie gründlich aufgeräumt. Zu ihren Hinterlassenschaften gehörten auch die am Körper des Königs orientierten Maßeinheiten »toise« (»Armspanne«, »Klafter«), »pied« (»Fuß«) und »pouce« (»Daumen«, »Zoll«). Von nun sollte die Erde als gemeinsamer Wohnsitz der Menschen das Maß aller Dinge sein.

Die schwierige Durchsetzung des metrischen Systems

Im Jahre 1790 beauftragte Charles Maurice de Talleyrand (1754–1838) die französische Akademie der Wissenschaften mit der Ausarbeitung eines neuen, weltweit anwendbaren Maßsystems. Ein Jahr später unterbreiteten die Gelehrten ihren Vorschlag: Der zehnmillionste Teil des Abstandes zwischen Nordpol und Äquator sollte die Grundlage des neuen Maßsystems sein und die Bezeichnung »Meter« erhalten (abgeleitet aus lateinisch »metrum« und griechisch »metron«). Noch wichtiger als das Meter war seine dezimale Eigenschaft, da alle Vielfache und Teile des Meters künftig in Zehnerschritten gebildet werden sollten. Das war die Geburt des metrischen Systems.

Jean Baptiste Joseph Delambre (1749–1822) war einer der bedeutendsten Astronomen Frankreichs, der am 17. Juni 1792 begann, den durch das Observatorium von Paris verlaufenden Meridian zwischen Dunkerque (Dünkirchen) und Barcelona mit einem Theodoliten zu vermessen. Ein mühsames Unterfangen, das mit Unterbrechungen sieben Jahre dauerte. Am 22. Juni 1799 präsentierte eine internationale Kommission von Experten, die mit ihren Namen für die Richtigkeit dieser Messung bürgten, der französischen Nationalversammlung das Ergebnis. Auf einem purpurroten Samtkissen trug schließlich der Zeremonienmeister feierlich einen Stab aus funkelndem Platin in die erlauchte Versammlung: das »Urmeter« mit drei Fuß Länge = 11296 Teilstriche der »Toise de Pérou«! Wer aber jetzt denkt, die Welt hätte sich nun jubelnd auf das neue, von Menschenwillkür unabhängige, unveränderliche einfache Maßsystem gestürzt, der befindet sich im Irrtum: Nicht einmal das französische Volk wollte etwas vom metrischen System wissen!

Obwohl das Parlament die sofortige Einführung per Dekret verordnete und jedem mit Strafe drohte, der es wagen sollte, seine Waren weiterhin nach den alten königlichen Maßen anzubieten, war es den Bürgern egal. Sie verwendeten weiterhin die vertrauten »toise«, »pied« und »pouce«. Als die Behörden schließlich die neuen Maße mit Gewalt durchsetzen wollten, weitete sich der Widerstand gegen das aufgezwungene Metermaß zum Volksaufstand aus. Napoleon blieb nichts anderes übrig, als den Gebrauch der alten Einheiten wieder zu erlauben. Sein Nachfolger Ludwig der XVIII. sah sich sogar gezwungen, die metrische Messung bei Strafe wieder zu verbieten. Erst im Jahre 1840 konnte sich das neue Maßsystem in Frankreich endgültig durchsetzen.

Auch andere Staaten hatten ihre Probleme, das metrische System einzuführen. Als erstes Land stellten die Niederlande im Jahre 1816 um, es folgten Panama und Chile. In Deutschland wurden die alten Landesmaße erst im Jahre 1872 aufgehoben und durch das Meter als Längen- und das Gramm als Gewichtseinheit ersetzt. Noch länger besannen sich die übrigen Länder: Die Sowjetunion folgte 1919, Japan fünf Jahre später, Ägypten und Indien erst nach dem Zweiten Weltkrieg und Kuba 1961. Am schwersten tun sich noch immer Länder wie England und die USA. In den USA haben sich zwar die metrischen Maßeinheiten in den Wissenschaften weitgehend durchgesetzt, der Durchschnittsamerikaner mag sich jedoch von »inch«, »foot« und »gallon« nicht trennen. England indes hat erst in Zusammenhang mit Maastricht vor einigen Jahren beschlossen, »in absehbarer Zukunft« auf das metrische System umzustellen, und benutzt nach wie vor auch seine königlichen Maßeinheiten.

Auch die Pharaonen hatten Längeneinheiten wie »djeba« (»Fingerbreit«), »schesep« (»Handbreit«) oder »meh« (»Elle«), die sich aus Körpermaßen herleiten. Daneben gab es allerdings wie das Meter auch, eine unveränderliche »Sakral-Elle«, die mit einer »Stablänge« (»chet«) von 63,5 Zentimeter versehen war. Diese den Göttern zugesprochene Maßeinheit war sogar präziser als das Meter, da sie auf der Länge der »Polarachse« basierte und nicht, wie das Meter, auf der Länge eines Meridian (Gradnetz der Erde), der sich entsprechend ändern kann. Die Basis der »Sakral-Elle« hingegen entspricht einem Tausendstel der Strecke, um die sich der Planet Erde bei seiner Umdrehung innerhalb einer Sekunde am Äquator weiterdreht. Wer war in der antiken ägyptischen Frühgeschichte aber in der Lage, den Äquator zu vermessen?

Die griechische Bezeichnung »Geodäsie« ist der Oberbegriff für die Lehre für Erdmessungen (Land- und Feldvermessungen). Der Geodät (heute vielfach auch Vermessungsingenieur genannt) ermittelt mit Hilfe einer bestimmten »geodätischen Linse« die kürzeste Verbindungsstrecke zweier Punkte einer beliebigen Fläche auf der Erdkugel. Das ist zum Teil schwierig, weil sich innerhalb der Verbindungsstrecke Bäume, Gebirgszüge und unüberbrückbar erscheinende Wassermassen befinden, die ein Messen der Erdoberfläche schier unmöglich erscheinen lassen. Doch die Omphalossteine aus den antiken griechischen Orten Delphi und Delos bezeugen uns etwas anderes: Beide sind mit Netzen bedeckt, die ein geodätisches Gitter von Breiten- und Längengraden darstellen. Kannte man tatsächlich schon die Meridiane?

Die Antarktis vor 11 000 Jahren – die Piri-Re'is-Karte

In Fach- und Lehrbüchern zur Kartographie werden in der Regel die Werke römischer oder griechischer Kartographen als die »frühesten Landkarten« bezeichnet. Tatsache aber ist, dass sie vermutlich nur Kopien von viel weiter fortgeschrittenen älteren Formaten sind. Am 9. November 1929 fand der Direktor des türkischen Nationalmuseums, Bekir Halil Eldem, eine solche Karte in Istanbul. Man war nach der Auflösung des Sultanats in diesem Jahr gerade damit beschäftigt, den »Topkapi-Palast« in ein Museum für Altertümer umzuwandeln, als während der Renovierungsarbeiten die unvollständige Karte des Flottenadmirals der Ottomanen, Piri ibn Haji Memmed (später Piri Re'is genannt; 1470–1554), zum Vorschein kam. Der Admiral lässt für die Nachwelt berichten, dass er für die Herstellung seiner Karte ab dem Jahre 1508 ungefähr 20 »viel ältere« Vorlagen benötigt und dass er sie 1513 in der westtürkischen Hafenstadt Gelibolu habe fertig stellen lassen. Vier Jahre später überbrachte er die Karte schließlich Sultan Selim I., der 1517 Ägypten eroberte. Kopien jener 1929 entdeckten Fragmente gelangten schließlich in den 1940er-Jahren in den Besitz mehrerer Museen und Bibliotheken. Der amerikanische Kartograph Arlington H. Mallery (1899–1957) wurde auf die Piri-Re'is-Karte dann 1954 aufmerksam, weil ihn gewisse Darstellungen und Kommentare in Alttürkisch auf der Karte stutzig gemacht hatten.

Nachdem man die Piri-Re'is-Karte mittels eines Lesegitters auf einen modernen Globus übertragen hatte, offenbarten sich die unbekannten Kontinente: die Konturen der Küsten Nord- und Südamerikas, aber auch die Umrisse der Antarktis waren von Piri Re'is exakt an jene Stelle eingezeichnet worden, wo sie sich tatsächlich befinden. Interessanterweise verläuft der erst von den Europäern im Jahre 1592 entdeckte südlichste Abschnitt von Feuerland auf Südamerika als eine schmale Landbrücke, um sich dann bis zur Antarktis auszubreiten. Offenbar hat sich der türkische Admiral geirrt, denn an der Stelle, an der sich die Landbrücke befinden soll, herrscht heute stürmische See. Doch Michael Walters vom Hydrographischen Institut der amerikanischen Navy wendet ein: »Vor 11 000 Jahren hat es tatsächlich eine Landbrücke zwischen Südamerika und der Antarktis gegeben. Dies bestätigen zumindest Echolotungen und Infrarotaufnahmen.«

Bei weiteren Untersuchungen fanden Mallery und Walters zudem heraus, dass die antiken Kartographen über den exakten Küstenverlauf, über Inselgruppen, Buchten und Berggipfel der Antarktis schon zu einer Zeit Bescheid gewusst haben müssen, als sich der Eispanzer noch nicht ausgeformt hatte. Der Kommandant Harold Z. Ohlmeyer von der US-Air-Force kommentierte dies am 6. Juli 1960 in einem Brief an den damals führenden Kartographen Charles H. Hapgood folgendermaßen: »Die Küstenlinien müssen kartographiert worden sein, bevor die Antarktis mit Eis bedeckt war. Das Eis in diesem Gebiet ist heute etwa einen Meter dick. Wir haben keine Ahnung, wie die Daten auf dieser Karte mit dem geographischen Wissen von 1513 vereinbart werden können.«

Arlington H. Mallery formulierte es sogar noch etwas drastischer: »Wir wissen nicht, wie sie ohne Flugzeug so genaue Karten anfertigen konnten.«

Hapgood zeigte sich nach seinen Untersuchungen über die geographischen Kenntnisse der antiken Kartographen mindestens genauso überrascht. In seinem Buch »Maps of the Ancient Sea Kings« schreibt er: »Das durch diese alten Karten gebotene Beweismaterial scheint auf die Existenz einer technischen Zivilisation in ferner Zeiten, noch vor dem Aufstieg irgendeiner bekannten Kultur, hinzuweisen. Diese Zivilisation muss verhältnismäßig weit entwickelt gewesen sein und war entweder auf ein bestimmtes Gebiet beschränkt, betrieb aber weltweiten Handel, oder sie war im eigentlichen Sinn eine weltweite Kultur.«

Inzwischen ist vielen Forschern auch bekannt, dass nicht der Seemann Christoph Kolumbus aus Genua der Entdecker des amerikanischen Kontinents war, sondern dass der Wikinger Leif Erikson bereits im 11. Jahrhundert die Neue Welt erreicht hatte, um mit den so genannten Indianern der nordamerikanischen Ostküste Handel zu treiben. Auch Piri Re'is nannte die neuen Gebiete »Antilya«, was den Berichten zufolge aus der Sprache der Ureinwohner übernommen wurde. Dieser Begriff erinnert durchaus an das uns aus dem Deutschen bekannte Wort »Antillen«. Somit war der türkische Admiral dem Genuesen nicht nur zeitlich voraus, sondern auch mit seinem nachweislichen Kontakt zu den Einheimischen. Warum wurde dann aber in europäischen Geschichtsbüchern nicht der türkische Seefahrer als Entdecker geehrt?

Wahrscheinlich lässt sich das heute nur mit der damals vorherrschenden politischen Situation erklären: Piri Re'is gehörte als Türke und Osmane zur islamischen Welt. Diese wurde vom erzkatholischen Spanien als feindlich betrachtet. So war es unannehmbar, dass ein Seefahrer des Osmanischen Reiches, ein »Heide« in den Augen des Klerus und der christlichen Bevölkerung, eine so große Entdeckung vor den Gelehrten des Christentums machen konnte. Und wenn dies doch der Fall wäre, so sollte es einfach nicht erwähnt werden.

Neben dieser Theorie gibt es aber auch die Meinung, dass Piri Re'is bei der Anfertigung seiner Karte tatsächlich auch die des Kolumbus zu Hilfe nahm. Eine schriftliche Korrespondenz von Kolumbus mit dem Gelehrten Paolo Dai Pozzo Toscanelli (1397–1482) aus dem Jahre 1472 bezeugt zumindest, dass Christoph Kolumbus schon 20 Jahre vor Entdeckung der amerikanischen Kontinente Karten zur Verfügung standen, in denen die noch »unbekannten« Landstriche ebenfalls bereits eingezeichnet waren. Zumindest von der zu Hilfenahme ähnlicher Quellenmaterialien kann ausgegangen werden. Eine verbindende Brücke zwischen Kolumbus und Piri Re'is bildet vielleicht ein historisch gesicherter Osmane in der Flotte des Genuesen, der den Namen Rodrigo trug. Dieser Name wurde ihm gegeben, damit er zur Zeit der Inquisition, in der alle Juden und Muslime verfolgt wurden, vor der kirchlichen Unterdrückung geschützt war. Darüber hinaus berichtet Kolumbus selbst, wie er im Jahre 1502 vor Jamaika ein Schiff sah, welches einer osmanischen Galeere glich. Die Menschen trugen Kleidung, deren Farben und Muster an die Muslime in Granada erinnerten. Anfangs dachten Historiker, es seien Maya, aber die Frauen bedeckten ihre Gesichter wie Muslime. Eventuell ist das ein weiterer Hinweis, dass die Seewege in die Neue Welt auch den Orientalen längst bekannt waren.

Bereits kurz nachdem Andalusien (Al-Andalus) im Jahre 1492 unter christliche Herrschaft kam, sind während der Inquisition in Spanien in den Folgejahren auch einige »Moriscos« ebenfalls nach Amerika gelangt. Als »Moriscos« wurden Araber bezeichnet, die sogar, um nicht von den Christen verfolgt zu werden, zum Christentum konvertierten. Es existieren aus jener Zeit jedoch auch Texte, die davon berichten, dass einige hundert osmanische Seeleute 1586 in Roanoke Island (North Carolina) von Sir Frank Drake aus spanischer Gefangenschaft befreit wurden, wo sie als Sklaven gehalten wurden. Während von etwa 300 befreiten Osmanen gesprochen wird, waren es nur noch hundert, die nach Europa gebracht wurden. Das heißt, dass, wenn die anderen 200 nicht verstarben, sie sich dann möglicherweise mit den Einheimischen vermischt haben Noch heute wird vermutet, dass viele »indianische« Wörter osmanischen beziehungsweise arabischen Ursprung haben. Neben möglichen Einflüssen in der Sprache kann man beispielsweise bei den Appalachen im Südosten der

USA auch interessante Überschneidungen in Kleidung, Kunst und Musik der Ureinwohner erkennen. Das Volk der Cherokee, Creek und Seminolen trugen sogar Kopfbedeckungen, die einem Turban oder Fez ähnelten. Der erste Häuptling der Cherokee, Chief Sequoya, erfand nicht nur das Alphabet für seinen Stamm, sondern trug auf seinem Turban eine Feder dazu. Darüber hinaus bedeckten sich die Frauen, sodass die britischen Siedler bei diesem Anblick an osmanische Frauen erinnert wurden. Des Weiteren erfuhren im Jahre 1654 britische Entdecker von Indianern, dass es im Südosten ihrer Region »bärtige Menschen mit europäischer Kleidung« gebe, die in Hütten wohnten, Silber schmolzen und mehrmals täglich auf die Knie fielen und beteten, wo auch immer sie waren. Sie sprachen kein Englisch und nannten sich »Portyghee«. In der Tat nannten sich Berber, Juden und Muslime oft »Portugiese«, um der Inquisition zu entgehen. Und es sind in den verschiedensten Gegenden des amerikanischen Kontinents Abbildungen von männlichen bärtigen Männern entdeckt worden, die eine turbanähnliche Kopfbedeckung tragen. Im Jahre 2001 entdeckte der Amerikaner Frank Pryor gemeinsam mit einem Freund zudem einen Helm eines osmanischen Soldaten in Oklahoma.

In diesem Zusammenhang hat der Berliner Forscher Wolfgang Siebenhaar noch weitere antike Weltkarten untersucht, bei denen es sich ganz offensichtlich zumindest in Teilbereichen ebenfalls um Abschriften von antiken Originalen handelt: Eine Karte aus dem 3. Jahrhundert v. Chr., die uns der damals im ägyptischen Alexandria lebende Eratosthenes hinterlassen hat, zeigt eine Verbindung zwischen dem Kaspischen Meer und dem 2200 Kilometer Luftlinie entfernten Nordpolarmeer. Der römische Gelehrte Pompnonius Mela (29–89 n. Chr.) zeichnete ebenfalls eine Landkarte, auf der das Kaspische Meer und das Nordpolarmeer verbunden sind.

Eine weitere Landkarte von Oronteus Finaeus (1494–1555) aus dem Jahre 1531 zeigt ebenfalls die Antarktis mit eisfreien Gebirgszügen und Flüssen, die sich ins offene Meer ergießen. Auch auf der Karte des Gerhard Mercator (1512–1594) aus dem Jahre 1569 ist bereits zweifelsfrei die Antarktis abgebildet.

In dem 2100 Jahre alten Grab der Chinesin Ma Wang Dui wurde von Wang Shiping vom Historischen Museum Xian eine ungewöhnliche Landkarte entdeckt. Meine Autorenkollegen Peter Krassa und Hartwig Hausdorf stießen auf diesen ungewöhnlichen Fund bei den Recherchen zu ihrem Buch »Satelliten der Götter«. Die Karte zeigt im Maßstab 1:180 000 exakt und maßstabsgetreu die Topographie um das Gebiet von Daoxian in der Provinz Hunan über das Tal des Xiao-Flusses bis zur Gegend um die Stadt Nanhai in der Provinz Guangdong. Wang Shiping, der diesen ungewöhnlichen Schatz hütet, gestand Krassa und Hausdorf gegenüber wörtlich ein: »Wenn es nicht so phantastisch klingen würde, müsste man sagen, das Vorbild für diese Karte ist eine Satellitenaufnahme, die vor Jahrtausenden von einem fremden Satelliten aus dem Erdorbit gemacht worden ist.«

»Gottes Landkarte« – vorzeitliche Erdvermessung aus der Luft?

Im Archiv des Generalgouverneurs der Stadt Ufa in der Republik Baschkortostan (Russland) befinden sich einige Notizen aus dem 18. Jahrhundert, die Ungewöhnliches berichten. Sie enthalten einen Report über den Fund von etwa 200 eigentümlichen Steintafeln, die in der Nähe des Dorfes Chandar, nordöstlich von Ufa, von russischen Forschungsreisenden im 17. und 18. Jahrhundert entdeckt wurden. Diese

»weißen Tafeln« hätten seltsame Inschriften getragen, ist aus dem alten Report zu entnehmen. Tatsächlich werden die alten Eintragungen auch in den Forschungsberichten des Archäologen Richard Rudolf Schmidt (1882–1952) bestätigt, der die Region Anfang des 20. Jahrhunderts bereiste und die seltsamen »weißen Tafeln« ebenfalls gesehen haben will. Diese alten Dokumente würden jedoch weiterhin im Dornröschenschlaf vor sich hin dösen, hätte sie nicht der russische Mathematiker und Physiker Alexander Chuvyrov von der baschkirischen Staatsuniversität wieder ausgegraben.

Seltsamerweise hatte Chuvyrov seine Zeit statt der Mathematik und Physik seit 1995 einem anderen Forschungsgebiet gewidmet, das für seine Fachrichtung eigentlich ungewöhnlich ist. Er versuchte seine Theorie zu begründen, dass in prähistorischen Zeiten fremde Völker aus China nach Sibirien und ins Uralgebiet eingewandert wären und diese Gegenden besiedelten. Zusammen mit Huan Hong, einer postgraduierten Studentin, die aus China stammt, suchte Chuvyrov in den folgenden Jahren nach möglichen Beweisen für seine Theorie.

Und tatsächlich schien er mit seinen Vermutungen Recht zu behalten. Im Verlauf mehrerer Expeditionen in das Gebiet fand er eine Reihe von Höhlenzeichnungen mit Schriftzeichen, die eindeutig altchinesischen Ursprungs waren. Es gelang ihm sogar, diese Schriftzeichen zu entziffern und in einen Kontext zu stellen: Als Zeugnis einer frühen Kultur enthalten sie Angaben zu Handelsbeziehungen, registrierten Eheschließungen und Todesfällen.

Nachdem Alexander Chuvyrov im Archiv von Ufa die Berichte über die »weißen Tafeln« gefunden hatte, ließen ihm die Hinweise und das damit verbundene Geheimnis keine Ruhe mehr. Er charterte einen Hubschrauber und suchte die ganze Gegend nach den mysteriösen Tafeln ab, ohne auch nur eine Spur von ihnen zu entdecken. Chuvyrov glaubte schon, einer alten Legende aufgesessen zu sein, als er ganz unverhofft doch noch Glück hatte.

Bei einem seiner Besuche im Dorf Chandar traf Chuvyrov auf Vladimir Krainov, den ehemaligen Vorsitzenden des örtlichen Landwirtschaftsrats. Seltsamerweise hatte sich der Grund für Chuvyrovs Aufenthalt irgendwie herumgesprochen, sodass ihn Krainov fragte, ob er vielleicht nach Steintafeln suche, und hinzufügte: »Ich habe eine auf meinem Hof.«

Chuvyrov nahm diesen Hinweis zunächst gar nicht ernst, ging aber mit dem Landwirtschaftsrat, um sich noch einmal selbst Klarheit zu verschaffen. Heute sagt er: »Ich werde mich immer an das exakte Datum erinnern. Es war der 21. Juli 1999.«

Unter der Veranda von Krainovs Bauernhaus befand sich eine große Steinplatte mit zahlreichen Einritzungen, die zu schwer war, als dass sie zwei Männer hätten ausgraben und hervorziehen können. Es dauerte eine weitere Woche, bis ein von Chuvyrov angefordertes Team zur Verstärkung aus Ufa eintraf. Der Stein wurde freigelegt und mit Hilfe eigens dafür angefertigter Holzrollen vorsichtig hervorgezogen. Es sollte für Chuvyrov der Fund seines Lebens werden, und er nannte ihn »Daschkin kamen« (»Daschkas Stein«), zu Ehren seiner kleinen Enkeltochter, die gerade am Tage zuvor das Licht der Welt erblickt hatte. Seine Enkeltochter erhielt auf den ersten Blick ein seltsames Geschenk, denn der Stein ist 1,48 Meter lang, 1,06 Meter breit und 0,16 Meter dick, und er wiegt ungefähr eine Tonne.

Die gesamte Oberfläche dieser Steinformation ist mit einer Vielzahl reliefartiger Linien überzogen, denen man ansah, dass es sich nicht um eine natürlich entstandene Gesteinsformation handeln konnte. Alexander Chuvyrov erkannte sofort, dass dieser Stein irgendwann in der Vergangenheit bearbeitet worden war. Irgendetwas war auf ihm dargestellt, das ihn an eine Art Landkarte erinnerte, und zwar nicht eine primitive in die Oberfläche des Steins geritzte Landschaft der näheren Umgebung, sondern eine hochwertige dreidimensionale Reliefdarstellung. Natürlich stellte sich dem Wissenschaftler gleich die nächste Frage: Welche Region war in diesem Relief abgebildet worden?

Schnell stellte sich heraus, dass an einem Rand der prähistorischen Karte die Gegend um die heutige Stadt Ufa dargestellt war. Denn die Gebirgsketten am Rande der Stadt, die sich seit Millionen von Jahren geologisch kaum verändert haben, waren auf der steinernen Karte ohne große Verzerrung erkennbar.

Professor Chuvyrov vermutete deshalb anfangs, dass die Steintafel einige tausend Jahre alt war, und wunderte sich nur, dass auf ihr eine so fein gearbeitete Reliefdarstellung zu sehen ist und nicht die üblichen Darstellungen von Mammuts und anderen prähistorischen Tieren.

Doch der Stein wartete mit einer weiteren Überraschung auf: Südlich von Ufa, in Richtung des heutigen Sterlitamak, zeigte die Karte einen Canyon, den es dort heute in dieser Form gar nicht mehr gibt. So führte der Wissenschaftler umgehend geologische Recherchen durch und erfuhr, dass in längeren Zeiträumen der Erdgeschichte durch die Tektonik der Erdkruste Verschiebungen stattgefunden hatten, die aber einige Millionen Jahre in der Vergangenheit lagen. Deshalb schaltete der Wissenschaftler eine ganze Reihe von Kollegen ein, um das Rätsel seines prähistorischen Fundes zu lösen: Kartographen, Geologen, Physiker, Mathematiker, Chemiker und Kenner der altchinesischen Sprache wurden Teil einer großen Arbeitgruppe, die einen Stein mit einer Landkarte untersuchten, die es eigentlich gar nicht geben dürfte. Schließlich gelang es dem Forschungsteam, den Canyon zu identifizieren. Es ist das heutige Bett des Urshag-Flusses, wie es ganz offensichtlich vor einer Million Jahren ausgesehen hatte.

Nachdem die sonstigen Darstellungen auf der Karte so exakt ausgearbeitet waren, konnte diese Abweichung schwerlich auf Ungenauigkeiten bei der Herstellung zurückzuführen sein, sondern man musste davon ausgehen, dass sie angefertigt wurde, als der Canyon tatsächlich noch von Ufa aus in Richtung Sterlitamak in dieser Form verlief. Doch dann müsste aber auch die Karte mindestens eine Million Jahre alt sein. Diese Erkenntnis stellte die Wissenschaftler erneut vor ein Rätsel!

Immerhin konnten unter dieser unglaublichen Prämisse alle weiteren Details auf der Karte identifiziert werden. Es ergab sich eine exakte und maßstabsgetreue dreidimensionale Reliefdarstellung der Region Baschkortostan mit den Flüssen Bjelaja, Ufimka und Sutolka bis hinunter zur Stadt Salawat. Allerdings waren die Formationen so, wie die Landschaft in einem früheren Erdzeitalter ausgesehen haben muss.

Da dies natürlich für die Wissenschaftler eine Ungeheuerlichkeit darstellte, begannen sie nun, den Stein genauer in Augenschein zu nehmen. Vielleicht war es ja doch eine Laune der Natur, und die Forscher hätten sich von einer möglicherweise überraschenden Ähnlichkeit der Oberflächenstruktur mit dem Relief der Region täuschen lassen.

Anstatt sich allerdings auf diese Weise beruhigen zu können, fand man jetzt etwas, das allen den Atem raubte: Der Stein war nicht nur eindeutig künstlich bearbeitet worden, sondern sogar mit einer Technik, die nur einer Hochzivilisation möglich gewesen sein konnte, die mindestens mit unserer heutigen Kultur vergleichbar war. »Daschkas Stein« war nämlich nicht irgendein x-beliebiger Stein, sondern bestand aus drei höchst unterschiedlichen Schichten, von denen zwei künstlich aufgetragen waren und auf den ersten Blick wie Keramik oder Porzellan wirkten. Doch was für seltsame keramische Werkstoffe sollten das gewesen sein?

Die unterste Schicht der Steinplatte besteht aus etwa 1,41 Zentimeter dickem Dolomitgestein. Gleich darüber wurde eine 1,96 Zentimeter dicke Schicht aus Diopsidglas aufgetragen, deren Arbeitstechnik uns heute noch unbekannt ist. Genau in dieser Glasschicht ist das eigentliche Relief herausgearbeitet, auf das man noch eine 0,21 Zentimeter starke weiße Schicht aus Calcium-Porzellan auftrug, ganz offensichtlich, um die empfindliche Oberfläche stoß- und schlagfest zu machen. Gleichzeitig verleiht diese Schicht dem Stein sein charakteristisches Aussehen.

Eine häufig gestellte Skeptikerfrage lautet, wieso eine Hochzivilisation, die in der Lage ist, eine 3-D-Reliefkarte herzustellen, diese in Stein ritzen sollte, obwohl die alten Chinesen und Ägypter vor Christi Geburt doch schon Papier gekannt haben. – Wir wissen zwar nicht, was für Technologien eine mögliche Hochkultur in so ferner Vergangenheit im Einzelnen benutzt haben mag. Tatsache ist jedoch, dass die einzigen Artefakte, die überhaupt eine Chance hätten, nach so langer Zeit noch gefunden zu werden, aus Stein sein müssten.

Außerdem ist der »Daschkas Stein« keineswegs das Werk primitiver Steinzeitmenschen, die mit Faustkeilen aus Feuerstein irgendetwas in eine Steinplatte ritzten, sondern eine technische Meisterleistung! Durch Röntgenaufnahmen kann man nämlich zusätzlich beweisen, dass für die Ausarbeitung des Reliefs hoch entwickelte Präzisionswerkzeuge notwendig waren. Wer aber brauchte vor Millionen von Jahren überhaupt eine 3-D-Reliefkarte des Uralgebiets, und wer besaß zudem die Fähigkeit, eine derartige Landkarte herzustellen?

Hinzu kommt, dass nach Ansicht der Forscher die Karte nicht nur eine Million Jahre alt ist, sondern sogar 120 Millionen Jahre. Doch nach heutigem Wissen war die Erde zu jener Zeit noch nicht von Menschen, sondern hauptsächlich von Dinosauriern bewohnt. Soweit wir wissen, hat es keine »Dinosaurier-sapiens-sapiens« gegeben, die solch eine Karte hätten herstellen können. Und die Säugetiere dieser Zeitepoche waren mehr kleine, rattenähnliche Wesen und mögen zwar schon etwas pfiffiger als die Dinosaurier gewesen sein, dennoch dürften auch sie die Präzisionsbearbeitung einer Steinplatte und anschließende Beschichtung mit technisch aufwändigen keramischen Werkstoffen kaum zuwege gebracht haben. Wer stellte »Gottes Landkarte« also her, und wozu?

Doch damit noch nicht genug. Selbst wenn man die ungeheuerliche Vermutung einmal akzeptiert, dass es zur Zeit der Dinosaurier schon Menschen gegeben haben könnte, so dächte man dabei eher an eine Art vorzeitlicher »Familie Feuerstein«, aber keinesfalls an eine technische Hochzivilisation. Die Wissenschaftler des Zentrums für historische Kartographie in Wisconsin (USA), denen Alexander Chuvyrov seine Reliefkarte zeigte, gaben jedoch kurioserweise eine völlig andere Einschätzung: »Wer immer diese Karte angefertigt hat, der tat dies zum Zweck der Navigation – eine andere Verwendung ist kaum vorstellbar –, und er musste fliegen können, vermutlich sogar im Orbit, außerhalb der Erdatmosphäre. Die Erfassung der Oberflächendetails in der vorliegenden Präzision ist nur durch Vermessung aus der Luft möglich.«

Die Kartographen wissen durchaus, wovon sie reden, denn schließlich ist auch die NASA gerade dabei, mit Hilfe mehrerer Spaceshuttle-Einsätze einen dreidimensionalen Weltatlas zu erstellen, der nach derzeitiger Planung um das Jahr 2010 fertig werden soll. Das bedeutet, dass wir das, was Professor Chuvyrov bereits jetzt als Fragment in Händen hält, erst in naher Zukunft mit unserer Technologie des 21. Jahrhunderts, mit Hochleistungscomputern und modernsten Geräten für die Altimetrie, die vom Spaceshuttle aus eingesetzt werden können, ebenfalls erreichen werden. Wer aber besaß eine Technik des 21. Jahrhunderts bereits vor Millionen von Jahren?

Und noch etwas ist zutiefst mysteriös: Trotz der eindeutigen Hinweise auf das Vorhandensein einer Hochzivilisation sind auf der Reliefkarte keine Straßen oder sonstigen Landwege eingezeichnet. Wer immer diese Karte erstellt und benutzt hat, hat sich nicht zu Lande fortbewegt, sondern ganz offenbar nur auf dem Wasser und in der Luft!

Es wurde auch schon die Vermutung geäußert, die Schöpfer der Karte hätten dort überhaupt nicht gelebt, sondern es sei nur ein Erkundungstrupp gewesen, der das Terrain sondierte und kartographierte und ein Bewässerungssystem anlegte, um es den eigenen Lebensbedürfnissen anzupassen. Ein Erkundungstrupp vor 120 Millionen Jahren? Wer soll das gewesen sein? Und woher wäre der Trupp gekommen? Alexander Chuvyrov ist als Wissenschaftler sehr vorsichtig: »Ich rede nicht über Dinge wie UFOs und Außerirdische«, sagt er. Den Urheber des Reliefs nennt er ganz einfach »den Schöpfer«. Ist das also etwa »Gottes Landkarte«?

Jede Untersuchung im Zusammenhang mit der Landkarte bringt eine neue Sensation. Mittlerweile sind die russischen Wissenschaftler sogar schon der Überzeugung, dass die Karte nur ein Fragment eines viel größeren Artefakts ist, möglicherweise einer Reliefdarstellung der ganzen Erde, wie sie auch von der NASA gerade erstellt wird.

Schon die alten Aufzeichnungen aus dem 18. Jahrhundert sprachen ja von etwa 200 Tafeln. Durch Untersuchungen von Erdproben stellte man fest, dass das Artefakt sich vermutlich ursprünglich in einer Schlucht der Sokolinaja-Berge befunden haben muss. Durch die Vergletscherung der gesamten

Region während der Eiszeit, so die Ansicht der Forscher, zerbrach die riesige Tafel (die nach den Berechnungen Chuvyrovs etwa 340 mal 340 Meter groß gewesen sein muss) in unzählige Teile, die sich beim Abschmelzen des Eises dann in alle Richtungen verteilten. Anhand des Archivmaterials vermutet Chuvyrov ein paar Bruchstücke sogar schon lokalisiert zu haben, zum Beispiel unter dem Haus des Kaufmanns Khasanov in Chandar oder unter einer Brücke der lokalen Schmalspurbahn. Es wird nicht einfach sein, die Schätze zu bergen.

Nach allgemeiner wissenschaftlicher Auffassung ist der Fund von Chandar weltweit ohne Beispiel. Mit einer Ausnahme: Auf dem Höhepunkt der Forschungsarbeiten wurde ein kleiner Halbedelstein – ein Chalzedon – gefunden, der an seiner Oberfläche ein kleines Relief trug, das dem des Daschka-Steins sehr ähnlich sieht, so als ob jemand, der die große Karte sah, sich diese kopieren wollte, sozusagen als Taschenausgabe. Wer aber war das, und wozu tat er es? Viele Fragen bleiben offen!

So spektakulär und spannend die ganze Geschichte auch ist, so sehr sind an dieser Stelle auch einige kritische Anmerkungen angebracht, die sich ausdrücklich nicht gegen Professor Chuvyrov und seine Arbeit, sondern allenfalls gegen die für die nicht-wissenschaftlichen Leser (notgedrungen) vereinfachte Darstellung in der Moskauer Zeitung »Prawda« richten kann, auf deren Artikeln diese Story im Wesentlichen beruht. Es macht auf jeden Fall den Eindruck, dass Alexander Chuvyrov und sein Team bei ihren Untersuchungen alle gebotene wissenschaftliche Sorgfalt walten ließen. Allerdings sind auf der Basis des momentan vorliegenden Materials die Forschungsergebnisse für den Leser nur schwer nachzuvollziehen. Vergleicht man zum Beispiel den (heutigen) realen Verlauf des Bjelaja-Flusses, gelbe Markierung mit dem vertikalen Spalt auf dem Stein, so sind Ähnlichkeiten kaum erkennbar. Paradoxerweise könnte dies gerade für die Echtheit des Steins sprechen, denn auf ihm soll ja die Landschaft in prähistorischer Zeit dargestellt sein.

Man muss sich vor Augen halten, dass unser Globus in so ferner Vergangenheit ein vollkommen anderes Aussehen hatte als heute. Nicht nur, dass sich unsere heutigen Gebirgsformationen durch Auffaltung und Erosion in der Gestalt ändern – in so langen Zeiträumen, wie sie hier zur Diskussion stehen, haben sich die Kontinente als Ganzes erheblich gegeneinander verschoben. Im Jurazeitalter vor etwa 150 Millionen Jahren bildeten Südamerika, Afrika, Indien, die Antarktis und Australien noch einen gemeinsamen Kontinent, den die Geologen Gondwana genannt haben. Zentralasien und China waren nach Norden in Richtung Nordpol verschoben, und fast ganz Europa lag vollkommen unter dem Wasserspiegel des eurasischen Urozeans. Interessanterweise lag der Höhenzug des Ural, der damals schon existierte, nicht wesentlich anders als heute. Im nachfolgenden Kreidezeitalter, etwa vor knapp 100 Millionen Jahren, sah die Situation schon ganz anders aus. Afrika, Indien und Australien befanden sich schon auf dem Weg zu ihren heutigen Positionen, und Europa begann langsam aus den Tiefen des Meeres aufzutauchen.

Diese Beispiele verdeutlichen, wie schwer es für die Wissenschaft ist, für einen Zeitraum von 120 Millionen Jahren abzuschätzen, wie einige Flüsse, Bergrücken und Täler in einer eng umgrenzten Region sich entwickelt haben. Um es überhaupt möglich zu machen, benötigt man komplizierte Computersimulationen, die die bekannten erdgeschichtlichen Kontinentaldriftungen berücksichtigen können. Vor diesem Hintergrund ist auch die Untersuchung des Daschka-Steins zu sehen. Alexander Chuvyrov stellte in einer Online-

Pressekonferenz der »Prawda« am 6. Juni 2002 klar: »Die Identifizierung des Reliefs als die Region um Ufa vor 120 Millionen Jahren geschah nicht durch bloßen Augenschein (was, wie man sieht, sowieso nicht möglich ist), sondern ist Ergebnis solcher umfangreicher Computerberechnungen.« Es bleiben natürlich in diesem Fall noch viele Fragen offen, doch an den jetzt aufgeflammten weltweiten Spekulationen über die möglichen Urheber der Karte beteiligt sich Chuvyrov ohnehin nicht. Doch eines ist klar – wenn der Stein wirklich das ist, für den Professor Chuvyrov ihn hält, dann würde dies unser gesamtes Weltbild für immer verändern.

9. Götter, Gräber und Fremde

Der arabische Gelehrte Dhu'l Nun Misri hat vor 500 Jahren die Geschichte vom technisch hoch entwickelten »Arhew-Volk« aufgeschrieben, das bereits in der Lage war, eine bevorstehende Katastrophe vorherzusehen, und das überdies sogar Hochrechnungen darüber zu erstellen vermochte, dass es anschließend seine ursprüngliche Heimat wegen der durch die Katastrophe verursachten Unwirtlichkeit für 20 000 Jahre nicht mehr würde aufsuchen können. Als die Stammesältesten aber später den Jüngeren davon erzählten, dass sie »vor 20 000 Jahren mit Schiffen von Westen gekommen seien«, bezichtigte man sie der Blasphemie. Die Jüngeren sagten, dass »kein Material existiert, das sich nicht mit Wasser voll saugt, woraus sich Schiffe bauen lassen, die das Wasser tragen« würde. War das vielleicht eine arabische Erinnerung an das sagenumwobene Atlantis?

Wo liegt Atlantis?

Die Geschichte vom Königreich Atlantis erzählt davon, wie sich die Bewohner des alten Athen gegen eine starke Macht zur Wehr gesetzt hatten, die 9000 Jahre zuvor aus ihrer Heimat im Atlantik auszog, um die Städte Europas und Asiens anzugreifen.

Der Streit darüber, ob dieses verlorene Königreich tatsächlich existierte, begann direkt nach Platons Tod im Jahre 347 v. Chr. Sein Schüler Aristoteles (384–322 v. Chr.) glaubte, dass es sich bei dem Bericht des Philosophen und Historikers um eine politische Fabel handelte. Doch bis zur erneuten Entdeckung Amerikas im Jahre 1492 schenkte man diesem Thema dann relativ wenig Beachtung. Vierzig Jahre danach behauptete der spanische Historiker Francesco López de Gómara (1511–1566), dass die Westindischen Inseln und der amerikanische Kontinent gut zu Platons Beschreibung eines unbekannten Inselreichs jenseits von Atlantis passten. Bald fand die Theorie, dass Atlantis in der Neuen Welt liege, zahlreiche Anhänger, unter denen sich auch Francis Bacon befand, der dies in seinem 1616 erschienen utopischen Werk »Novo Atlantis« mit Nachruck vertrat. Doch je mehr über die Neue Welt bekannt wurde, desto weniger ließ sich diese These, dass Amerika und Atlantis identisch seien, halten. Trotzdem vermutete man die Insel weiterhin im Atlantik. Der Jesuit Athanasius Kircher behauptete in seinem Buch »Mundus Subterraneus« sogar, dass die Azoren die Berggipfel des »versunkenen« Inselreiches seien. Andere Gelehrte haben in ihren Theorien die Inseln um Madeira und die Kanarischen Inseln als die Reste von Atlantis angesehen. Doch viele nachfolgende Atlantis-Forscher haben Platons Behauptung, wonach das versunkene Königreich im Atlantik liege, erst einmal keine Beachtung mehr geschenkt.

Im 17. Jahrhundert verlagerte der schwedische Medizinprofessor Olof Rudbeck (1630–1702) in seinem über 2000 Seiten umfassenden Werk »Atland eller Manheim« Atlantis in seine skandinavische Heimat. Im 18. Jahrhundert folgte die Theorie des französischen Astronomen Jean Sylvain Bailly (1736–1793), wonach Atlantis auf dem Meeresgrund des nördlichen Polarkreises vor Spitzbergen ruhe, und Georg Frederick Baer (1842–1914) setzte die »Atlantischen Königreiche« mit den zwölf Stämmen Israels gleich sowie den Atlantik mit dem Roten Meer.

Der bekannteste Befürworter der These, wonach Atlantis doch im Atlantik liege, war dann der amerikanische Schriftsteller Ignatius Donnelly (1831–1901), der 1882 das Buch »Atlantis – Die vorsintflutliche Welt« veröffentlichte. Wie bereits Kircher, so behauptete auch Donnelly, die Azoren seien die Reste des verschwundenen Kontinents.

Tatsächlich gibt es eine ganze Reihe gewichtiger Argumente, die heute für eine Absenkung des Meeresbodens im mittelatlantischen Bereich sprechen, wodurch eine große Insel wie Atlantis verschwunden sein könnte. Bestätigung für diese Theorie erfuhr man 1669, als ein großer Teil der berüchtigten Pirateninsel »Port Royal« durch ein gewaltiges Erdbeben im Meer versank. Dazu gab es in der portugiesischen Hafenstadt Lissabon, die etwa auf der Höhe der Azoren liegt, im Jahre 1775 ein starkes Erdbeben, bei dem 60 000 Menschen ums Leben kamen und der Hafen und die Docks 200 Meter tief im Meer versanken. Im Jahre 1811 tauchte bei den Azoren eine vulkanische Insel mit dem Namen Sambrina mehrere Tausend Meter empor, um nach kurzer Zeit wieder spurlos zu verschwinden. Auch die Inseln Corvi und Flores ändern ständig ihre Gestalt, sodass immer Teile wieder im Atlantik verschwinden. Vielleicht findet man deshalb auch auf der Azoreninsel Santa Maria eine vier Meter dicke Kalksedimentschicht, die sich bereits im Jungtertiär abgelagert hat. Darüber hinaus trifft man an den Küsten sämtlicher Inseln auf Geröllblöcke aus Glimmerschiefer, Granit und Quarzit. Das sind Gesteinsarten, die nicht aus dem Magma von Vulkanen hervorgehen, sondern in Jahrmillionen auf den Kontinentalplatten entstehen. Geologen versuchen das Vorhandensein dieser Gesteine mit Gletscherwanderungen zu erklären, wodurch sie zu den Azoren gelangt sein könnten. Unmöglich ist nichts, ebenso nicht, dass es sich um die letzten Reste atlantischer Bauwerke handeln könnte, die zuvor prachtvolle Paläste aus Glimmerschiefer, Granit und Quarzit waren.

Die amerikanische geologische Gesellschaft, die sich seit 1983 Behörde für Ozean und Atmosphäre (NOAA) nennt, hat 1936 eine Studie über versunkene Flusscanyons im Atlantik erstellt, die besagt, dass Flüsse auf europäischer, nordafrikanischer und amerikanischer Seite sich bis zu 300 Kilometer lang und zwei Kilometer tief in die Kontinentalsockel einfrästen. Dies bedeutet, dass sich im Pleistozän, also zur Zeit des ersten vernunftbegabten Menschen, der Meeresspiegel um bis zu 2000 Meter verändert hat. Zudem fand man in den Riffen der Azoren in einer Tiefe von bis zu tausend Metern Küstensand, der sich gewöhnlich nur an flachen Stränden bildet.

Ein weiterer Punkt, der für die Theorie einer Absenkung eines ehemals vorhandenen Kontinents spricht, sind Ablagerungen von Flachwasserlebewesen wie Korallen, die auf zahlreichen Gipfeln des Atlantischen Rückens gefunden wurden. Das Problem dabei ist nämlich, dass sich auch die Gipfel bis zu 2000 Meter unter dem Meeresspiegel befinden, wo Korallen biologisch überhaupt nicht ausgebildet werden konnten. Sie gedeihen nur bis zu einer Wassertiefe von 40 Metern und sind ansonsten nicht überlebensfähig. Wie gelangten die Korallenblöcke also in jene große Meerestiefe?

Der deutsche Atlantisforscher Otto H. Muck (1899–1965) hat in seinem Buch »Alles über Atlantis« eine eindrucksvolle Szenerie eines Impakts beschrieben, in der er rekonstruiert, was sich vor 11 000 Jahren, gegen Ende der letzten Eiszeit, wie abgespielt haben könnte. Seiner Ansicht nach traf ein mehrere Kilometer großer Planetoid die Erde. Bei diesem »Knall« zerfiel er in zwei große Hälften und danach noch einmal in ungefähr 10 000 Trümmerstücke. Während die Trümmerstücke in der Umgebung von North Carolina (USA) Tausende Einschlagslöcher verursachten, die im Durchmesser zwischen 400 und 1600 Meter groß waren, durchschlugen die beiden »Kernhälften« den Nordatlantik in der Umgebung des Saragossasees. Tatsächlich sind dort noch heute zwei Tiefseelöcher mit einer 200 000 Quadratkilometer umfassenden Fläche nachweisbar.

Die aus der Einschlagstelle freigesetzte Energie verursachte Verheerendes: Nach Muck riss der Atlantikboden etwa 3000 Kilometer tief auf, worauf Magma mit einem Volumen von ein bis zwei Millionen Kubikkilometern aus dem Erdmantel nach außen drang. Kurz darauf sank die »Simaschicht« der Erdkruste ab, und der erhitzte Wasserdampf teilte das Magma in Tröpfchen, die beim Abkühlen in höheren Schichten der Atmosphäre zu Ascheflocken erstarrten. Diese bildeten schließlich als Gemisch mit Bimssand eine ebenfalls bereits geologisch nachgewiesene Ablagerungsschicht auf dem Atlantik, die eine Stärke von bis zu 100 Metern erreichte. Dieser Umstand würde gleichzeitig den Bericht Platons bestätigen, wonach das Meer durch den Untergang von Atlantis »unbefahrbar« wurde. Tatsächlich bestätigte der Ausbruch des Vulkans Krakatau im Jahre 1883, wie schnell so etwas passieren konnte: Eine etwa 25 Zentimeter starke Bimssandschicht im Meer behinderte für etwa vier Monate den Schiffsverkehr. Der Wissenschaftler Klaus H. Aschenbrenner schreibt in diesem Zusammenhang in seinem Buch »Die Antiliden«:

»Als weitere Folge soll es zu einem Kippen der Kontinentalschollen gekommen sein. Da an den Felsen der Kordilleren in rund 3000 Metern Höhe eine helle Strandlinie den ehemaligen Verlauf der Meeresküste markiert, bedeutet dies, dass der Kontinent in diesem Bereich um drei Kilometer angehoben wurde. Demzufolge wäre auch der antike Hafen am Titicacasee vormals ein Seehafen gewesen. Entsprechend hätte sich infolge der Kippbewegung der südamerikanische Kontinent an der Nordküste im Bereich der Amazonasmündung gesenkt. Am afrikanischen Kontinent sind gleichfalls derartige Kippeffekte zu beobachten. So ist beispielsweise die Kongomündung um 800 Meter abgesunken.« Nach Otto Muck hat sich zudem das so genannte Telegrafenplateau im Bereich der Azoren um 2000 Meter gesenkt, wo das legendäre Atlantis vermutet wurde. Einen Beweis dafür sieht Muck im »Globigerinenkalk«, den man im »Romanchengraben« in 7300 Metern Tiefe fand, der aber geologisch nur bis in 4500 Metern Meerestiefe entstehen kann.

Nach Muck war eine der gravierendsten Wirkungen des Aufpralls die Verschiebung der Erdpole um etwa 3500 Kilometer. Als Beweis für diese Polarverschiebung führt der Forscher die Konservierung von mehr als 100 000 Mammuts in Sibirien an und macht gleichzeitig die Atlantis-Katastrophe für das Aussterben der Urzeitelefanten verantwortlich. Zumindest im bis dahin eisfreien Sibirien sorgte die Verschiebung des Nordpols innerhalb von wenigen Tagen für das plötzliche Einfrieren der Tiere.

Der Forscher gibt den Zeitpunkt dieser Katastrophe mit 8500 v. Chr. an, wo die Klimakurve tatsächlich einen abrupten Rückgang der Temperaturwerte gegenüber dem Ende der letzten Eiszeit um 10 500 v. Chr. anzeigt. Der erneute Kälteeinbruch hat schließlich etwa 300 Jahre vorgeherrscht, bevor sich die Temperaturen wieder gemäß der Wärmeperiode normalisierten. Dass diese Katastrophe vor etwa 11 000 Jahren wirklich eingetreten ist, belegen zum Beispiel die letzten großen Eifelmaare wie der Lacher See. Noch heute füllt der Bimssand auch das Neuwieder Becken mehrere Meter hoch.

Dennoch sind einige Argumente Otto Mucks umstritten oder sogar inzwischen widerlegt. Ganz offensichtlich sind zum Beispiel die Carolina-Krater in einer wesentlich früheren Zeitepoche entstanden. Überdies erfolgte die Polverschiebung laut Charles Hapgood nicht plötzlich, sondern nach und nach, in einem Zeitraum von vielen Jahrtausenden. Dennoch steht für die einwandfreie Datierung des westlichen Andengebirges eine nachvollziehbare Altersdatierung aus geologischer Sicht noch immer aus. Auch an einzelnen Stellen des Meeresbodens bei den Azoren fand man Lavagestein, das zwischen 10 000 und 15 000 Jahre alt ist und für das Absinken des Atlantikgrunds spricht, weil sich diese Ausformung nicht unter Wasser, sondern an Land ausbildet. Vermutlich kamen diese Gesteine wie Tachylyt nur deshalb zum Vorschein, weil 1898 das Transatlantikkabel brach, das sich etwa 750 Kilometer nördlich der Azoren befindet.

Auch die Azoreninseln St. Paul und St. Peter bestehen aus einem Gestein, das nicht der Erdkruste, sondern dem äußeren Erdmantel entstammt. Datierungen haben ein Alter von 3,8 Milliarden Jahren ergeben, was sie mehr als Überreste von Festland denn als Neubildungen durch Vulkane erscheinen lässt. Überdies isolierte man aus einer Tiefe von 2300 Metern, aus dem Bodenschlamm dieser Inseln, Mikroorganismen, die ebenfalls nur im Flachwasserbereich leben können und in dieser Tiefe ohne ein Absinken des Plateaus nichts verloren hätten. Schließlich wies man auch auf der Azoreninsel Tristan da Cunha mehrere Felsen aus dem Hartgestein Gneis nach, wobei es sich definitiv um Festlandgestein handelt und jegliche Eiszeitgletscher als Gesteinslieferanten ausgeschlossen werden können. Klaus H. Aschenbrenner erklärt das in seinem Buch wohl am trefflichsten: »Das Vorkommen von Gneis erhärtet infolgedessen den Verdacht auf Festlandmaterial im Untergrund auch dieser Insel. Im Bereich der Antillen konnte ein Forschungsteam der Duke Universität 1969 den exakten Beweis für einen kontinentalen Gesteinsgrund erbringen. Die Wissenschaftler hatten den so genannten Aves-Rücken, der sich von Venezuela aus bis zu den Jungferninseln hin erstreckt, an verschiedenen Stellen angebohrt. Das Bohrergebnis widerlegte eindeutig die Vorstellung, dass der Aves-Rücken und die auf ihm befindlichen ostkaribischen Inseln vom Meeresboden aus emporgewachsen sind. In diesem Fall hätten die Bohrungen nämlich Basalt zutage fördern müssen. Stattdessen enthielten die Bohrkerne das Kontinentalgestein Granit. Die Antillen erweisen sich daher als die Bergspitzen eines im Meer versunkenen Kontinentstückes.«

Pyramiden in Mexiko

Auch wenn heutige Gelehrte die Entstehungszeit der amerikanischen Hochzivilisation mit lediglich 4600 Jahren angeben, vertreten Archäologen wie Cotti Burland und Werner Forman vom Smithsonian Institute in Washington bezüglich der Besiedlungszeit Amerikas eine differenzierte Ansicht: »Die ersten Indianer müssen nach Amerika über eine eisfreie, aber bitterkalte Ebene gekommen sein, da, wo jetzt die Beringstraße den Weg versperrt. Diese Leute drangen langsam südwärts vor […] dass dies vor wenigstens 27 000 Jahren begann, und neuerliche Funde deuten sogar auf noch frühere Bewegungen bis vor 50 000 Jahren hin.«

Wie alt ist die Zivilisation Amerikas aber tatsächlich? Mexiko trug in alten Zeiten den Namen »Anahuac«, was einfach »Land zwischen zwei Wassern« bedeutet. Es ist ein Bergland zwischen dem Karibischen Meer und dem Pazifik. Im Westen bilden die Kordilleren einen Teil der großen Gebirgsketten, die sich von Alaska im Norden bis nach Feuerland (bei Argentinien) an der Südspitze des amerikanischen Kontinents erstrecken. Diese Ketten teilen sich so, dass sie ein grasbewachsenes Hochland und die ehemals dicht bewaldeten Küstenstriche einschließen, auf dem sich ein großer Teil der »verlorenen Geschichte« des Landes abspielte.

Heute leben in Mexiko etwa zwölf Millionen reinblütige Indios, die aus eigener Kraft, ohne die Unterstützung der mexikanischen Regierung, Akademien gründen, in denen das fast verloren gegangene Wissen der alten Zeit gelehrt wird. Die Lehrfächer beruhen auf der alten Maya-Mathematik, den alten Naturwissenschaften und natürlich der Geschichte vor 1519, als die Spanier das Leben der Ureinwohner Mexikos veränderten, als sie ihren erbitterten Eroberungsfeldzug unter christlicher Flagge führten.

Hernando Cortéz, der 1519 das Reich der Azteken im Auftrag der katholischen Kirche eroberte, wie auch Francisco de Montejo, der 1527 die Maya unterwarf, waren bei ihrer Ankunft in Amerika über die hoch entwickelte Kultur und deren steinerne Bauwerke erstaunt. Es handelte sich um Pyramiden, deren Architektur im krassen Gegensatz zu den ärmlichen Strohhütten der einheimischen Bevölkerung stand. Die hohen Pyramiden bestanden aus einem Kern von Lehm und Steinen und waren außen mit Steinblöcken und Mörtelputz verkleidet. Bei Ausgrabungen wurden verschiedene Schichten dieser Steinverkleidungen freigelegt. Dies zeigte, dass die Urbevölkerung von Zeit zu Zeit eine bestehende Pyramide überbaute und als Grundlage einer neuen, höheren verwendete.

Nach Gelehrtenmeinung begann das mesoamerikanische Volk von Teotihuacán im 2. Jahrhundert v. Chr., eine der ältesten Großpyramiden über eine bereits existierende kleine zu bauen. Sie ist 72 Meter hoch, hat eine quadratische Seitenfläche von jeweils 222 Metern und bedeckt eine Fläche von etwa 50000 Quadratmetern. Wie Michael D. Coe von der Yale Universität in seinem Buch »Die Maya« anmerkt, ist sie astronomisch ausgerichtet und wird bereits in den ältesten Legenden erwähnt. Parallel entstanden um 200 v. Chr. andere Pyramiden, wie zum Beispiel im Tiefland von Guatemala die

Tikal- und Uaxactun-Pyramide. Die amerikanischen Pyramiden unterscheiden sich in einer Reihe wesentlicher Punkte von den Pyramiden der Pharaonen, die laut den Archäologen viel älter sein sollen. Doch Untersuchungen, die 1922 von dem amerikanischen Archäologen Byron Cummings an der 30 Meter hohen Rundpyramide von Cuicuilco unweit von Mexiko-City im Gebiet der La-Venta-Kultur durchgeführt wurden, rüttelten bereits vor 80 Jahren an der These vom »jungen« Mesoamerika.

Bei der Rundpyramide handelt es sich um ein Bauwerk einer verschollenen mesoamerikanischen Kultur, das einen vierstufigen kegelstumpfförmigen Unterbau aufweist. Die erste Stufe hat einen Durchmesser von 135 Metern und eine Höhe von acht Metern. Bei der zweiten Stufe belaufen sich die Maße auf 116 Meter im Durchmesser und einer Höhe von fünf Metern. Die dritte Stufe hat einen 103 Meter großen Durchmesser, ist aber nur noch dreieinhalb Meter hoch. An diese Ebene schließt letztendlich eine 70 Meter umfassende vierte Plattform mit drei Metern Höhe an, auf der sich vermutlich früher noch ein Zeremonienplatz aus Holz befunden hat.

Die Bautechnik der knapp 20 Meter hohen Anlage konnte aufgrund der von Archäologen in den Komplex eingebrachten Tunnel untersucht werden: In der Hauptsache besteht der Bau aus stark komprimierter, aufgeschütteter Erde, die man durch etwa zwei mal ein Meter dicke, grob behauene Steinblöcke befestigt hat. Sie sind in konzentrischen Kreisen am Rand der einzelnen Stufen tief ins Erdreich eingelassen und verhindern so ein Abrutschen der an die 250 000 Tonnen schweren Erdmassen. Daran lässt sich sehr gut erkennen, dass die Bauherrn dieser Pyramide mit der statischen Berechnungsgrundlage vertraut waren und das Bauwerk nicht zufällig errichtet haben. Auch die den Kern bildenden Felsblöcke, die durch die Erde zusammengepresst werden und eine Art Fundament des Bauwerks darstellen, gehören zur Arbeitsweise nach wohl durchdachter Planung. Das völlige Fehlen von Mörtel und Kalk weist nach Ansicht der Archäologen allerdings darauf hin, dass der Bau einem noch primitiven Stadium der präkolumbischen Architektur entstammt.

Nachdem Cummings die Cuicuilco-Pyramide entdeckt hatte, musste sie einige Monate später von einer fünf Meter dicken Lavaschicht freigelegt werden. Der neuseeländische Geologe George E. Hyde (1882–1955) datierte das Alter der Lava in einem Artikel, den er im »National Geographic Magazine« veröffentlichte, auf 7000 Jahre. Auch nachdem 1923 einige neue Stellen der Bauanlage freigelegt wurden, hielt man an der Auffassung eines hohen Alters noch fest. Cummings selbst schreibt in seinem Artikel: »Diese 15 bis 17 Fuß von Sand, Lehm und Steinen, die sich über dem umgebenden Pflaster von Cuicuilco angesammelt hatten, bevor der Lavastrom kam, zeigen, dass seine Erbauer Tausende von Jahren vor dem Pedregal [Schuttablagerung] gelebt und gearbeitet hatten. Es ist von Amerikanern erbaut worden, die vor 8000 oder mehr Jahren hier lebten.«

Der amerikanische Geologe Nathaniel H. Darton geht davon aus, dass die das Bauwerk umschließende Lava des Vulkans Xitle höchstens 2000 Jahre alt sei. Tatsächlich konnte inzwischen nachgewiesen werden, dass die Umgebung der Pyramide von mehreren Lavaströmen heimgesucht wurde, die zu unterschiedlichen Perioden auftraten. Auch nach Ansicht Cotti Burlands kann der Baubeginn dieser Pyramide frühestens um 900 v. Chr. gelegen haben, während andere Archäologen ihn mit 600, 300 oder 200 v. Chr. datieren. Somit haben wir es entgegen N. H. Dartons Ansicht zwar mit einer 900 Jahre älteren Anlage zu tun, doch von den gemutmaßten 7000 Jahren eines G. H. Hyde sind wir immer noch ein ganzes Stück weit entfernt. War die ungewöhnliche Datierung der Pyramidenanlage in Cuicuilco also falsch?

Nur scheinbar, denn Keramikfunde, die in den 1970er-Jahren der französische Archäologe Jean Duret in der Umgebung des Bauwerks machte, stammen nachweislich aus dem Jahr 2300 v. Chr. und bestätigen damit eine kulturelle Bewegung im Umfeld des Bauwerks, die schon vor 4300 Jahren stattgefunden hat. Auch Radiokarbondatierungen, die an elf weiteren pyramidalen Strukturen in dieser Umgebung durchgeführt wurden, brachten Datierungsergebnisse hervor, die in der Tat bis 6800 Jahre in die Vergangenheit zurückreichen. Duret sagt dazu: »Während mehrerer Jahrtausende vor unserer Zeitrechnung herrschte auf dem mexikanischen Hochland eine rege vulkanische Tätigkeit, deren letzte Ausläufer die noch heute zu verzeichnenden Erdbeben sind. Die Meseta Central ist buchstäblich von erloschenen Vulkanen eingerahmt. Und wie überall in der Welt lockte die fruchtbare Vulkanerde ackerbauende Menschen an, bis ein neuer Ausbruch ihre Behausungen zerstörte. Nachdem sich jedoch der schreckliche Lavastrom aus dem Krater des Xitle ergossen hatte, war der Untergang von Cuicuilco endgültig besiegelt: Das Vulkangestein, das den Ort bedeckte, war völlig unfruchtbar.«

Aus diesem Zitat können wir zumindest entnehmen, dass der letzte Vulkanausbruch für eine endgültige Aufgabe dieser Stätte sorgte, weil die gesamte Umgebung nur noch aus hartem Vulkangestein bestand. Das hatte aber auch etwas Gutes: Die konservierten Funde unter der Lava waren unberührt für nachfolgende Altersdatierungen. Die Probe UCLA 211 (University of California Los Angeles), die aus einem Stück Holzkohle entnommen wurde, lässt sich auf die Zeit um 4765 v. Chr. datieren. Ihr Alter liegt also mit 6770 Jahren ziemlich nahe an dem 7000-Jahre-Wert des neuseeländischen Geologen. Wahrscheinlich entstand die Holzkohle durch das Verbrennen eines Baumstumpfs in der Lava, der uns gleichzeitig die Katastrophe eines Vulkanausbruchs während dieser frühen Epoche bestätigt. Es wurde also mindestens ein Datum ermittelt, das durchaus für eine sehr frühe Besiedlung dieser Umgebung spricht.

Eine nochmalige Bestätigung bekam das Ganze, als das vulkanische Lavagestein noch einmal mit der radioaktiven Ionium- und Protaktinium-Methode datiert wurde. Auch in diesem Fall bescheinigte die geologische Untersuchung durch Henri Stierlin dem Lavagestein ein Alter von 7000 Jahren und bestätigte damit die früheste Hypothese von George H. Hyde. Der aktuelle Wert aus UCLA 601 mit 2160 v. Chr. belegt ebenfalls eine deutlich frühere Inbesitznahme des Landes um Cuicuilco vor mindestens 4165 Jahren. Trotzdem wird die Entstehung des Bauwerks von der offiziellen Archäologie immer noch auf 200 v. Chr. datiert.

Der »kosmische Schock« und seine Folgen

Vor etwa 3000 bis 4000 Jahren entstand vermutlich die älteste von Archäologen anerkannte Zivilisation Mesoamerikas. Die Heimat dieser Zivilisation war der tropische Osten Mexikos, der eine Region darstellt, die im Grunde für das Aufblühen einer großen Kultur überhaupt keine Voraussetzung zu bieten schien. Wahrscheinlich ausgehend vom zapotekischen Hochland verbreitete sich hier der Kalender und das Schriftsystem über die späten Olmeken in verschiedenen archäologischen Zentren südlich des Isthmus von Tehuantepec bis zur olmekischen Peripherie im Hochland von Guatemala mit ihren wichtigen Zentren Abaj Talik, Kaminaljuyú und El Baúl. Monumente mit ersten narrativen Texten und Kalenderdaten im Long-Count-System stammen in der erstgenannten Region aus der Zeit zwischen 50 v. Chr. und 200 n. Chr. An der mexikanischen Golfküste bildeten sich schließlich einige hochkomplexe Schriftsysteme. An der Pazifikküste von Chiapas und Guatemala entstanden Häuptlingstümer, die zu Ehren ihrer Herrscher Stelen mit einer heute größtenteils noch unlesbaren Schrift errichteten. Diese als Izapa-Stil bezeichneten Inschriften geben Ereignisse mit Kalenderdaten wieder. Im Jahre 1986 wurde bei La Mojarra sogar eine mit über 400 Hieroglyphen beschriebene Stele entdeckt, die ein Datum aus dem Jahr 156 n. Chr. trägt. Die Zeichen haben Ähnlichkeiten mit den Maya-Hieroglyphen, scheinen aber nicht mit ihnen verwandt zu sein. Das System arbeitete wahrscheinlich bereits mit Silbenzeichen und gibt einen Text in Proto-Zoque wieder, wovon bereits ein Teil entziffert werden konnte.

Doch schon Mitte der 1970er-Jahre besuchte der amerikanische Wissenschaftler Vincent H. Malmstrom vom Middlebury College in Vermont (USA) zu Untersuchungszwecken Izapa. Gewiss werden sich viele Besucher und Einheimische über Malmstroms Experimente gewundert haben. Der US-Amerikaner untersuchte die uralten Steinplatten dieser Kultstätte mit magnetischen Messgeräten, was damals für eine ziemlich verrückte Idee gehalten wurde. Doch der Erfolg gab ihm Recht. Seltsamerweise zogen die steinernen Köpfen der Schildkrötenplastiken die Magnetnadeln seiner elektronischen Instrumente an. Die Bildhauer der Olmeken hatten ihre Statuen so geschaffen, dass sich jeweils im Kopf der Schildkrötenplastiken eine besonders eisenreiche Basaltstelle befand, die bei den Messungen des Wissenschaftlers wie magnetische Zentren in den steinernen Köpfen wirkten.

In San Lorenzo, einem anderen Kulturzentrum der Olmeken, fand man das Bruchstück eines tatsächlichen Magneten aus poliertem Hämatit. Es besteht daher kein Zweifel, dass den Olmeken der Magnetismus nicht nur als Erscheinung bekannt war, sondern dass sie ihn vor rund 3400 Jahren auch praktisch nutzten. Doch damit nicht genug: In Guatemala stieß Malmstrom auf Steinplastiken in Menschenform. Auch diese 4000 Jahre alten Steinfiguren besitzen in der Nabelgegend ein magnetisches Zentrum. Es stellt sich natürlich die Frage, aus welchem Grund die Bildhauer jener alten Kulturen magnetische Eigenschaften des Materials bei der bildnerischen Gestaltung bewusst einsetzten. Überdies ist es interessant, dass im heutigen Tabasco und Veracruz Wälder, Sümpfe, eine Fülle von Flüssen, Bächen, Teichen und Lagunen existiert. Warum erblühte aber gerade im Urwald mit seinen langen Regenperioden eine Hochkultur?

Durch die Wasserläufe waren Bootsfahrten möglich, die tief ins Waldinnere vorstoßen konnten, was zu Fuß unmöglich schien. Durch die jährlichen Überschwemmungen der Flüsse wurde an deren Ufern Humus abgelagert. Wegen der Hitze, der Feuchtigkeit und des fruchtbaren Bodens waren zwei Ernten im Jahr möglich. Außerdem florierte der Fischfang, sodass jederzeit ein Nahrungsüberschuss erwirtschaftet wurde und bestimmte Gesellschaftsklassen Zeit für andere Tätigkeiten hatten. Keine der olmekischen Hauptzentren Izapa, La Venta, San Lorenzo und Tenochtitlán war seltsamerweise aus Stein gebaut.

Dafür entdeckte man aber in Veracruz riesige Köpfe, die aus 20 bis 60 Tonnen schweren Basaltblöcken gehauen worden waren. Die Gelehrten vermuten, dass diese Köpfe die Portraits olmekischer Priesterfürsten darstellen. Das nächste Basaltsteinwerk war 125 Kilometer vom kulturellen Mittelpunkt der Olmeken entfernt. Um die gewaltigen Steinblöcke an ihren Bestimmungsort zu bringen, verwendete diese Kultur nach einer Vermutung von Archäologen Flöße für den

Wasserweg und Schlitten sowie hölzerne Rollen für die Landstrecke.

Außer diesen riesigen Köpfen fand man in den Städten der Olmeken vor allem Basaltaltäre, hohe Stelen und Steinsarkophage. Dieses Volk hatte eine Vorliebe für schönes Steinmaterial, obwohl es in ihrer Heimat keine Steine gab. Auf der Suche nach dem für sie seltenen Material begannen die Olmeken sich auszubreiten. Man fand olmekische Handelsniederlassungen in den Bergen von Oaxaca und Tlatilco. Die Archäologen nehmen nicht an, dass militärische Eroberungen der Olmeken stattgefunden hatten, sondern dass eher ein ausgiebiger Tauschhandel praktiziert wurde, wo neben den Olmeken eine etwas weniger entwickelte Eingeborenenbevölkerung existierte.

Als in den 1930er-Jahren im Diqusdelta Bananenplantagen angelegt wurden, entdeckte man vollendet geformte Kugeln aus Granit mit einem Durchmesser zwischen 0,1 und 2,4 Metern. Ihre Zahl dürfte, wie Samuel Lothrop feststellte, ursprünglich in die Tausende gegangen sein. Man fand sie immer in Gruppen angelegt, sowohl in langen Geraden als auch in Wellenlinien oder als Dreiecke geordnet. Was diese Anordnungen zu bedeuten hatten, konnte kein Archäologe bislang aufklären. Steinbrüche, in denen man sie angefertigt haben könnte, sind viele Kilometer entfernt. Die großen Kugeln mit einem Gewicht von bis zu 16 Tonnen heranzuschaffen, stellt eine erstaunliche Leistung dar. Wer hat diese perfekten geometrischen Steingebilde geschaffen? Und zu welchem Zweck?

Es muss eine Kultur gewesen sein, die den Sinn für Geometrie besaß. Denn zum einen ist die Kugel der vollkommenste Körper, zum anderen sprechen hierfür die Anordnungen der Kugeln in der Landschaft. Sämtliche Versuche, diese Steinkugeln anhand anderer Bodenfunde einer bekannten Kultur zuzuordnen, blieben bislang ohne Erfolg. Die Verwitterungsspuren ihrer Oberfläche erinnern an den der Menhire in der bretonischen Megalithkultur. Diese Menhire haben ein Alter von etwa 6000 Jahren.

Sogar große Gegenstände aus Holz hat man an ungewöhnlichen Orten gefunden. In Neapel beispielsweise wurde im 16. Jahrhundert durch ein Erdbeben ein Berg auseinander gesprengt und gab ein großes Schiff frei. Auch an der Küste Perus stieß man bei Grubenarbeiten auf eine seetüchtige Galeere ungewöhnlicher Bauart, und ein weiteres, sehr altes Schiff dieser Art wurde um die Jahrhundertwende tief unter dem Eis von Alaska entdeckt. Interessanterweise schreibt der Historiker Marcel F. Homet in seinem Buch »A la poursuite des dieux solaires«, dass in Südamerika Inschriften in ägyptischer Sprache entdeckt wurden und in den Texten vorwiegend asiatische Namen vorkamen. Des Weiteren fanden sich mehrere Inschriften, in denen die Bezeichnung »Mi-Amum« erwähnt wird, das in antiker Zeit die Stadt des Pharao Ramses war. Aber auch Inschriften über diesen Pharao und andere Pharaonen wie Psusennes, Sethi und Merenptah sind in Amerika gefunden worden. Vielleicht ist das mit dem folgenden Zitat von Diodor von Sizilien zu erklären, der über die Pharaonen berichtet: »Die Ägypter waren Fremde, die sich in ferner Zeit an den Ufern des Nils niederließen und die Zivilisation ihrer Heimat, die Kunst des Schreibens und eine hoch entwickelte Sprache mitbrachten. Sie waren von dort gekommen, wo die Sonne untergeht, und waren das allerälteste Menschengeschlecht.«

Ganz offensichtlich liegt diese Überlieferung mit dem Ursprung der Gottheit Horus (»Heru«) zusammen, dessen mythische Überlieferung seiner Herkunft nach wie vor im Dunkeln liegt und mehr als verworren ist. Als der französische Ägyptologe Emile Amélineau (1850–1915) im Jahre 1895 in der Umgebung von Abydos eine Gruppe von Schachtgräbern aus Ziegeln entdeckte, die 16 Königsnamen aus der 1. und 2. Dynastie aufwiesen, folgerte er daraus, dass es sich dabei um die mysteriösen »Horusdiener« handeln könnte, die der Turiner Königspapyrus »Schemsu Hor« nennt. Das war eine Herrscherkaste, die zum ersten Mal um 5000 v. Chr. im Land der Pharaonen auftrat. Sie führten den Kampf gegen die Anhänger des Seth bis zur Vereinigung des alten Ägypten, worüber innerhalb der altägyptischen Literatur unzählige Überlieferungen existieren. Der Priester Manetho von Sebennytos (325–245 v. Chr.), der zu den »Horusdienern« auch diejenigen Dynastien zählt, die auf die ersten »göttlichen« Dynastien folgen, lässt ihre Regierungszeit sogar 11 000 Jahre andauern. Aus Tempelaufzeichnungen und anderen Schriften der Pharaonen ist überdies noch zu entnehmen, dass in den Mittelmeerraum einst fremde Eroberer eindrangen, die sich »Gefolgschaft des Horus« nannten.

Der »Falke« war das Wappentier der Fremden, die aber nicht den Falken anbeteten, sondern einen Sonnenkult praktizierten, an deren Spitze der Gott »Ra« oder »Re« stand. Auch Horus sah man als »großen Gott« oder als »Herr des Himmels« an, wobei es ebenfalls noch unklar ist, ob Horus durch den Falken symbolisiert wurde, weil er ursprünglich ein »Himmelsgott« war, oder ob er ursprünglich ein »Falke« war, und die Natur dieses hoch im Himmel fliegenden Vogels aus ihm den »Herrn des Himmel« gemacht hat.

Im heliopolitanischen Synkretismus wurde Horus schließlich mit Ra zu »Ra Horachte« (»Horus des Horizonts«), der seit der Thinitenzeit in Gestalt eines Mannes mit Falkenkopf auftrat. Dem britischen Ägyptologen Ernest Alfred Wallis Budge (1857–1934) zufolge entstammen die Götter der weltlichen Mythologien alle einer gemeinsamen Urquelle, was er wie folgt beschreibt: »Die Übereinstimmungen zwischen den

Götterwelten Sumers und Ägyptens sind zu eng, um auf bloßem Zufall zu beruhen. Dies zwingt uns zu der Schlussfolgerung, dass sowohl die Sumerer als auch die Bewohner des frühen Ägypten ihre Urgötter aus einer gemeinsamen Urquelle bezogen haben müssen.«

Nach den im Jahre 1998 durchgeführten Untersuchungen des Paläontologieprofessors Adolf Seilacher von der Universität Tübingen an Wurmspuren, ist das Leben an Land nicht, wie bisher angenommen, nur 500 Millionen Jahre, sondern doppelt so alt (eine Milliarde Jahre!). Möglicherweise ist das der Grund dafür, dass in den letzten 200 Jahren Funde gemacht wurden, die nicht nur all unsere Kenntnisse in Wissenschaft und Forschung umwerfen, sondern unser bisheriges Weltbild regelrecht auf den Kopf stellen.

Am 22. Juni 1844 entdeckten Arbeiter in einem schottischen Steinbruch bei Rutherford-Mills in der Nähe des Tweed in einem Felsblock 2,5 Meter unter der Erde ein bearbeitetes Stück Golddraht. Noch im selben Jahr wurde bei Kingoodie in Nordengland ein massiver Eisennagel in einem Steinbruch gefunden, der gleichfalls auf eine Erklärung wartet: beide Funde entstammen aus einer 40 Millionen Jahre alten Gesteinsformation.

Unabhängig davon fand man 1851 bei Sprengarbeiten bei Dorchester (Massachusetts) einen kunstvoll gearbeiteten Silberbecher, der in einen Granitfelsen eingebettet war. Auch der für die Versteinerung nötige Zeitraum wird hier auf ein Alter von Hunderttausenden, ja vielleicht sogar Millionen Jahren geschätzt.

Die Zeitschrift »The Geologist« berichtete 1862, dass in einem Kohlebergwerk im amerikanischen Illinois in 28 Meter Tiefe mehrere menschliche Skelette entdeckt wurden, die sogar von einer 60 Zentimeter dicken Schieferschicht bedeckt waren und nach geologischen Kenntnissen etwa 300 Millionen Jahre alt sein müssten.

Überdies wurde im Dezember 1869 von Arbeitern in einem Bergwerk (»Abbey Mine«) von Treasure City (Nevada) eine etwa fünf Zentimeter große Eisenschraube in einem gespaltenen Granitblock gefunden, die über ein erst seit 1888 bekanntes Gewinde und einen Sechskantkopf verfügt.

Auch andere spektakuläre Fundsachen sollen in den vergangenen Jahren gemacht worden sein. John Quincy Adams (1767–1848) dokumentierte 1883 in dem Blatt »American Antiquarian« den Fund eines Fingerhutes, der in Kohle eingeschlossen war.

Im Jahre 1885 wurde ebenfalls in einem Kohleflöz aus dem Tertiär ein fast perfekter Würfel von etwa 800 Gramm Gewicht gefunden, der aus einer Nickel-Stahl-Legierung bestand und bis 1910 im Salzburger Museum zu bestaunen war, bevor er verschollen ist.

Auch die Spanier staunten nicht schlecht, als sie in ein Bergwerk in Peru eindrangen: Irgendjemand vor ihnen hatte eiserne Nägel in die Wände des Stollens geschlagen, die rostfrei waren. Doch die Indianer kannten vor dem Eindringen der europäischen Eroberer keine Nägel! Darüber hinaus fanden Arbeiter in einem Kupferbergwerk in der Nähe von Lake Superior mehrere Stollen, die eine unbekannte Kultur bereits einige Tausend Jahre vor ihnen angelegt hatte, die schon den Nutzen dieses Metalls gekannt haben muss. Auch ein Eisenbecher aus Oklahoma (USA), der in einen Kohleblock eingebettet war und definitiv künstlich hergestellt worden ist, müsste einige Millionen Jahre alt sein. So berichtet auch die Tageszeitung »Morrisonville Time« (Illinois) in ihrer Ausgabe vom 11. Juni 1891 von einem »Fingerhut«, der ebenfalls in einem Kohleblock gefangen war. Es existieren aber auch technisch interpretierbare Kuriositäten, die eigentlich nicht sein dürften: Eine jaguarähnliche Tierfigur aus Gold, die 1920 im Dschungel von Coclé (Panama) entdeckt wurde, ist an ihrem Schwanz mit einem Zahnradgetriebe ausgestattet, wobei die Krallen wie die Schaufeln eines Baggers oder Bulldozers wirken. In jedem Fall ist es eine Technik, die spätere Indianervölker offensichtlich wieder vergessen oder nie gekannt haben.

Ein weiterer Gegenstand skurriler erdgeschichtlicher Funde ist ein im Jahre 1934 entdeckter Hammer im Llano-Uplift-Gebirge (Texas), der zum Zeitpunkt seiner Entdeckung vollkommen in 140 Millionen Jahre altem Kalkstein eingeschlossen war. Erneut eine urzeitliche Epoche, in der nach gängiger Auffassung kein zivilisiertes Leben existierte.

Im Jahre 1961 entdeckte eine Mineraliensammlerin in den Coso Mountains (Kalifornien) eine Geode, die, nachdem sie aufgebrochen wurde, einen mit Keramik umhüllten Metalldraht enthielt, der in eine Muffe aus inzwischen versteinertem Holz gelegt worden ist. Allem Anschein nach haben wir es hier erneut mit einem technischen Gegenstand zu tun, der einige zehn- oder hunderttausend Jahre alt ist. Nicht weniger bedeutend ist ein ebenfalls in einem Kohleblock entdeckter Löffel, über den Harry V. Wiant in »Creation Research Society Quarterly« im Juni 1976 berichtet.

1978 stießen Arbeiter in einer Pyrophyllitmine bei Ottosdal in Südafrika bei ihren Grabungen auf mehrere Kugeln aus mit Rillen versehenem Metall, die aufgrund der geologischen Gegebenheiten mindestens 2,8 Millionen Jahre alt sein müssen. Sie müssen demnach bereits vor der Entstehung des Pyrophyllit in das Bergwerk gelangt sein und folgerichtig vorher hergestellt worden sein. Roelf Petrus Marx, der Kurator vom Klerksdorp Museum, der die Kugeln an sich nahm, stellte einige Zeit später fest: »Eine der Kugeln, die mehr wie ein Ei aussah, rotierte ohne Fremdeinwirkung alle 128 Tage in der Vitrine um die eigene Achse und vollzog dabei eine volle Umdrehung.«

Auch der tschechische Forscher Milos Danko berichtet von ähnlichen Funden, die zwar aus einem anderen Material bestehen, aber ebenfalls mit Rillen versehen sind. Wie aus Geisterhand pendeln sich seine Kugeln in Richtung Nord/Süd aus und scheinen eine Art Kompass darzustellen. Wer hatte vor 2,8 Millionen Jahren aber gelebt, der einen Kompass herstellen konnte? Denn eines ist klar: Ein Kompass setzt bei seinem Hersteller eine vorhandene technische Intelligenz voraus, die bei der Herstellung des Gegenstandes unabdingbar wäre.

Ein Fund im Rahmen der Ausgrabungen eines Mastodonskeletts (ein Zeitgenosse des Mammuts) in Blue Lick Springs (Kentucky) lässt sich allerdings sehr schwer als etwas anderes erklären, als das, was es ist: die Hinterlassenschaft einer zivilisierten Welt von einst.

Das Mastodon wurde in einer Tiefe von 3,60 Meter gefunden, und als man einen weiteren Meter tiefer grub, stieß man auf einen Boden aus Steinfliesen, der den Fußboden eines prähistorischen Gebäudes darstellte.

Das Vorhandensein von Artefakten in geologischen Schichten, aus denen sich auf ein Alter schließen lässt, das mit unseren Vorstellungen von den Anfängen der Zivilisation nicht vereinbar ist, würde keineswegs die Möglichkeit ausschließen, dass sie von irdischen Wesen geschaffen wurden und nicht von Besuchern aus dem Weltall. Denn wenn es stimmt, dass die Erde vor einigen tausend Jahren einen »kosmischen Schock« erlitt, der ihre Vulkane zum Ausbruch brachte, Lavaströme über sie ergoss, große Inselkontinente versenkte, Küstenstriche überflutete oder aus dem Meer hob und ganze Bergketten zu neuen Höhenzügen auffaltete, dann wäre es durchaus denkbar, dass einige Überbleibsel dieser untergegangenen Welt an ungewöhnlichen Orten wieder auftauchen, eingebettet in vulkanisches Gestein oder Sedimentgesteinsschichten.

Eine Legende der Maya ist überliefert, nach der diese Hochkultur seit über 10 000 Jahren bestand. Betrachtet man gar die Jahreszyklen des Maya-Kalenders, so stellt man fest, dass die Maya-Priester mit Zeitangaben gearbeitet haben, die sogar 374 152 Jahre andauernde Zyklen umfassten. Wie die 432 000 Jahre der Sumerer für den Beginn ihrer Zivilisation, so meinten auch die Maya damit, dass ihr wahrer Ursprung mehrere hunderttausend Jahre in der Vergangenheit lag und seit dem »Anfang« vier Zeitalter vergangen sind. Das fünfte Zeitalter hingegen, in dem wir uns nach alter Maya-Weisheit noch befinden, begann am 13. August 3114 v. Chr. (4 Ahau 8 Chumku) und wird »während der großen Erdbewegung« am 23. Dezember 2012 in einer Katastrophe enden. Seltsamerweise beinhaltet der 23. Dezember 2012 eine besondere Planetenkonstellation, die nur alle 40 000 Jahre hervortritt: Zu diesem Zeitpunkt verteilen sich die Planeten räumlich in unserem Sonnensystem. Dabei wird die Erde von den anderen Planeten auf der einen Seite der Sonne isoliert, sodass Merkur, Venus, Mars, Jupiter, Saturn, Uranus, Neptun und Pluto auf der anderen Seite der Sonne eine Gerade wie an einer Perlenkette bilden. Das hat einen entschiedenen Nachteil für die Erde: Ohne den Schutz der Großplaneten wie Jupiter oder Saturn ist sie Bombardements aus dem Weltall ausgesetzt, sodass nach einer Katastrophe und der Vernichtung eines Großteils der Menschheit die Patente für Erfindungen neu verteilt werden müssen.

Anhang

Das Genpatent, Sex in der Bibel und die Entstehung der Menschheit

Nach heutigem Kenntnisstand ist die grundlegende Einheit des Lebens die Zelle. In der modernen Biologie unterscheidet man Zellen danach, ob sie ein besonderes Kompartiment aufweisen, in dem das genetische Material aufbewahrt wird, oder nicht. Diesen Bereich nennt man den Zellkern, und seine An- und Abwesenheit macht einen großen Unterschied aus: Zellen ohne Zellkern bleiben allein und existieren als Einzeller. Man nennt sie »Prokaryonten«, wozu zum Beispiel auch Bakterien gehören. Zellen mit Zellkern organisieren sich hingegen zu Vielzellern (»Metazoen«) und werden bei den Fachleuten »Eukaryonten« genannt.

Wie alle so genannten höheren Lebewesen gehören auch die Menschen in diese Gruppe. Aus diesen beiden Namen leiten sich die Ausdrücke »prokaryontisches« und »eukaryontisches« Genom ab, und die Differenz ist frappierend. Während ein prokaryontisches Genom nahezu ausschließlich aus DNS besteht, gehören zu einem eukaryontischen Genom eine Menge anderer Moleküle, mit deren Hilfe die DNS sehr eng aufgerollt und verpackt wird. Dabei entstehen mehrfach gefaltete Strukturen, die als Chromosomen sichtbar werden.

Der Begriff »Gen« ist erst im Jahre 1909 aufgekommen, um den Erbelementen einen fachlich adäquaten Namen zu geben, von denen Gregor Johann Mendel (1822–1884) seit 1865 als erster moderner Forscher etwas gewusst hat. Das »Gen« war zunächst nur eine Buchungseinheit, mit der ein Genetiker die Bilanz seiner Kreuzungsexperimente notierte, bis immer deutlicher wurde, dass die Erbelemente einen Ort in den Zellen haben. Sie lagen nämlich auf den Chromosomen, aufgereiht wie Perlen auf einem Halsband.

Deshalb haben Gene bereits eine lange Geschichte, und damit ist nicht nur die der Evolution, sondern auch die der dazugehörigen Wissenschaft gemeint. In den 1930er-Jahren fingen neben den Erbforschern auch Physiker an, sich für das »Gen« zu interessieren. Sie wollten wissen, was da zum Beispiel von Röntgenstrahlen getroffen und durch sie verändert werden konnte. Bald wurde klar, dass Gene aus Atomen bestehen, und nach und nach stellte sich dann heraus, aus welchem chemischen Material sie zusammengesetzt sind. Der Stoff, aus dem die Gene sind, war den Chemikern zwar bereits seit dem 19. Jahrhundert bekannt, aber berühmt wurde diese Kenntnis erst, als nach dem Zweiten Weltkrieg erkannt wurde, wie schön die DNS gebaut ist, die von der Natur als Erbanlage genutzt wird. Die Bedeutung der genetischen Struktur ist deshalb nicht zu überschätzen, weil sie sofort Auskunft über die Funktion des Gebildes gibt. Im Zentrum der DNS befinden sich Basenpaare, und deren Reihenfolge stellt die genetische Information dar, die wie ein Text gelesen werden kann, der einer Zelle die Anleitung zur Herstellung von Genprodukten liefert, von denen die Proteine die prominentesten sind.

Bis die Methoden der Gentechnik den Biologen die Augen öffneten, galt es als unverrückbare Tatsache, dass ein »Gen« aus einem Stück besteht. Gene galten als kontinuierliche DNS-Stränge, deren Informationen in ein ebenso zusammenhängendes Protein übersetzt wurden. Doch in der zweiten Hälfte der 1970er-Jahre kam der Schock: Plötzlich wurde in zahlreichen Laboratorien in aller Welt erkannt, dass die kodierenden Sequenzen von Zwischensegmenten unterbrochen wurden, die erstens sehr zahlreich und zweitens sehr umfangreich sein konnten.

Das Thema der genetischen Identität hat mindestens vier Aspekte. Erstens heißt es oft, dass zwei beliebig herausgegriffene Menschen in rund 99,9 Prozent ihrer Gene übereinstimmen. Doch so klein der damit angedeutete unbedeutende Unterschied zu sein scheint, bei drei Milliarden Basenpaaren im menschlichen Genom sind damit immerhin noch drei Millionen unterschiedliche Bausteine gemeint, und wenn sie an geeigneten oder ungeeigneten Stellen sitzen, kann selbst die allerkleinste Ursache (ein Buchstabe in der Sequenz) eine riesige Wirkung entfalten.

Eine wichtige Abteilung der Genetik befasst sich zweitens mit der Frage, wie es Zellen gelingt, ihr genetisches Material bei einer Teilung einigermaßen getreu zu verdoppeln. Es ist ausgeschlossen, dass bei Milliarden Schritten kein Fehler passiert, und wenn man bedenkt, dass für den Körper des Menschen Billionen Zellen hergestellt werden müssen, dann gewinnt diese Frage an Gewicht. Die Zellen verfügen zwar über ausgeklügelte Reparaturmechanismen, um etwaige Kopierfehler auszubessern, aber ein Rest geht daneben, und im Laufe der Jahre nimmt die Übereinstimmung selbst zwischen den Genomen solcher Zellen eines Körpers ab, die vergleichbare Spezialaufgaben übernommen haben.

Drittens ist bekannt, dass zum Beispiel in Zellen des Immunsystems Gene erst im Laufe der Entwicklung entstehen. Genomsegmente werden umgruppiert und neu angeordnet, um eine Vielfalt zu erzeugen, die der Vielfalt all der vielen Fremdstoffe entspricht, die aus der Umwelt in einen Organismus eindringen und seine Gesundheit gefährden können. Mit den Umlagerungen verändert das Genom unentwegt seine Gestalt, und es ist klar, dass das Ziel der genetischen Identität von den Zellen des Immunsystems nicht angestrebt wird.

Das Thema der genetischen Identität hat viertens über die drei molekularen Aspekte hinaus noch eine historisch-politische Dimension. Schließlich ist es noch nicht so lange her, dass einige Fanatiker mit dem Einsatz der Gentechnik versuchten, die Überlegenheit ihrer Rasse auf biologischer Basis zu beweisen. Damit war die Annahme gemeint, dass es bessere und schlechtere Genome gibt und man die Überlegenheit einer Spezies schon an seinen DNS-Sequenzen ablesen kann.

Unter der Gentechnik versteht man eine Methode, die es erlaubt, DNS-Moleküle aus verschiedenen Zellen zu isolieren, dann im Reagenzglas zu zerlegen und neu zusammenzusetzen, um sie anschließend in andere Zellen zurückzuführen, wo sie dann normal funktionsfähig sind. Gentechnik ist somit das Patent der DNS-Rekombination, die sich nicht mehr nach den Möglichkeiten der Natur, sondern nach den Plänen des Menschen richtet.

Die »Genetische Scheibe«

Seitdem 1978 die »Compactdisk« (»CD«) erfunden wurde, hat diese Technik unzählige Möglichkeiten für die Informationsübermittlung eröffnet. Riesige Datenmengen lassen sich inzwischen auf diese Scheiben übertragen. Die Informationsübermittlung auf runden Scheiben haben aber auch unsere Urahnen schon vor Jahrtausenden angewandt: Im Hathor-Tempel von Dendera existierte einst ein Deckenrelief, das die Wissenschaftler, die Napoleon begleiteten, im 18. Jahrhundert mit Schießpulver von der Decke sprengten, um es in den Louvre in Paris zu bringen. Es stellt eine astronomische Konstellation dar, die die »unvergänglichen Sterne« der Pharaonen, wie Orion und Sirius, zeigt. Auch jedes der zwölf Sternzeichen wie Schütze, Jungfrau, Krebs, Skorpion, Wassermann, Fische, Zwillinge, Widder, Stier, Steinbock, Waage,

Löwe sind auf diesem Diskos an der Decke bereits so dargestellt, wie wir sie heute noch verwenden.

Ein anderer Diskos ist nur etwa 17 Zentimeter im Durchmesser und wurde 1908 auf der griechischen Insel Kreta entdeckt. Es ist eine Hinterlassenschaft der Minoer, die vor etwa 4600 Jahren eine den Pharaonen mindestens ebenbürtige Hochkultur besaßen. Dieser Diskos enthält Informationen von einem unbekannten Seevolk, das einst über den Atlantik kam und den ägäischen Raum eroberte. Die Schilderungen erinnern in ihren Abläufen an das legendäre Atlantis des griechischen Philosophen Platon, der darüber in seinen Werken Tiamos und Kritias ausführlich berichtet. Auch die Pharaonen berichten über ihre Anfänge in der Form, dass sie sagen, das Seevolk der »Schemsu Hor« (»Gefolgschaft des Horus«) begründete einst die Zivilisation der Pharaonen, nachdem sie über den Atlantik gesegelt waren und wie die Urväter der Minoer vor etwa 7000 Jahren ebenfalls den ägäischen Raum eroberten und danach im Niltal die Urkultur der Pharaonen begründeten.

Eine weitere runde Scheibe in Diskosform ist die Hinterlassenschaft der Etrusker, deren Text sich immer noch nicht entziffern ließ.

Mit der von Klaus Dona und Reinhard Habeck seit 2001 realisierten Ausstellung »Unsolved Mysteries« in Wien ist ein weiterer Diskos ins Bewusstsein der Menschen gerückt, der vermutlich aus der Muisca-Kultur um 500 v. Chr. in Kolumbien stammt und somit mindestens 2500 Jahre oder noch viel älter ist. Der kolumbianische Diskos ist 22 Zentimeter in seinem Durchmesser (wiegt etwa zwei Kilogramm), besteht aus Lydit mit einem Loch in seiner Mitte und ist eine technische Feinarbeit sowie ein stummer Zeuge der Beherrschung von Hochtechnologie in der Vorzeit. Weil es sich aber in Privatbesitz befindet, haben die so genannten Lehrmeinungsvertreter kein wirkliches Interesse, diesem Gegenstand eine gewisse archäologische Wichtigkeit einzugestehen. Sein Besitzer Professor Jaime Gutierrez Lega aus Bogota erklärt, dass er nur durch Zufall zu der Scheibe gekommen sei:

»Weil man in Kolumbien seit langem weiß, dass ich mich für prä- oder frühhistorische Fundstücke interessiere, tauchte vor einigen Jahren ein ›Guaquero‹ auf, der mir diesen Diskos angeboten hat. Er versicherte mir gleichzeitig, dass das Fundstück nicht aus einem Grab stammte, sondern er auf seiner Finca eine unterirdische Wasserleitung legen ließ, und dabei diesen Gegenstand mit einigen anderen Sachen fand, was er mir schließlich für einen kleinen Geldbetrag anbot.«

Dieser Diskos aus Kolumbien erlangte in den letzten Jahren als so genannte »Genetische Scheibe« Berühmtheit, weil sich auf ihr jeweils sechs Felder auf beiden Seiten befinden, in denen seltsame biologische Darstellungen abgebildet sind, die scheinbar nach innen verlaufend Aufschluss über das Leben geben:

1. Feld: Spermafäden,
2. Feld: männliche und weibliche Eizelle,
3. Feld: das befruchtete Ei,
4. Feld: der Fötus,
5. Feld: das Embryo,
6. Feld: das wachsende Embryo.

Sollte es sich bei der »Genetischen Scheibe« um keine Fälschung handeln, hätten wir hier eine unabhängige archäologische Bestätigung über die frühe Kenntnis von Samenfäden (»anch«), Doppelhelix (»metui«) und Chromosomen (»met«), die neben den kryptographischen Kenntnissen der Pharaonen bestanden. Denn auch die andere Seite des kolumbianischen Diskos enthält biologische Informationen:

1. Feld: Zellteilung,
2. Feld: ein Wasserwesen,

3. Feld: ein Lurch, ein Kriechtier, ein Salamander,
4. Feld: ein Vogel,
5. Feld: eine Zwischenstufe der Entwicklung zum Menschen,
6. Feld: der Mensch.

Diese Beschreibungen und Darstellungen sind für frühe Völker nicht ungewöhnlich, zumal die antiken Völker wie Assyrer, Ägypter, Babylonier, Chinesen und viele andere gerade in Amphibienwesen die Kulturbringer des Menschen ansahen, die einst aus dem Kosmos auf die Erde kamen. Der Mediziner Algund Eenboom meinte zu dem Inhalt der »Genetischen Scheibe«: »Ich bin als Mediziner der Ansicht, dass wir hier keine genetischen Informationen vermittelt bekommen, sondern Informationen über die Entstehung und Entwicklung des Menschen. Denn unter medizinischen Gesichtspunkten der Embryologie lassen sich trotz einiger mythologischer Überfremdungen entscheidende Entwicklungsstadien des menschlichen Lebens erkennen.«

Professor Jaime Gutierrez Lega kommentiert die biologischen Darstellungen folgendermaßen: »Die sechs Sektoren, die zur Schreibmitte verlaufen, könnten in drei Feldern linksseitig die Zellvermehrung darstellen, wie einige Biologen meinten. Auch rechtsseitig haben wir es mit der biologischen Darstellung von Weibchen und Männchen zu tun – Vagina und Penis. Danach folgt die Abbildung einer schwangeren Frau, was an ihren Brüsten erkenntlich ist.«

Weil Lega von der Echtheit des Diskos überzeugt ist, gab er sich bislang auch nicht damit zufrieden, nur zu »vermuten«, dass die Scheibe alt sei oder biologische Informationen enthielte, die wir erst seit etwa 130 Jahren zu verstehen gelernt haben. Schließlich untersuchte die Technische Universität in Bogota diese feine Steinmetzarbeit und bestätigte ebenfalls, dass sie Jahrtausende alt ist. Neuere Untersuchungen, die die Mineral- und Edelsteinexpertin Vera M. F. Hammer vom Naturhistorischen Museum in Wien 2001 durchführte, bestätigten Abnutzungs- und Verwitterungsspuren, die nur durch geologische Prozesse entstehen konnten. Durch das daraufliegende Erdreich sei der Diskos sogar zusammengepresst worden, was für ein sehr hohes Alter des Gegenstandes spräche. Daraufhin gratulierten Geologen aus aller Welt dem Professor zu seinem einzigartigen Besitz. Auch der Direktor der Wiener Schatzkammer und renommierte Edelsteinexperte Rudolf Diestelberger bestätigte die Echtheit des Diskos und warf die Frage auf: »Warum sollte ein Fälscher etwas fälschen, das nirgendwo einzuordnen ist?«

Demnach war das Genpatent schon alt, sehr alt!

Sexualität im Alten Testament und der Ursprung des Menschen

Das Wort »Sex« wurde im 20. Jahrhundert aus dem Englischen übernommen und entspricht wie das französische »Sexe« oder das lateinische »Sexus« der Bezeichnung für das weibliche oder männliche »Geschlecht«. Erst im Laufe der Zeit hat sich aus dem Wort »Sexappeal« die Kurzform »Sex« als Bezeichnung für die erotische Anziehungskraft auf das jeweils andere Geschlecht international eingebürgert. Als der christliche Philosoph und Theologe Augustinus von Hippo (354–430 n. Chr.) im 5. Jahrhundert seinen Jüngern das Christentum lehrte, verkündete er, dass die geschlechtliche Vereinigung der ersten Menschen Adam und Eva im Garten Eden völlig »lustlos« vollzogen worden und daher »sündlos« verlaufen sei. Worauf der Geistliche damit anspielte, war die so genannte »Erbsünde« (»vitium originis«).

Was diese antike Ansicht jedoch für einen Unsinn darstellt, werden wir noch im weiteren Verlauf dieses Anhangs feststellen. Denn allein die erste Frau Eva hatte nämlich Adam mit seinem Widersacher Satan mindestens zweimal betrogen, woraus dann der ungeliebte Sohn Kain entsprungen war.

Die hebräische Wurzel, die »Ehebruch begehen« bedeutet, lautet »naáph«, und die griechische Entsprechung »moicheuō«. Der Grieche Herodot berichtet in seinen Historien, dass sich jede Babylonierin einmal in ihrem Leben in den Tempel der Aphrodite setzen und sich einem fremden Mann hingeben musste. Darüber hinaus bestätigen Denkmäler, dass Ehebruch bei den Pharaonen sogar gang und gäbe war. Die Ehefrau des Kriegsministers Potiphar von Pharao Amenemhet IV. (1798–1780 v. Chr.) aus der 12. Dynastie versuchte zum Beispiel immer wieder, den Patriarchen Joseph zu verführen, scheiterte aber an dessen Homosexualität. Denn über Joseph heißt es in den Originalschriften der Bibel, dass er ein »nearut« war und wie die »nearot« (»Jungfrauen«) bunte Kleider trug, sein Haar ordnete und seine Augen schmückte. Selbst die Verführungskünste der Ministergattin, unterstützt durch die Mithilfe jüngerer unverheirateter Liebesdienerinnen, schlugen fehl. Schließlich hatte die liebesbedürftige und sexbesessene Dame des Hauses die Nase voll; eines Tages riss sie Joseph die Kleider vom Leib und versuchte ihn zu vergewaltigen. Dieser bekam einen hysterischen Anfall und rannte aus dem Palast. Auch Potiphar besaß übrigens homosexuelle Neigungen, sodass Joseph sich in dieser Dreiecksbeziehung aus der Gefangenschaft zum Stellvertreter des Pharaos hocharbeiten konnte.

Des Weiteren bestätigen Geschichtsschreiber, dass auch die Sodomie (Geschlechtsverkehr mit Tieren) einen Bestandteil des Tierkults bei den Pharaonen bildete. Wieder ist es Herodot, der berichtet, wie Frauen auf öffentlichen Marktplätzen Verkehr mit einem Widder oder einem Ziegenbock hatten. Das Alte Testament verurteilt zwar im Buch Leviticus 18,23 und 20,15 derartige Praktiken, was allerdings nicht bedeutet, dass die Hebräer nicht ebenfalls Sodomie praktiziert hätten. Zumindest die biblischen Verbote sind Belege dafür, dass bestimmte Handlungen und Vergehen existierten und sich einer gewissen Beliebtheit erfreuten, auch wenn die Bibel nicht direkt von Tierliebhabern berichtet.

In der Bibel, vor allem im Alten Testament, geht es alles andere als prüde zu, und das ist mit ein Grund dafür, dass es schon sehr früh Bestrebungen von kirchlicher Seite gab, die Bibel dem gemeinen Volk oder zumindest der Jugend vorzuenthalten. So existiert ein Erlass aus dem Jahre 1229 aus Frankreich, der in der Synode von Toulouse beschlossen wurde: »Die Laien dürfen die Bücher des Alten und Neuen Testaments nicht besitzen.«

Auch 300 Jahre später freute sich der Jurist und Theologe Gian Maria del Monte (1487–1555) alias Papst Julius III. (1550–1555) über ein Gutachten, das unter seiner Herrschaft als Papst erstellt wurde:

»Endlich ist unter allen Ratschlägen, die wir zurzeit geben können, der wichtigste, mit allen Kräften dahin zu streben, dass niemand auch der Geringste aus dem Evangelium vorzüglich in der Volkssprache zu lesen erlaubt ist und werde.«

Wiederum 300 Jahre später bezeichnete der Antisemit und im September 2000 selig gesprochene Giovanni Maria Mastai-Ferretti (1792–1878) alias Papst Pius IX. (1846–1878) sogar die Bibelgesellschaften, die es sich zur Aufgabe gemacht hatten, die Bibel unter den Menschen zu verbreiten, als eine »Pest«. Vermutlich lag ihm wie schon vorher Papst Julius III. daran, weil die Bibel weder etwas vom Papsttum noch etwas von Heiligenverehrung oder Messen enthält. Ganz im Gegenteil!

Die Bezeichnung »Papst« leitet sich vom lateinischen Wort »Papa« ab und bedeutet nichts anderes als »Vater«. Doch schon Jesus Christus sagt im Matthäus Evangelium 23,9: »Ihr sollt auch nicht jemand auf der Erde euren Vater nennen; denn einer ist euer Vater, der in den Himmeln ist.«

Die erste Bibel – das Werk einer Frau?

Auch eine andere Seite der Bibel, die durchaus nicht jedem geläufig ist, wirft viele Fragen auf, die einige moderne Geister beschäftigen. So berichtet sie außer von der bereits erwähnten Homosexualität und Sodomie auch von jugendgefährdenden Inzestverhältnissen. Im Buch Genesis 19,33–35 lesen wir über Lot und seine beiden Töchter:

»Und sie gaben ihrem Vater Wein zu trinken in selbiger Nacht, und die Erstgeborene ging hinein und lag bei ihrem Vater; und er wusste weder um ihr Niederlegen noch um ihr Aufstehen. Und es geschah am Morgen, da sprach die Erstgeborene zu der Jüngeren: Siehe, ich habe gestern Nacht bei meinem Vater gelegen; lass uns ihm diese Nacht auch Wein zu trinken geben und gehe hinein, liege bei ihm, damit wir von unserem Vater Samen vom Leben erhalten.«

Dass Lot von diesem »doppelten Beischlaf« nichts mitbekommen haben soll, ist wohl kaum anzunehmen. Und im gleichen Kapitel (Genesis 19,8) bietet Lot dieselben Mädchen einer herumtollenden Meute von Männern in der Stadt Sodom zum Gruppensex an. Im Buch Hesekiel [Ezechiel] 23,1–49 ist sogar von den Schwestern Ohola und Oholiba die Rede, die nicht nur Götzendienste und Kindesopfer praktizierten, sondern fast ihr ganzes Leben Hurerei in Ägypten, Assyrien und in Chaldäa trieben und trotzdem von der Gottheit Jehova zur Frau genommen wurden. Doch wie die Bibel berichtet, konnten die Schwestern die Hurerei niemals wirklich sein lassen, sodass sie Jehova nach Strich und Faden betrogen. Die Bibel zeigt sehr anschaulich, dass selbst Jehova mit dieser Situation überfordert war, und ihm eigentlich nicht viel einfiel, um dem ganzen Einhalt zu gebieten. Schließlich erzählt der biblische Gott, dass den Mädchen viel Unheil widerfahren werde, dennoch geht die Hurerei zügellos weiter.

Der amerikanische Religionswissenschaftler Harold Bloom von der Yale Universität in New Haven (Connecticut) hat bereits in den 1990er-Jahren die Ansicht vertreten, dass die Urform des Alten Testaments von einer Frau stammen dürfte, weil die ältesten Schriften Gott nicht wie in den heutigen Bibeln als eine patriarchalisch entrückte Gestalt beschreiben, sondern als ein ausgelassenes kindliches Wesen. In seinem Buch über »J«, was für den angenommenen Schreiber der Bibel steht, analysiert er die fünf Bücher Mose, auf die das Judentum, das Christentum und der Islam beruhen, und kommt dabei zu interessanten Ergebnissen: Er weist zum Beispiel nach, dass »J« nur weibliche Helden beschreibt und der Erschaffung Evas sechsmal so viel Platz widmet wie der des Adams. Ebenso argumentiert er, dass in den Urschriften familiäre Beziehungen höher bewertet werden als priesterliche, königliche oder militärische Hierarchien. So kann vielleicht auch die Geschichte der Schwestern Ohola und Oholiba aus der Feder einer Frau stammen, die damit zeigen wollte, dass selbst eine derart große Sünde, wie sie sie Jehova antaten, nicht gleich den Tod der Schwestern bedeutete, auch wenn die Drohung am Ende ausgesprochen wird.

Wichtiger als das Geschlecht von »J« sei jedoch die ironische und poetische Art, in der Gott in dieser 3000 Jahre alten Urbibel geschildert worden sei. Erst im Lauf der Jahrhunderte hätten »fromme, moralisierende« männliche Bearbeiter dem alten Gott das spielerische und weibliche Element ausgetrieben und den patriarchalischen »Allmächtigen« der heutigen Bibel geschaffen.

Ein ähnlicher Verdacht richtet sich auf einen anderen Autor, nämlich auf den größten Dramatiker der Weltgeschichte, William Shakespeare (1564–1616). Der soll nach den Recherchen des amerikanischen Forschers Robin Williams weder homosexuell noch ein Mann gewesen sein, sondern ebenfalls eine Frau. Hinter dem Geheimnis der Gestalt Shakespeares verberge sich die hochgebildete Mary Pembroke (1561–1612), die Gräfin von Oxford war. Weil die Gräfin bereits vor dem Erscheinen der Schriften Shakespeares selber Literatur für das Theater verfasst hatte, war sie im sittenstrengen England als »unmoralisch« gerügt worden. Daher durfte sie offiziell nicht mehr als Literatin arbeiten und schrieb fortan unter dem Pseudonym eines Theaterdirektors. Nach Williams Ausführungen sind Shakespeares Werke Sonette, die immer an Männer adressiert und in oft deftiger Sprache abgefasst sind:

»Bist nun bestückt, um Frauen zu beglücken.
Ich hab nur Liebe, sie auch das Entzücken.«

Wie Williams schreibt, hatte die Gräfin zu der Zeit, als diese Verse entstanden, gerade einen jüngeren Liebhaber. Des Weiteren führt der Forscher an, dass die Gesamtausgabe der Dramen den Grafen Montgomery und Pembroke gewidmet ist – den Söhnen der Gräfin.

Auch den Jubel vom Dichterkollegen Ben Jonson (1572–1637), der Shakespeare den »Schwan von Avon« nennt, lässt Williams nicht unerwähnt. Die Gräfin hatte Grundbesitz an diesem Fluss, wobei ihr persönliches Symbol ebenfalls ein Schwan war. Williams argumentiert weiter: »Die Gräfin durchlebte eine Achterbahn der Emotionen. Als sie eine Reihe persönlicher Verluste erlitten hatte, wurden auch

Shakespeares Dramen düster – es passt zeitlich alles zusammen!«

Wurden Shakespeares Werk und auch die Urbibel von einer Frau geschrieben?

Die Ur-Eva und der schwarze Adam

Die Wissenschaftler Christopher Stringer und Paul Mellars von der Universität Cambridge veranstalteten in den 1990er-Jahren eine Konferenz mit dem Titel »Ursprung und Verbreitung des Menschen« und luden andere Forscher zur Diskussion ein. Grundlage dieser Veranstaltung war das Ergebnis einer Untersuchung über die menschliche DNS und die Variationsvielfalt der Chromosomen, nach dem die beiden Wissenschaftler die Menschheit auf eine einzige Urmutter zurückführten. Wesley Brown von der Universität Michigan machte sich daran, nach Spuren dieser Urmutter zu suchen. Zu ihm gesellte sich schließlich Rebecca Cann von der Universität Berkeley in Kalifornien. Es wurde ein Forschungsvorhaben gestartet, um das Geheimnis der Urmutter zu lüften. Und tatsächlich wurden die Wissenschaftler fündig: Demnach lebte die Urmutter vor 200 000 bis 250 000 Jahren in Afrika. Sie wurde von den Forschern »Ur-Eva« genannt, und es lag natürlich nahe, die Nachforschungen auf die Suche nach einem Ur-Adam auszuweiten. Denn, wie der amerikanische Biologe Allen Wilson bemerkte: »Offensichtlich muss dort, wo eine Mutter war, auch ein Vater gewesen sein.«

Der amerikanische Genetiker Michael Hammer von der Tucson Universität in Arizona startete 1993 sein ehrgeiziges Projekt, uns diesen Urvater zu präsentieren. Dazu wurden 15 männliche Personen verschiedener Herkunft aus Afrika, Australien, Asien und Europa ausgewählt und untersucht.

Hammer konzentrierte sich bei seinen Untersuchungen vornehmlich auf das Y-Chromosom des 23-paarigen Chromosomenhaushaltes. Anfang 1996 veröffentlichte er schließlich in der Wissenschaftszeitschrift »Science« seine Untersuchungsergebnisse, die die Fachwelt in Erstaunen versetzten: »Alle untersuchten Zellproben lassen nur den Schluss zu, dass der Urvater ein Schwarzer war.«

Des Weiteren machte der Genetiker darauf aufmerksam, dass die Spur des Urvaters im Gegensatz zur Urmutterlinie nur bis etwa 188 000 Jahre zurückgeht und ebenfalls in Afrika endet. Das würde bedeuten, dass die erste Frau bereits bis zu 60 000 Jahre vor dem Urvater aufgetreten sein müsste. Wie aber sollte so etwas möglich sein?

Wie wir wissen, heißt das erste der fünf Bücher Mose in der griechischen und in der lateinischen Bibel »Genesis«, was »Entstehung« oder »Ursprung« bedeutet, weil es von der Entstehung der Welt und der Menschheit handelt. Die Juden selbst nennen das erste Buch Mose »Bere'schit«, das »im Anfang« bedeutet. Im Buch Genesis 2, 21–24 wird geschildert, wie Gott, nachdem er den Adam geschaffen hat, ihm eine Gefährtin baut:

»Da ließ Gott der Herr einen tiefen Schlaf fallen auf den Menschen, und er schlief ein. Und er nahm seiner Rippen eine und schloss die Stätte zu mit Fleisch. Und Gott der Herr baute ein Weib aus der Rippe, die er von dem Menschen nahm, und brachte sie zu ihm. Da sprach der Mensch: Das ist doch Bein von meinem Bein und Fleisch von meinem Fleisch; man wird sie Männin heißen, darum dass sie vom Manne genommen ist.«

In den »verbotenen« Büchern der Bibel wie »Die Schatzhöhle« oder die »Apokalypse des Mose« wird berichtet, dass der erste Versuch, Adam »eine passende Gehilfin zu schaffen« misslang, aber Gott dennoch nicht verzagte. Er unternahm einen neuen Versuch und ließ Adam dabei zusehen, wie er die Anatomie einer Frau aufbaute. Dafür benutzte er Knochen, Gewebe, Muskeln, Blut und Drüsenabsonderungen, überzog dann das Ganze mit Haut und fügte an verschiedenen Stellen Haarbüschel hinzu. Trotzdem widerte der erste Anblick von Eva (»Chawah«) Adam so sehr an, dass er einen unbezwingbaren Widerwillen verspürte. Gott erkannte, dass er erneut versagt hatte, und entfernte diese Schönheit wieder. Wo sie abgeblieben sein soll, darüber schweigen die Quellen.

Schließlich versuchte Gott es ein drittes Mal mit der Rippe und ging etwas behutsamer vor, sodass auch Adam mit dem Ergebnis zufrieden war. Was dann geschah, ist bekannt: Sie unterlagen der Versuchung und vermehrten sich. Das alles gefiel Jehova nicht, sodass Adam und Eva aus dem Paradies verstoßen wurden. Das Buch Genesis 6,1–4 berichtet schließlich, dass es dann zu von Gott nicht gewollten Kreuzungen zwischen seinen Söhnen und den Frauen seiner Schöpfung gekommen ist, worauf er dann beschloss, die Menschen wieder vom Erdboden zu vertilgen:

»Und es geschah, als die Menschen begannen sich zu mehren auf der Fläche des Erdbodens, und ihnen Töchter geboren wurden, da sahen die Söhne Gottes, dass die Töchter der Menschen schön waren, und sie nahmen sich zu Weibern, welche sie irgend erwählten. Und Jehova sprach: Mein Geist soll nicht ewiglich mit den Menschen rechten, da er ja Fleisch ist; und seine Tage seien hundertundzwanzig Jahre. In jenen Tagen waren die Riesen auf der Erde, und auch nachher, als die Söhne Gottes zu den Töchtern der Menschen eingingen, und diese ihnen gebaren. Das sind die Helden, welche von alters her waren, die Männer von Ruhm gewesen sind.«

Auch die Geschichte über die Sintflut, die eine bessere Menschheitslinie erscheinen lassen sollte, dürfte jedem Bibelkundigen bekannt sein. Doch wie verhält es sich mit dem Geschlecht der Riesen? Gab es sie tatsächlich?

Das Auftreten von Riesen in der Geschichte

Am Rheinufer von Oppenheim bei Mainz kam einst ein »Oberschenkel eines Riesen von wundersamer Größe« zum Vorschein. Zumindest erinnert heute noch ein großes Gemälde des Schweizer Malers Bartholmäus Sarburgh (1590–1640) im Historischen Museum von Bern daran. Dieser 1,27 Meter lange Knochen wurde um 1613 im Oppenheimer Wirtshaus »Zum Riesen« aufbewahrt und von einheimischen sowie auswärtigen Gästen bewundert. Ein vermeintlicher Riesenknochen von gleicher Größe befand sich damals auch im Besitz eines Oppenheimer Adeligen, und ein weiterer hing in einem Speisesaal im badischen Ettlingen nahe Durlach. Außerdem hingen zu jener Zeit in einigen öffentlichen Gebäuden von Worms imposante »Riesenknochen«. In den meisten Fällen handelte es sich um die Knochen eines Mammuts, wie beim »Kremser Riesen« aus Niederösterreich, die im Jahre 1645 auf dem »Hundssteig« in Krems an der Donau von schwedischen Soldaten beim Ausheben von Schanzwerken zutage gefördert worden waren.

Matthäus Merian (1593–1650) der Ältere hat 1647 im fünften Band seines Werkes »Theatrum Europaeum« einige der entdeckten Knochen von Krems mit abgebildet. Doch eine Zusammenstellung der berühmtesten Riesen selbst wurde von dem Jesuitenpater Athanasius Kircher in seinem Werk »Mundus subterraneus« veröffentlicht. Im Vordergrund einer darin gezeigten Abbildung steht der zehn Meter hohe »Sizilianische Riese«, dessen Reste im 14. Jahrhundert in einer Höhle bei Trapani auf Sizilien geborgen wurden. Der italienische Dichter Giovanni Boccaccio (1313–1375) schrieb diese Funde dem aus der Sage des Odysseus bekannten Riesen »Polyphem« zu. Dem sizilianischen Riesen folgte schließlich der Riese »Gigas Mauritaniae«. Als drittgrößten Riesen stellt Kircher den »Luzerner Riesen« vor, dessen vermeintliche Reste im Jahre 1577 bei Reiden nahe des Vierwaldstätter Sees nach einem Sturm unter einer gefällten Eiche zum Vorschein gekommen waren. Der Baseler Arzt Felix Platter (1536–1617) errechnete eine Körpergröße von 5,84 Meter für diesen Riesen. Erst Ende des 19. Jahrhunderts wurden von einem Anatomen auch diese noch vorhandenen Knochenreste ebenfalls als die eines Mammuts identifiziert.

Der vierte Riese, den Athanasius Kircher in seinem Werk behandelt, ist der biblische Goliath, der definitiv humanoid war und dessen Rüstung allein schon 104 Kilogramm gewogen haben soll. Trotzdem berichtet das Alte Testament, dass der Riese Goliath von dem listigen Jüngling David mit einer lächerlichen Steinschleuder niedergestreckt wurde, obwohl der berühmteste Krieger am Jordan knapp drei Meter groß war. Auch später wurden in Palästina immer wieder Riesen geboren, mit denen sogar Richard Löwenherz (1157–1199) zur Kreuzfahrerzeit gekämpft haben soll. Tatsächlich grub der britische Archäologe Jonathan Tubb vor einigen Jahren im jordanischen Teil es-Saidiye, das seit alters her »Land der Riesen« heißt, übergroße menschliche Skelette aus. Zudem entdeckten die Professoren Yonathan Mizrahi vom Institut für Anthropologie an der Harvard Universität und Anthony Aveni von der Colgate Universität in der israelischen Ortschaft Quatzrin eine megalithische Steinkreisanlage, die sie »Gilgal Refaim« nannten und dem »Geschlecht der Riesen« zuwiesen. Tatsächlich war der größte männliche Riese des 20. Jahrhunderts ein Amerikaner mit dem Namen Robert Waldow (1918–1940), der eine stattliche Größe von 2,72 Meter erreicht hatte, und die größte Frau war die Chinesin Zeng Jin-Lian (1964–1982), die in ihrem 18. Lebensjahr 2,47 Meter maß.

Der israelische Neurologieprofessor Vlademir Berginer glaubt, dass Goliath an »Akromegalie«, einer Fehlfunktion der Hirnhangdrüse, bei der zu viel Wachstumshormon ausgeschüttet wird, litt. Sie verursacht Riesenwuchs und schränkt nach Ansicht des Professors das Blickfeld ein. Das würde demnach wohl auch erklären, warum der übermächtige Krieger dem Schleuderstein Davids nicht ausweichen konnte und zusammenbrach. – Gab es tatsächlich Riesen?

In einem Buch aus dem späten Mittelalter mit dem Titel »Geschichtliches und Antikes über Allendale« wird über die Entdeckung eines über vier Meter großen Riesen im britisch regierten Cumberland berichtet. Der Verfasser ist ein gewisser Hugh Hodson, der in seinem Bericht über den Riesen vornehmlich darauf hinweist, dass es sich um eine »wahre« Geschichte handelt: »Der Riese befand sich in einer Tiefe von etwa vier Yards unter der Erde, wo sich inzwischen ein Kornfeld befindet. Er lag mit einer Rüstung bekleidet in dieser Grube und besaß eine Körpergröße von viereinhalb Yards. Auch sein Schwert und eine Schlachteraxt lagen ganz nahe bei ihm. Seine Zähne waren sechs Inches lang und zwei Inches breit, sodass sie bei den Beobachtern des Leichnams immer noch einen ungewöhnlich starren Eindruck hinterließen.«

Dieser Riese hatte demnach 16,20 Zentimeter lange Zähne, die eine Breite von 5,80 Zentimeter besaßen. Ob man das nun heute glauben will oder nicht: Auch in dem Bezirk White County von Tennessee (USA) wurden 1821 versteinerte Skelette von Riesen entdeckt, die im Durchschnitt allerdings nur 2,35 Meter lang waren. Bis 1840 entdeckte man aber noch weitere Knochen von Riesen, wie beispielsweise in der Nähe von Rodman und Rutland bei New York. Schließlich fand John N. DeHart 1876 in dem Gebirge von Wisconsin Wirbelknochen die noch größer waren als die bis dahin bekannten Knochen, und kein Jahr später entdeckte William H. Richard Lykins im Juni 1877 die passenden Schädelknochen dieses humanoiden Wesens im Gebirge von Kansas City, die über eine enorm dicke Schädeldecke verfügten.

In den Bergen von Ashland County im US-Bundesstaat Ohio grub Walter Hill (1820–1904) im Jahre 1879 einige ungewöhnliche Skelette aus. Sie ähnelten den Knochenfunden aus der Umgebung von Brewersville (Indiana) und waren etwa 3,60 Meter groß. Ein riesenwüchsiges Skelett, das man in denselben Schichten im Nachbargebirge von Utah fand, war mit einer Größe von nur zwei Metern im Vergleich zu den bislang erwähnten zwar eigentlich recht klein geraten, aber doch immerhin etwa 30 Zentimeter größer als ein durchschnittlicher Indianer.

Und bereits im Mai 1883 fand man erneut riesenwüchsige Skelette, diesmal in Minnesota. Es handelte sich um zehn Skelette, die sowohl von weiblichen als auch von männlichen Riesen stammte. Wie in der »St. Paul Pioneer Press« vom 23. Mai 1883 nachzulesen ist, waren die gefundenen Skelette im Durchschnitt 2,30 Meter groß. Interessant ist der Hinweis auf einen Riesen, der 1884 im Kanawha County Gebirge von West Virginia gefunden wurde: Das 2,30 Meter große Skelett war in eine steinerne Struktur eingebettet, die an eine Kammer in Tempelanlagen erinnerte. Der Anthropologe und Expeditionsleiter Thomas Cyrus (1820–1904) vom U.S. Geological and Geographical Survey schreibt darüber: »Ganz offensichtlich wurde in das Bergmassiv für die Bestattung des Verstorbenen eine rechteckige Struktur künstlich hergestellt, um den Toten dort hineinzulegen.«

Der »American Antiquarian« berichtete im Jahre 1885 erneut über den Fund eines Riesenskeletts, das 2,20 Meter groß war. Im selben Jahr fanden Minenarbeiter in Yosemite Valley die Überreste einer mumifizierten Frau, mit einem eher kindlichen Aussehen und einer Körpergröße von 2,05 Metern. Die Mumie befand sich hinter einer künstlich errichteten Felswand, was für Kultur und Zivilisation bei den Riesen spricht. In diesem Zusammenhang ist der Bericht des »Chicago Record« vom 24. Oktober 1885 zu erwähnen, der die Geschichte über die Entdeckung von 20 Skelettfunden im Gebirge von Toledo (Ohio) enthält, die alle eine merkwürdige Sitzhaltung aufwiesen. Entweder sind diese Verstorbenen erfroren oder von einer größeren Gruppe zurückgelassen worden. Auffällig ist die Kleidung, die orientalisch wirkte, sowie die Kinnpartien und die Zähne, die ebenfalls auf den asiatischen Raum rückschließen lassen. Doch während sich zwei der größten Riesen schützend neben den anderen befanden, verbeugte sich ein anderer Riese vor einer mit seltsamen Hieroglyphen versehenen Figur, die vermutlich einem noch unbekannten Kult der Götterverehrung angehörte.

Im Jahre 1888 fand man schließlich erneut ein Grab in Minnesota, in dem sich sieben Skelette befanden, die ebenfalls Körpergrößen zwischen 2,20 und 2,50 Meter aufzuweisen hatten, und noch weitere Riesenknochen wurden nur acht Jahre später (August 1896) auf Moose Island und in Pine City entdeckt.

Die Zeitschrift »Review-Miner« berichtet in ihrer Ausgabe vom 19. Juni 1931 von sechs 2,50 Meter großen Mumien von Riesen, die rote Haare hatten und in einer Höhle in Lovelock (Nevada) gefunden wurden. In dem Bericht ist darüber hinaus zu lesen, dass die Bergleute bereits im Februar 1931 zwei Skelette von Riesen am Humbolt-See entdeckt hatten, der sich in unmittelbarer Nähe von Lovelock befindet. Das erste Skelett war etwa 2,70 Meter groß und in einen gummiähnlichen Stoff eingehüllt, der die Entdecker an eine »ägyptische Verarbeitungsweise« erinnerte. Ganz offensichtlich handelte es sich erneut um vernunftbegabte menschliche Wesen. Allerdings hatte der im Juni 1931 entdeckte Riese sogar eine Körpergröße von 3,50 Meter und lässt uns dabei an alles andere als an einen Menschen denken. Nichtsdestotrotz berichtet dieselbe Zeitschrift in ihrer Septemberausgabe 1939, dass die Bergleute auf der Friedman Ranch, die sich ebenfalls in der näheren Umgebung von Lovelock befindet, »vor einigen Wochen« ein weiteres Skelett gefunden hatten, das auf eine Körpergröße von 2,30 Meter schließen lässt.

Der deutsche Anthropologe und Paläontologe Ludwig Kohl-Larsen (1884–1969), der 1934 mit seiner Frau Margit für eine zwei Jahre dauernde Expedition nach Afrika zog, entdeckte 1936 am Elyasi-See in Zentralafrika ebenfalls Knochen von menschlichen Riesen, und selbst in China wurden später welche gefunden. Daraufhin schrieb Albert Louis Burkhalter (1915–2004) über die Bedeutung und Existenz von Riesen in der Vorzeit: »Es ist ein naturwissenschaftlich zusicherbarer Fakt, den man innerhalb der Wissenschaft zur Kenntnis nehmen muss!«

Kurz nach dem Zweiten Weltkrieg fand der berühmte Zoologe Ivan T. Sanderson (1911–1973) mit einem Forschungsteam nach umfangreichen Bulldozerarbeiten im Gebirge eine Felsritze. Nachdem er den Fels aufgebrochen hatte, entdeckte er mit seinen Leuten drei menschliche Schädel, die zwischen 46 und 61 Zentimeter durchmaßen. Interessanterweise berichtet auch die lokale Presse in Death Valley, dass Amateurarchäologen im Jahre 1947 die Knochen eines Säbelzahntigers, eines Dinosauriers und eines Riesen gefunden hätten. Des Weiteren fand man auf Catalina Island, das für Jahre die Heimat des Zwergmammuts war, eine uralte Feuergrube, in der sich ein geröstetes Tier und verbrannte Knochen befanden. Ganz offensichtlich wurden die Tiere von den Riesen nicht roh, sondern gebraten verzehrt. Das verdeutlichten auch mehrere in einer

Doppelreihe aufgestellte Elfenbeinzähne des Mammuts, die dort gefunden wurden. Sie wurden offenbar von den Riesen verehrt. Das letzte amerikanische Riesenskelett, mit einer Körpergröße von 2,70 Meter, befand sich unter einem Felsvorsprung entlang dem Holly Creek (Ost-Kentucky).

Die Pharaonen kannten im Gegensatz zu König Tutanchamun mit einer Körpergröße von nur 1,67 auch Riesenkönige wie Sethenes (2775–2747 v. Chr.), der während der 2. Dynastie regierte und eine Körpergröße von fünf »meh« und drei »schesep« besessen haben soll. Nach unserem Metermaß entspricht dies einer Körpergröße von 2,85 Meter – ein Riese wie die zuvor erwähnten Skelette. Möglicherweise war er einer derjenigen, die vor 4800 bis 7000 Jahren mit Schiffen bis nach Amerika gelangt waren.

Zumindest in Australien und auch in Amerika konnten Spuren entdeckt werden, die eindeutig pharaonischen Ursprungs waren, worauf ich in meinen Büchern »Verbotene Ägyptologie« und »Fälscher und Gelehrte« umfangreich eingehe. Ob es sich dabei jedoch um ein Riesengeschlecht handelte, bedarf noch weiterer Prüfungen. Dass es ein derartiges Riesengeschlecht aber einst gegeben hat, bestätigen nicht nur unsere heutigen Basketballspieler, die immer noch mit Körpergrößen von bis zu 2,50 Meter ausgestattet sind, sondern auch eine ägyptische Mumie, die am 28. April 1998 von dem tschechischen Ägyptologen Ladislav Bareš in Abusir entdeckt wurde. Zu Lebzeiten war »Iufaa« (»Sein Körper ist groß«) ein weiser Priester, der sich in der unmittelbaren Wüstenregion ein ausgeklügeltes Schachtgrab anlegte und so sicher vor Dieben die Jahrtausende überdauern konnte. Allein um in das Schachtgrab eindringen zu können, konstruierten die Ägyptologen einen eineinhalb Meter dicken Betonschild, der sich neun Meter hoch quer über die Schachtsohle spannte. Es wurde ein Bauwerk, bei dem exakt 30 Tonnen Eisenstäbe einen Kilometer an den Fundort in der Wüste getragen werden mussten. Für das Betongemisch wurden zusätzliche 400 Kubikmeter Wasser auf Eseln an den Grabungsort transportiert. Der Grabungsleiter Miroslav Verner wunderte sich über das Fehlen des Herrschernamens, unter dem »Iufaa« diente, und deutet daraus »eine Form des Widerstands gegen den damaligen Herrscher« an. Doch »was wir auch berührten, zerfiel wie Torf. Heute haben wir von Iufaa nur noch ein Sack voller Knochen«, beklagt Verner.

Auch wenn diesbezüglich noch viel weitere Forschungsarbeit zu leisten sein wird, lässt sich doch im Hinblick auf die Legenden von Riesen im Zusammenhang mit den Skelettfunden eine nachvollziehbare Verbindung zu den Pharaonen herstellen.

Kurze Chronik: Von Darwin zu Dolly

1859 – Der britische Naturforscher Charles Robert Darwin (1809–1882) begründet mit seinem Buch »On the Origin of Species« (»Die Entstehung der Arten durch natürliche Zuchtwahl«) die moderne Evolutionstheorie. Diese sieht in der natürlichen Auslese (Selektion, Auswahl der für die betreffenden Umweltbedingungen am besten geeigneten Lebewesen) die Hauptursache für die stammesgeschichtliche Entwicklung.

1865 – Der deutsche Augustinerprior und Lehrer Gregor Johann Mendel entdeckt bei Kreuzungsversuchen an Erbsen und Bohnen die »Mendel'schen Gesetze« – drei Grundregeln, die die Weitergabe von Erbanlagen beschreiben. Seine Forschungen geraten bis zur Jahrhundertwende zunächst in Vergessenheit.

1871 – Der Schweizer Chemiker Friedrich Miescher (1844–1895) isoliert aus den Kernen weißer Blutkörperchen eine

Substanz, die er auch in den Kernen anderer Zellen findet, und bezeichnet sie als Nuklein (heute Desoxyribonukleinsäure – DNS).

1882 – Der deutsche Zytologe Walter Flemmig (1843–1905) erkennt in Kiel das erste Mal Chromosomen unter dem Mikroskop und beobachtet sie bei der Zellteilung. Diesen Vorgang nennt er »Mitose«.

1900 – Der niederländische Genetiker und Botaniker Hugo de Vries (1848–1935) entdeckt gleichzeitig mit dem deutschen Botaniker Carl Erich Correns (1864–1933) und dem österreichischen Botaniker Erich von Tschermak (1871–1962) die Mendel'schen Vererbungsgesetze wieder.

1902 – Der englische Arzt Sir Archibald Edward Garrod (1857–1936) beobachtet, dass die Weitergabe der Stoffwechselerkrankung Alkaptonurie von Generation zu Generation nach den Mendelschen Gesetzen erfolgt.

1903 – Der Amerikaner Walter Stanborough Sutton (1877–1916) beobachtet Reduktionsteilungen, bei denen Keimzellen entstehen, und kombiniert die Mendel'schen Regeln mit den Prinzipien bei der Weitergabe von Chromosomen, nachdem Mendels Entdeckungen um die Jahrhundertwende wieder populär wurden.

1909 – Der dänische Gentiker Wilhelm Ludwig Johannsen (1857–1927) prägt den Begriff »Gen« für die Einheiten, die nach den Mendel'schen Gesetzen an den Nachwuchs gelangen.

1910 – Nach Experimenten mit Fruchtfliegen entdeckt der amerikanische Genetiker Thomas Hunt Morgan die geschlechtsgebundene Vererbung und den Faktorenaustausch. Dafür erhält er 1933 den Nobelpreis für Medizin.

1927 – In seinen Versuchen zeigt der Schweizer Chemiker Paul Herrmann Müller (1899–1965), dass Röntgenstrahlen Mutationen bei Fruchtfliegen auslösen.

1941 – Die amerikanischen Biochemiker Edward Lawrie Tatum (1909–1975) und George Beagle entwickeln aus Experimenten mit Pilzstämmen die Theorie, dass bestimmte Vorgänge beim Aufbau der Zelle durch Gene reguliert werden. Die Forscher erhalten 1958 gemeinsam mit dem ebenfalls aus Amerika stammenden Joshua Lederberg (1925–1997) den Nobelpreis.

1944 – Oswald Theodore Avery (1877–1955), Colin MacLeod (1909–1972) und Maclyn McCarty (1911–1995) entdecken bei Forschungen in New York, dass nicht Eiweiße in den Chromosomen, sondern die DNS die Trägerin der genetischen Information ist.

1947 – Rosalind Elsie Franklin (1920–1958) erforscht mit Hilfe der Röntgenkristallographie die Strukturen von Stoffen. Ab 1951 beginnt sie mit Röntgenaufnahmen der DNS.

1950 – Aus seinen Experimenten folgert Erwin Chargaff (1905–2002), dass die vier Bausteine der DNS als Basenpaare vorliegen.

1953 – Der amerikanische Biophysiker James D. Watson stellt zusammen mit Francis Crick mit Hilfe der Röntgenkristallographie von Rosalind E. Franklin und Maurice Hugh Frederick Wilkins (1916–2004) das räumliche DNS-Doppelhelix-Modell auf. Damit ist die Struktur des Erbmaterials geklärt. Watson und Crick erhalten gemeinsam mit Wilkins den Nobelpreis für Medizin.

1956 – Joe Hin Tjio (1919–2001) und Albert Levan (1905–1998) ermitteln in Schweden die genaue Anzahl der Chromosomen der menschlichen Körperzelle – es sind 46. Bis dahin ging man von 22 Chromosomenpaaren aus.

1957 – Die amerikanische Botanikerin Barbara McClintock (1902–1992) entdeckt die beweglichen Strukturen in der Erbmasse. Erst 1983 erhält sie dafür den Nobelpreis.

1961 – Sydney Brenner, Francis Jacob und Matthew Meleson isolieren erstmals messengerRNA (mRNA). Die mRNA ist das Botenmolekül, welches die genetische Information aus dem Zellkern zum Ort der Proteinbiosynthese bringt.

1965 – Marshall Nierenberg und Kollegen knacken den vollständigen genetischen Code. Die Abfolge von jeweils drei Bausteinen auf der DNS legt eine Aminosäure beim Aufbau eines Proteins fest.

1970 – Der Schweizer Mikrobiologe Werner Arber entdeckt die Restriktionsendonukleasen, bisher nur in Mikroorganismen nachgewiesene DNS-spaltende Enzyme, die die DNS-Sequenz nur an ganz bestimmten Stellen spalten. Die Spaltung erfolgt versetzt, so dass Einzelstrangenden – unterschiedlich große, exakt definierte DNS-Stücke – entstehen. Arber erhält 1978 den Nobelpreis.

1972 – Dem amerikanischen Biochemiker Paul Berg gelingt die Herstellung rekombinanter DNS: zusammengefügte DNS-Stücke verschiedener Organismen. 1980 erhält er gemeinsam mit zwei Kollegen den Nobelpreis.

1973 – Die amerikanischen Wissenschaftler Herbert Boyer und Stanley Cohen schleusen erstmals fremde DNS in ein Bakterium ein.

1975 – Auf der »Asilomar-Konferenz« bei Monterey im US-Bundesstaat Kalifornien diskutieren 140 Wissenschaftler aus 16 Nationen über mögliche Gefahren und Sicherheitsregelungen der Gentechnologie. Sie erarbeiten Sicherheitsstandards, die als Vorbild für spätere europäische Regelungen und das deutsche Gentechnikgesetz dienen.

1977 – Frederick Sanger etabliert in Cambridge eine Methode, um die Basenabfolge in der DNS zu bestimmen. Unabhängig von ihm entwickeln Allan Maxam und Walter Gilbert in den USA eine weitere Methode zur Sequenzierung der DNS.

1982 – Die Arbeitsgruppe von Thomas R. Cech entdeckt enzymatisch aktive Ribonukleinsäuren, die Ribozyme in Wimperntierchen.

1985 – Der Molekularbiologe Kary B. Mullis entdeckt mit der Polymerase-Kettenreaktion (PCR) die Möglichkeit der schnellen und automatischen Vervielfältigung von DNS-Abschnitten im Reagenzglas. Zusammen mit dem kanadischen Biochemiker Michael Smith erhält er 1993 den Nobelpreis für Chemie.

1986 – Leroy E. Hood und Lloyd M. Smith vom California Institute of Technology in Berkeley entwickeln die erste automatische Sequenziermaschine, die mit einem Laser arbeitete, der fluoreszierende DNS-Markierungen erkennen kann.

1987 – Die Amerikaner Maynard Olson, David T. Burke und George Carle führen eine Methode zum Vervielfältigen sehr großer DNS-Abschnitte ein. Sie fügen die fremde DNS in Hefechromosomen ein, vermehren sie dann in Hefe und bezeichnen ihre neuen Hilfsmittel als YACs (Yeast artifical chromosomes).

1990 – Start des internationalen »Human Genome Projekts«: Mehr als tausend Wissenschaftler in 40 Ländern arbeiten an der kompletten Entschlüsselung der genetischen Information des Menschen.

1992 – Für das Chromosom 21 und das Y-Chromosom des Menschen werden erstmals von französischen und amerikanischen Wissenschaftlern komplette genetische Karten erarbeitet.

1995 – Deutschland beteiligt sich am internationalen »Human Genome Projekt«. Schwerpunkte liegen vor allem auf der funktionellen Genomforschung. Noch im selben Jahr legen Forschergruppen aus Frankreich und den USA eine detaillierte physikalische Karte des gesamten menschlichen Genoms mit 15 000 unverwechselbaren Markierungen vor.

1996 – Erstmals gelingt es einem internationalen Konsortium von Wissenschaftlern, die gesamte genetische Information eines Organismus mit einem Zellkern, der Bäckerhefe Saccharomyces, zu entziffern.

1997 – Die Geburt des schottischen Klonschafs »Dolly« heizt eine breite öffentliche Debatte über das »Für« und »Wider« der Gentechnik an. »Dolly« ist weltweit das erste Säugetier, das durch das Klonen eines erwachsenen Tieres entstand.

1999 – Erstmals liegt die Sequenz eines gesamten menschlichen Chromosoms vor: Wissenschaftler aus Großbritannien, Japan und den USA sequenzieren gemeinsam das Chromosom 22.

2000 – Deutsche und japanische Wissenschaftler entschlüsseln die Abfolge der Bausteine des menschlichen Chromosoms 21 vollständig. Das öffentliche Human Genome Projekt publiziert die Rohsequenz und eine erste Analyse des menschlichen Genoms in der Fachzeitschrift »Nature«. Gleichzeitig veröffentlichen John Craig Venter und seine Firma Celera die von ihnen bestimmte Sequenz des humanen Genoms in der amerikanischen Zeitschrift »Science«. Kurz zuvor waren die Pläne für eine gemeinsame Veröffentlichung gescheitert. Das humane Genom umfasst 3,2 Milliarden Bausteine und enthält 30 000 bis 40 000 Gene.

2001 – Das »Human Genome Projekt« und die Firma »Celera Genomics« geben bekannt, dass sie das menschliche Genom zu 99 Prozent identifiziert haben.

2002 – Wissenschaftler dürfen künftig embryonale Stammzellen unter strengen Auflagen nach Deutschland importieren und auf der Suche nach Heilung für schwere Krankheiten erforschen.

2003 – Das Klonschaf »Dolly« ist tot. Der Bundestag spricht sich für ein internationales Verbot des therapeutischen und reproduktiven Klonens aus und setzt eine Kommission zu Ethik und Recht der modernen Medizin ein.

2004 – Beim Fadenwurm »Caenorhabditis elegans« haben Wissenschaftler mit Hilfe eines Stressproteins die Lebensdauer verlängern und somit künstlich bestimmen können! Der kleine Wurm war der erste Mehrzeller, dessen Genom vollständig sequenziert wurde. »Caenorhabditis elegans« besteht aus 1000 Zellen und hat 19 000 Gene. Der Mensch hat höchstens doppelt so viele Gene, wie man bei der Sequenzierung des menschlichen Genoms herausfand.

2005 – Bereits 1964 machten die Genetiker Roy J. Britten, Leiter der Abteilung Erdmagnetismus der Carnegie Institution in Washington (USA), und sein Mitarbeiter David E. Kohne eine Entdeckung in unserer Erbsubstanz, die im öffentlichen Bewusstsein nie richtig angekommen ist, weil sie vielleicht selbst für die Wissenschaftler eine harte Nuss war.

Jetzt meinen die renommierten Wissenschaftler, dass die 40 Jahre alte Entdeckung »eine Botschaft von Außerirdischen« sei, die in unserem Erbgut stecke. Demnach wäre die jahrzehntelange Fahndung der Weltraumforscher nach einer Botschaft von außerirdischen Wesen im Weltall Unsinn, weil der Beweis über ihre Existenz sich längst auf der Erde befände.

Somit bleibt das Genom trotz seiner Entschlüsselung vorerst nach wie vor ein großes Geheimnis.

2006 – Die Basis für Leben bestand offenbar schon im jungen Universum. Forscher haben organische Moleküle in Galaxien beobachtet, die über zehn Milliarden Lichtjahre von der Sonne entfernt sind. Die Entdeckung stärkt die Theorie, dass Leben im All keine Ausnahme ist, sondern die Regel: »Nach dieser Entdeckung ist es nicht mehr verrückt, über Leben in anderen Sonnensystemen nachzudenken«,

sagte Lin Yan vom »Spitzer Science Center« am California Institute of Technology in Pasadena. Die Infrarotaufnahmen zeigen die Galaxien nur 3,5 Milliarden Jahre nach dem Urknall. Nach astronomischen Maßstäben stammen die Fotos damit aus der Kinderstube des Universums.
Im Weltall sind die Moleküle in Galaxien verbreitet, die unserer Milchstraße ähneln. Dort spielen sie offenbar eine entscheidende Rolle bei der Geburt neuer Planeten. Das organische Material existierte bereits weit vor der Entstehung unseres Sonnensystems. Damit könnte es sogar der Ursprung des Lebens auf der rund 4,5 Milliarden Jahre alten Erde gewesen sein, glauben die Wissenschaftler. »Planeten und das Leben hatten schon sehr früh die Chance, ins Universum zu entweichen«, erklärte George Helou vom »Spitzer Science Center«.

Literaturverzeichnis

Aelianus, Claudius: *Bunte Geschichten*, Leipzig 1990

Albertus Magnus: *Opera omnia*, Paris 1890

American Antiquarian, *During mount exploration*, Bd. 3, Everhart, Boston 1880

American Antiquarian, *Report on Mound Explorations of the Bureau of Etnology*, Bd. 6, Thomas Cyrus, Boston 1884

American Antiquarian, *12th Annual Report, Smithsonian Bureau of Ethnology*, Boston 1890–1891

Aschenbrenner, Klaus H.: *Die Antiliden*, München 1993

Asimov, Isaac: *500 000 Jahre Erfindungen und Entdeckungen*, Augsburg 1996

Aubery, John: *Miscellanies about the following subjects*, London 1696

Bacon, Francis: *Novum Organum*, London 1620

Becher, Johann Joachim: *De nova temporis dimentiendi ratione, et accurata horologiorum constructione, theoria & experientia*, London 1680

Bloom Harold/Rosenberg, David: *The Book of J*, New York 1990

Breuer, Hans: *Kolumbus war Chinese*, München 1980

Brier, Robert: *Zauber und Magie im alten Ägypten*, München 1981

Brockhaus, Rudolf: *Die heilige Schrift – genannt das Alte Testament*, Wuppertal-Elberfeld 1855

Büchner, Georg: *Sämtliche Werke und Briefe*, Hamburg 1967

Bürgin, Luc: *Hochtechnologie im Altertum*, Rottenburg 2003

Cambrensis, Giraldus: *Itinerarium Cambriae*, London 1804

Caradanus, Girolamus: *De subtilitate*, Leiden 1580
Chapuis, Alfred/Gélis, Edouard: *Le monde des automates*, Paris 1928
Charroux, Robert: *Phantastische Vergangenheit*, Berlin 1966
Chicago Record, vom 24. Oktober 1895
Centenera, Martin del Barco: *La Argentina*, Lissabon 1602

Damascius: *Vita Isidori*, Hildesheim 1967
Dienheim, Johann Wolfgang von: *Medicina universalis*, Straßburg 1610
Dobbins, Ron G.: *Neara Journal*, v13, fall 1978
Dona, Klaus/Habeck, Reinhard: *Im Labyrinth des Unerklärlichen – Rätselhafte Funde der Menschheitsgeschichte*, Rottenburg 2004
Dreyer, Günter: *Motive und Datierung der dekorierten prädynastischen Messergriffe* in: *L'art de l'Ancien Empire Égyptien*, Actes du Colloque, Paris 1998–1999
Dümichen, Johannes: *Baugeschichte des Denderatempels und Beschreibung der einzelnen Teile des Bauwerks*, Straßburg 1877
Durell, Lawrence: *Nunquam*, London 1970

Ercivan, Erdogan: *Das Faktum*, Berlin 1995
Ders.: *Das Sternentor der Pyramiden*, München 1997
Ders.: *Verbotene Ägyptologie*, Rottenburg 2000
Ders.: *Fälscher und Gelehrte*, Rottenburg 2002
Ders.: *Gefälschte Wissenschaft*, Rottenburg 2004
Erman, Adolf: *Die ägyptische Religion*, Berlin 1911

Fawcett, Percy Harrison: *Geheimnisse im brasilianischen Urwald*, 1996
Feldhaus, Franz Maria: *Technik der Vorzeit, der geschichtlichen Zeit und der Natuvölker*, München 1914

Fiebag, Peter/Eenboom, Algund/Belting, Peter: *Flugzeuge der Pharaonen – Antike Flugtechniken in drei Kontinenten*, Rottenburg 2004

Fischer, Ernst Peter: *Das Genom*, Frankfurt am Main 2002

Flavius Josephus: *Jüdische Altertümer*, Berlin 1923

Flemig, Christian: *Disquisitio academica de loquela imaginum*, Leipzig 1705

Gellius, Aulus: *Die Attischen Nächte*, Darmstadt 1965

Gerike, Helmuth: *Mathematik in Antike, Orient und Abendland*, Wiesbaden 2003

Görres, Joseph von: *Christliche Mystik*, Regensburg 1879

Gorys, Andrea: *Wörterbuch Archäologie*, München 1997

Graefe, Erich: *Das Pyramidenkapitel in Al-Makrizi's Hitat*, Leipzig 1911

Grosschoph, Paul: *Großmüthige und wunderbare Liebe des heiligen Josephs von Kupertin*, Crembs 1768

Habeck, Reinhard: *Das Unerklärliche: Mysterien, Mythen, Menschheitsrätsel*, Wien 1997

Hapgood, Charles H.: *Die Weltkarten der alten Seefahrer*, Frankfurt am Main 2002

Harbou, Thea von: *Metropolis*, Berlin 1984

Hausdorf, Hartwig: *Die Ruinen der Außerirdischen am Baigong*, in: Sagenhafte Zeiten 1/2005 Beatenberg

Herald Tribune, vom 21. Juni 1925

Hodsen, Hugh: *History and Antiquites of Allendale*, Cumberland o.J.

Hornung, Erik: *Das esoterische Ägypten*, München 1999

Huc, Evariste-Régis: *Souvenirs d'un voyage dans la Tartarie, le Thibet et la Chine pendant les années 1844, 1845 et 1846*, Paris 1853

Idriess, Ion: *Drums of Mer*, London 1933

James, Peter/Thorpe, Nick: *Keilschrift, Kompass, Kaugummi*, Zürich 1998

Kircher, Athanasius: *Lingua aegytiaca restituta*, Roma 1643
Knappert, Jan: *Lexikon der indischen Mythologie*, München 1997
Koenig, Wilhelm: *Im verlorenen Paradies. Neun Jahre Irak*, Wien–Baden 1940
Krassa, Peter: *...und sie kamen auf feurigen Drachen*, München 1990
Krassa, Peter/Habeck, Reinhard: *Das Licht der Pharaonen*, München 1996

Landels, John Gray: *Technik in der antiken Welt*, München 1989
Laufer, Berthold: *Chinese Pottery of the Han Dynasty*, Leiden 1909
Ders.: *Chinese Grave-Sculptures of the Han Period*, Paris 1911
Ders.: *Jade, A field study in archeology and religion*, Chicago 1912
Ders.: *The Diamond-A Study in Chinese and Hellenistic Folklore*, Chicago 1915
Leurechon, Jean: *Récréation mathématique*, Au Pont-à-Mousson 1626
Los Angeles Times, vom 2. Oktober 1927
Lucianus, Samostaensis: *On the Syrian godness*, Oxford 2003

Malmstrom, Vincent H.: *Origin of the Mesoamerican 260-Day Calendar* in: Science, Vol. 181, 7. September 1973, pp. 939-941
Ders.: *A Reconstruction of Chronology of Mesoamerican ca-*

lendrical System in: Journal of Astronomy, Vol. 9 (1978), S. 110–111
Meidenbauer, Jörg: *DuMonts Chronik der Erfindungen und Entdeckungen*, Köln 2002
Muck, Otto H.: *Alles über Atlantis*, Düsseldorf 1976

Newburgh, William: *Historia rerum Anglicarum*, London 1884

Petronius Arbiter, Titus: *Satyrgeschichten*, Leipzig 1986
Poncet, Charles Jacques: *A voyage to Aethiopia*, London 1709
Ptolemäus, Claudius: *Geographia*, Venedig 1562

Rachet, Guy: *Lexikon des alten Ägypten*, Zürich 2002
Ders.: *Lexikon der griechischen Welt*, Zürich 2002
Rau, Reinhold: *Quellen zur karolingischen Reichsgeschichte*, Darmstadt 1955
Review-Miner, vom 19. Juni 1931
Review-Miner, vom 29. September 1939
Rivarol, Antoine de: *Œuvres complètes de Rivarol*, Paris 1808

Sanderson, Ivan T.: *Abominable Snowmen-Legend come to Life*, London 2004
Sauval, Henri: *Histoire et recherches des antiquités de la ville de Paris*, Paris 1724
Schadewaldt, Wolfgang: *Ilias*, Frankfurt am Main 1997
Secundus, Cajus Plinius: *Naturkunde*, Darmstadt 1975
Seitz, Konrad: *China. Eine Weltmacht kehrt zurück*, Berlin 2001
Smith, F. Porter: *A Vocabulary of Proper Names in Chinese and English of Places, Persons, Tribes and Sects in China,*

Japan, Corea, Anam, Siam, Burmah, The Straits and Adjacent Countries, Shanghai 1870

Steinbuch, Karl: *Automat und Mensch*, Band 1, Heidelberg 1971

Stephens, John Lloyd: *Incidents of travel in Central America, Chiapas and Yucatan*, New York 1841

Stille, Alexander: *Reisen an das Ende der Geschichte*, München 2002

St. Paul Globe, vom 12. August 1896

St. Paul Pioneer Press, vom 29. Juni 1888

Temple, Robert: *Die Kristall-Sonne*, Rottenburg 2002

Tollmann, Alexander u. Edith: *Und die Sintflut gab es doch*, München 1993

Uhl, Florian: *Roger Bacon in der Diskussion*, Frankfurt am Main 2001

Vaca, Alvar Nunez Cabeza de: *Naufragios*, Madrid 1944

Vartarian, Aram: *La Mettrie's »L'homme Machine«. A Study in Origins of Idea*, New York 1960

Vermeulen, Joost: *Das Geheimnis der Cheops-Pyramide*, in: Bild der Wissenschaft 2/1989

Washington Post, vom 22. Juni 1925

Wiedemann, Alfred: *Magie und Zauberei im alten Ägypten*, Der Alte Orient, Gemeinverständliche Darstellungen, hrsg.: Vorderasiatische Gesellschaft, 6. Jahrgang, Heft 4; 1905

Ders.: *Die Amulette der alten Aegypter*, Der Alte Orient, Gemeinverständliche Darstellungen, hrsg.: Vorderasiatische Gesellschaft, 12. Jahrgang, Heft 1; 1910

Woodcroft, Bennet: *The Pneumatics of Hero of Alexandria*, London 1851

Zauzich, Karl-Theodor: *Hieroglyphen ohne Geheimnis*, Mainz 1980
Zeidler, Jürgen: *Pfortenbuchstudien, Teil I. und Teil II.*, Wiesbaden 1999

Danksagung

Der Autor möchte folgenden Personen und Institutionen, die zu diesem Buch Anregungen, Informationen oder Bildmaterial beigesteuert haben, seinen Dank aussprechen. Die Erwähnung der Personen besagt aber nicht, dass sie die in diesem Buch aufgestellten Theorien vertreten oder sie akzeptieren, es sei denn, es wird vom Autor ausdrücklich darauf hingewiesen:

Herzlichen Dank an Professor Günter Dreyer, Professor Robert Tempel, Professor Erik Hornung, Professor Alfred Windisch, Professor Rudolf Distelberger, Professor Jaime Gutierrez Lega, Andreas Ocklitz, Heriberto de Silva, John Bodsworth, Klaus Dona, Reinhard Habeck, Frank Pryor, Ed Conrad, Anke und Horst Dunkel, Hartwig Hausdorf, Klaus H. Aschenbrenner, Luc Bürgin, Erich von Däniken, Elisabeth Kaufmann, Thomas Fuss, Dirk Hanke, Carsten Breyer, Smail Maksen, Peter Slogan, Christiane Beck, Rudolf Gantenbrink.

Noch einen ganz besonderen Dank an dieser Stelle an meine Frau Heike für ihre Geduld und ihr Verständnis für dieses Buchprojekt.

Berlin, im Frühjahr 2006 — Erdogan Ercivan

Zuschriften an den Autor senden Sie bitte über den Verlag:
F. A. Herbig Verlagsbuchhandlung GmbH
Thomas-Wimmer-Ring 11
D-80539 München

Namen- und Sachregister